성공하는 직장인의 매너와 화법

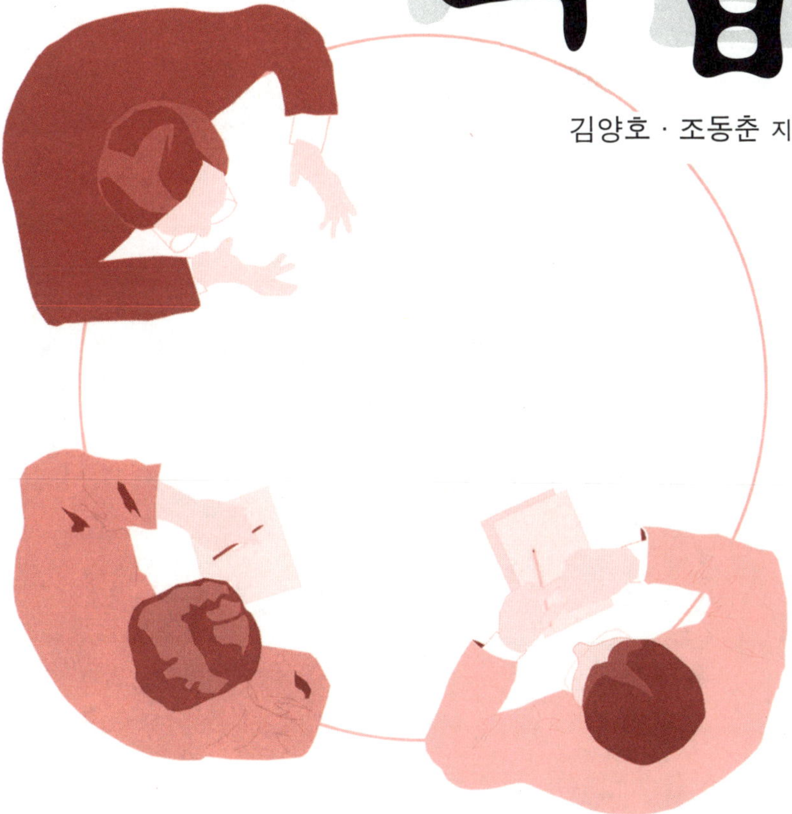

김양호 · 조동춘 지음

예문당

머리말

우리는 지금 무한경쟁의 세계에 살고 있다. 우리의 생활 자체가 경쟁이다. 경쟁은 인생의 법칙이기 때문이다.

당신은 그동안 얼마나 많은 경쟁을 해왔던가? 태어나기 전부터 수많은 정자(精子)와 경쟁을 해야 했고, 소꿉동무와도 경쟁을 했으며, 운동경기, 입학시험, 취직시험 등등 크고작은 경쟁에서 승리한 대가로 당신은 지금 직장생활을 하고 있는 것이다.

직장은 승리자들이 모여 서로 협력하면서도 더 큰 성공을 위해 선의의 경쟁을 해야 할 길고도 치열한 싸움터이다. 경쟁에는 규칙이 있고, 승리하는 데는 요령이 있다. 그 규칙과 요령을 모르고서야 어찌 직장생활을 성공으로 이끌 수 있을까? 이 책은 직장생활의 규칙과 요령을 터득시키고자 집필되었다.

직장이란 회사나 공장 그리고 관공서 등에서 각자가 맡은 일을 하는 일터이며, 직장인이란 그곳에 소속되어 일하는 사람인데 그 범위가 참으로 넓다. 그래서 사원(社員)이라고 하지 않고 '직장인'이라고 하였다.

요즈음 젊은이들은 매너라든가 화법(話法)이라고 하면 고리타분하고 보수적인 말이라고 생각할지도 모른다. 시시각각으로 변하는 첨단과학시대에 매너와 화법이라는 과거의 법도에 매달릴 여유도 필요도 없다는 사고방식을 가진 젊은이가 많다.

그러나 과연 첨단과학시대에는 매너나 화법이 필요없는 것일까? 편리한 기계만 있으면 인간관계는 무시해도 되는 것일까?

미국의 카네기재단에서 성공한 사람 1만 명을 대상으로, '성공의 비결'을 조사한 결과, 85%가 '인간관계를 잘 했기 때문에 성공했다'는 것이다. 이 결과를 얻는데 자그마치 100만 달러를 투자하여 5년 동안 조사했다고하니 신빙할 만한 정보가 아닌가.

이와는 대조적으로, 하버드대학의 직업보도국에서는 하버드졸업생 가운데 실직한 사람을 대상으로 '실직이유'를 조사하였다. 그 결과, 일을 잘못하여 직장에서 쫓겨난 사람보다 인간관계가 나빠서 적응을 못하고 그만 둔 사람이 두 배나 되더라는 것이다.

이 두 기관의 조사 결과는 인간관계가 좋은 사람은 성공하고, 인간관계가 나쁜 사람은 실패하기 쉽다는 것이다.

그렇다면 성공을 좌우하는 인간관계의 척도는 무엇일까? 한 마디로 매너와 화법이다. 매너란 우리의 먼 조상으로부터 대대로 내려오며 계승발전시킨 생활의 지혜로서, 인간관계를 잘 하기 위한 형식이다. 또한 화법은 직장인 상호간에 원활한 커뮤니케이션을 하기 위한 가장 중요한 수단이다.

서로 개성이 다른 많은 사람들이 모여 공동의 목표를 실현하고, 자기의 삶을 영위하는 곳이 직장이다. 따라서 직장생활만큼 매너와 화법이

절실히 필요한 곳도 없으며, 직장인의 성공 여부는 매너와 화법이라고 해도 과언이 아니다.

이 책은 저자(著者)들이 30여년 동안 직장인의 교육을 해오면서, 가장 많이 청탁을 받았던 '직장인의 자세' '작장인의 매너' '작장인의 화법'을 알기 쉽게 사례를 곁들여 정리한 것이다.

원래는 세 권으로 써야 할 분량을 '바쁜 직장인들이 압축해서 읽을 수 있도록 써 달라'는 출판사의 요청으로 한 권으로 쓰다 보니 아쉬운 감도 없지 않다.

그러나 '유능한 독자는 저자가 쓴 것보다 더 많은 내용을 그 책에서 터득한다'는 말을 믿고 아쉬운대로 세상에 내보낸다.

모쪼록 이 책이 자기 삶의 질을 높이고, 직장생활에서 성공하려는 직장인들에게 실용적인 안내서가 되기를 바란다. 아울러 이 책을 정성들여 기획하고 출판해준 예문당 임일웅 사장과 스텝의 노고에 심심한 사의를 표한다.

2002년 6월 　일
강원도 평창군 「박사골」에서 지은이

차 례

Ⅰ 직장인의 자세

‖ 직장인의 매너

축복하는 마음이 제일이다
지나쳐서 상대에게 부담이 되지 않도록
축의금이나 조의금은 형편에 맞게
좋은 일에는 적게, 궂은 일에는 많이
사망시의 여러가지 절차를 알아둔다

Ⅲ 직장인의 화법

직책이 아닌 이름을 부른다
오후에 만나되 옆으로 앉는다
때로는 측면공격을 한다
위압적인 말로 입을 열게 한다
화를 돋우어 움직이게 한다
관성의 법칙을 활용하라

I

직장인의 자세

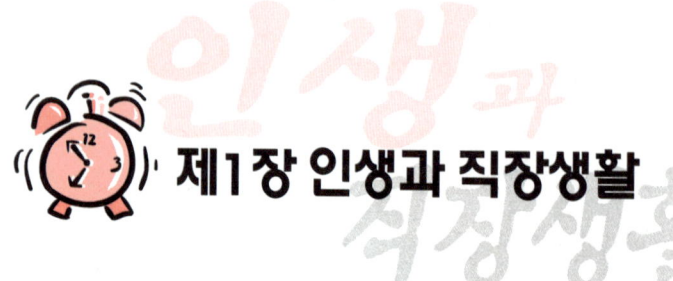

제1장 인생과 직장생활

인생과 직장생활, 거기에는 어떤 함수관계가 있을까? 인생이란 생활의 연속이며, 생활은 살아서 활동하는 것이다. 그 많은 활동 가운데 직장생활은 가장 큰 비중을 차지하고 있다. 그렇다면 직장생활을 성공시키는 것이 곧 인생을 성공시키는 지름길이다. 이 장에서는 인생의 사이클과 직장인의 일생을 미리 조명해보고, 직장과 신입사원은 어떤 관계에 있으며, 어떻게 시작해야 좋은가에 대해서 알아보겠다.

1. 인생의 사이클

♣ 인생에서 가장 중요한 것은 무엇일까?

나는 한 때 MBC TV의 「백년해로」라는 프로그램의 진행을 맡아 사회를 본 적이 있다.

이 프로그램은 결혼을 하여 원만한 가정을 이루고, 사회의 모범이 된 각계의 원로 부부를 초대하여, 그 분들이 살아온 삶의 여정을 알아보는 것이었다.

그 프로그램에 출연한 많은 분들 가운데, 지금은 고인(故人)이 되신 김우현 목사의 말씀을 지금도 잊을 수가 없다.

"한 여름에 파리가 공중을 막 날고, 개구리가 풀섶을 펄쩍펄쩍 뛰지. 왜 그러는지 알아?"

"글쎄요…. 왜 그럴까요?"

게스트로부터 엉뚱한 질문을 받은 나는 당황해서 되물었다. 그러자 그 분은 다음과 같이 대답을 하였다.

"사는 게 좋아서 그래. 사는 게! 사람에게 있어서도 가장 중요한 것은 사는 것이라네. 그래서 인생이라고 하지."

당시 그분의 연세는 92세, 인생을 달관한 노인이 '인생에서 가장 중요한 것은 사는 것'이라고 했다.

하기야 세상의 부귀영화도 살아있을 때 가치가 있는 것이지, 죽은 다음에는 아무 소용이 없는 것 아닌가.

산다는 이야기를 하다 보니, 생각나는 사건이 있다. 우리나라의 재벌 총수 가운데 한 분이 죽을병에 걸려 오랜 투병생활을 하였다.

"이제, 가실 때가 되셨습니다. 가족과 친지들에게 유언을 하시지요."

사형선고를 받은 그는 담당의사를 붙들고 흥정을 하였다.

"여보게! 나를 살려만 준다면 내 재산의 반을 주겠네. 제발 나 좀 살려 주게."

평생동안 돈 모으기에 열중하여 큰 재산을 모았지만, 그 많은 재산을 써보지도 못하고 죽는다는 생각을 하니 억울했던 모양이다. 그래서 재산의 반을 주고라도 생명이 연장된다면, 나머지 반을 신나게 써보고 죽고 싶었던 것은 아니었을까? 그러나 그의 마지막 소원은 이루어지지 않았다.

하기야 억만금을 주고도 못사는 것이 생명이라면 산다는 것만큼 중요한 것이 어디 있을까.

한 인간이 태어나서 죽을 때까지의 과정을 우리는 인생이라고 한다. 인생은 생활의 연속이며, 생활은 활동하는 삶이다. 삶이란 '살아있다' 는 것과 '활동한다' 는 것을 의미한다. 한마디로 살아서 활동하는 것이 생활이며 인생이다.

♣ 바람직한 삶의 세 가지 조건

그렇다면 인생은 어떻게 살아야 바람직할까? 바람직한 생활, 성공적인 인생이 되기 위해서는 세 가지 전제조건이 있다.

첫째 조건은 건강하게 살아야 한다는 것이다.

건강은 모든 생활의 원천이며, 가장 자랑할 만한 육체의 아름다운 특질이다. 건강한 정신은 건강한 신체에 머문다. 건강하지 못한 사람은 매사에 의욕이 없을 뿐만 아니라 고통스럽고 짜증이나 주위 사람들을 불편하게 만든다.

흔히 '돈을 잃으면 조금 잃은 것이고, 명예를 잃으면 많이 잃는 것이며, 건강을 잃으면 전부를 잃은 것이다' 라고 한다. 있다가도 없고, 없다가도 있는 것이 자본이지만, 가장 확실하고 안심할 수 있는 자본은 자신의 건강이다.

그렇다면 건강관리는 어떻게 해야 할까? 건강은 노동으로부터 생기며, 노동은 마음가짐에 따라서 즐거운 일이 될 수도 있고,

지겨운 일이 될 수도 있다. 즐거운 마음으로 일하는 것이 건강의 첫 걸음이다.

그 다음은 생활습관이다. 살아생전에 유명했던 네덜란드의 의사 베르하이트는 임종할 때 700페이지에 달하는 「숨은 건강비결」이란 책을 유서로 남겼다. 나중에 살펴보니, 전부가 백지고, 마지막 장에 다음과 같은 글이 쓰여 있었다.

'머리는 차게, 발은 따뜻하게, 식사는 양에 조금 덜 차게 먹어야 건강하다.'

이 가운데 특히 '조금 덜 차게 먹어야 한다' 는 것이 중요하다. 풍족의 시대에 사는 현대인은 너무 많이 먹어서 탈이 나기 때문이다.

둘째 조건은 활동하며 살아야 한다는 것이다.

활동은 사회생활의 원동력이며, 행복의 필수조건이다. 살아는 있어도 움직일 수 없는 식물인간, 감옥살이를 하는 죄수, 병원에서 투병하는 환자 등을 생활인이라고 하지 않는 이유는 마음대로 활동할 수 없기 때문이다.

옛날에는 가장 부유했던 나라는 자연의 물자가 가장 풍부한 나라였지만, 지금은 국민의 활동이 가장 많은 나라가 가장 부유한 나라이다.

그래서 도산 안창호는 '생존과 번영은 사람의 활동에 따라 되는 것이므로, 활동 그것이 있으면 살고, 없으면 죽는 것이며, 많으면 크게 번영하고, 적으면 작게 번영한다' 고 젊은이들에게 적극적으로 활동할 것을 권했다.

활동이 없는 생명은 결코 목적을 이룰 수가 없다. 인간은 활동해 의해서 자기 자신을 완성시켜 나간다.

셋째 조건은 가치있는 일을 하면서 살아야 한다는 것이다.

가치추구야말로 가장 인간다운 삶이다. 호랑이나 곰, 멧돼지나 다람쥐, 꿩이나 참새 심지어 바퀴벌레도 건강하게 활동하며 살고 있다. 다만 본능적인 삶일 뿐이다.

당신이 지구상에 사는 수많은 생물 가운데 만물의 영장인 사람으로 태어난 것은 축복받은 일이며, '무언가 가치 있는 일을 하라' 는 위대한 사명을 부여받았다고 생각하지 않는가.

빈의 물리요법자 빅터 프랭클 박사는 제2차 세계대전 중에 나치 수용소에 갇혔던 인물이다. 그가 쓴 책 「의미를 위한 인간탐구」에는 수용소 안에 갇혀 있는 사람들과 수용소라는 상상할 수도 없는 생지옥 속에서 일어난 한 과학자의 반응이 기록되어 있다.

나치 수용소 안에서는 고문당해 죽고, 가스사를 당하는 등 수많은 사람들이 억울하게 죽어갔다. 그러나 그런 극한 상황에서도 살아남은 사람들이 있다.

그들이 살아남은 이유에 대해 빅터 프랭클 박사는 다음과 같이 역설하고 있다.

"어떤 사람들은 고통보다 편안한 죽음을 선택했고, 어떤 사람들은 죽음보다 고통스러운 삶을 선택했다. 왜 그들이 죽음보다 고통스러운 삶을 선택했는지 아는가? 그들은 아직 자기가 해야 할 일을 끝내지 않았기 때문이었다.

인간으로 태어난 이상 무엇인가를 이룩하려는 사명을 다하지 못했기 때문에 그대로 죽을 수가 없었던 것이다. 그래서 그들은 죽음보다 고통스러운 아비규환 속에서도 살아남을 수밖에 없었다."

당신은 어떤 사명을 띠고 이 세상에 태어났을까? 그 사명을 다하기 위해 당신은 무엇을 하고 있는가?

당신이 타인들의 도움으로 살아 왔듯이, 당신 또한 타인들에게 도움이 될 가치 있는 일을 하면서 살아야 한다.

2. 직장인의 일생

♣ 인생에는 여러 단계가 있다

모든 생물에는 일생(一生)이 있으며, 일생이란 한 생명이 태어나서 죽을 때까지의 기간을 말한다. 사람의 일생을 인생(人生)이라고 하는데, 인생을 보는 관점에 따라 몇 가지로 구분할 수 있다.

인간이 태어나서 성장하고 쇠퇴하는 과정을 유아기 · 소년기 · 청년기 · 장년기 · 노년기로 나누기도 하고, 인생을 주어진 조건과 얻어진 조건을 따져 제1의 인생과 제2의 인생으로 나눌 수도 있다.

제1의 인생은 주어진 조건의 영향을 받는 기간 즉, 태어나서부터 성년이 되기까지의 기간을 말한다. 이 시기에는 부모의 도움으로 살아가는 의존적인 삶이다.

주어진 조건이란 어떤 인종, 조국, 성별 그리고 부모 등 자기가 선택할 수 없는 조건들에 의해 영향을 받는 인생이다.

제2의 인생은 얻어진 조건으로, 성년이 되어서부터 삶을 마칠 때까지의 기간을 말한다. 이 시기에는 부모의 도움 없이 자기 스스로 개척하여 살아가는 자립적인 삶이다.

얻어진 조건이란 학력, 기술과 특기, 배우자 그리고 직업이나 직장 등 본인에 의해 취할 수 있는 얻어진 조건으로 자신이 선택하고 결정할 수 있는 조건들의 영향을 받는 인생이다.

그러나 여기서는 직장인에 관점을 맞추어, 당신이 앞으로 살아갈 직장생활을 미리 조명해보도록 취학기 취직기 취상기 등 3 단계로 나누어 설명하겠다.

♣ 인생의 기초지식을 배우는 취학기

학교에 들어가서 사회에 나오기까지 인생의 기초지식을 배우는 과정을 취학기(就學期)라고 하는데, 이 글을 읽는 독자들은 대부분 이 기간을 10년에서 20여년을 거쳤을 것이다.

그런데 여기에서 새삼스럽게 소개하는 이유는 무엇일까? 지금은 자기계발의 시대, 평생학습의 시대이다.

승진시험도 있고, 자격증을 따는 시험도 있다. 그뿐만이 아니라 고등학교만 졸업한 사람이 대학, 대학에서 대학원, 그리고 박사과정 등 자기의 능력계발과 신분 상승을 위해 공부를 더 해야 할 필요성도 있을 것이다.

현재의 능력이 자기의 전부이며, 현재의 학력을 끝이라고 생각해서는 안 된다. 당신의 노력여하에 따라서는 얼마든지 자기의 수준을 높힐 수 있다.

♣ 인생의 황금시절인 취직기

직장에 취직을 해서 정년퇴직까지의 과정을 취직기(就職期)라고 하는데, 어쩌면 이 시기를 인생의 황금시절이라고도 볼 수 있다. '직장인의 일생'이다.

그럼 취직기를 좀더 구체적으로 나누어, 세대별로 꼭 짚고 넘어가야 할 특징에 대해서 알아보도록 한다.

● 20대는 수업의 세대이다.

사회의 초년생으로서, 자기 인생의 시작인 직장생활을 위한 여러 가지 업무와 규칙을 배우고 익혀야 한다. 20대에 해야 할 과제가 세 가지 있다. 첫째는 직업의 선택이고, 둘째는 직장의 선택이며, 셋째는 배우자의 선택이다. 직업은 어떤 업종에 종사하느냐이고, 직장은 그 업종 가운데 어느 직장을 선택하느냐이다.

혈기방장하고 기고만장한 연령층이기 때문에 선배들이 못마땅해 보이기도 하지만 한 때다. 하룻강아지 범 무서운 줄 모른다고, 때로는 신세대임을 자부하고 기성세대를 마구 비평도 하지만, 대안제시를 하지 못하는 맹목적인 시기이다.

이 시기에는 좋은 일, 궂은 일을 가리지 말고 주어진 상황을 빨리 익히도록 노력해야 한다.

● 30대는 충실의 세대이다.

직장생활도 익숙해졌고 업무도 능통하다. 정신력도 절정에 달해 있다. 체력 또한 이삼일 동안 밤을 새워도 견딜만하다.

한 연구 결과에 의하면, '인간의 두뇌가 피크로 발달할 때가 35세 전후'라고 한다.

30대는 직장에서 인정을 받고, 아이가 하나 둘 커가고, 이재 관리를 잘한 사람은 자력으로 내 집을 마련하기도 한다.

한 마디로 30대는 직장인의 실질적인 주역이다. 이 시기에 명함에는 '장(長)' 자가 붙는다. 계장, 과장, 빠른 사람은 부장까지도 승진한다. 30대에 창업을 하여 사장을 하는 사람도 있지만 특별한 경우이다.

● 40대는 평가의 세대이다.

직장 내에서 '아무개' 하면 그 사람의 능력이나 신용도, 책임감 등의 정도가 곧 바로 평가된다. 그런데 이 평가는 이삼십대를 엉망으로 보내고 40대가 되어 잘하면 좋은 평가를 받느냐 하면 결코 그렇지 않다. 이삼십대를 어떻게 보냈느냐에 따라서 40대에 와서 그는 어떤 사람이라는 평가를 받는다.

40대의 특징은 육체적으로 군살이 붙기 시작하며, 마음은 이삼십대이지만 몸이 예전처럼 말을 잘 듣지 않는다. '직장인 40대 사망률 1위'는 자기의 몸이 변한 것을 모르고 이삼십대의 기분으로 일에 열중하다가 생긴 비극이다.

따라서 40대는 기어체인지를 해야 한다. 자동차가 고갯길을 올라갈 때는 기어를 변속시키는 것처럼, 사람도 40대가 되면 삶의 방법을 바꿔야 한다. 그 비결은 양(量)에서 질(質)로, 힘으로 밀어 붙이던 것을 기술이나 지혜로 바꿔야 한다.

● 50대는 완성의 세대이다.

그 사람의 지위가 만년사원이든 과장이든 아니면 중역이나 사장이든, 그것은 그 사람의 개인적인 그릇의 차이고, 여하튼 한 직장인으로 완성된다.

이 연령이 되면 오랜 경륜이 있어 업무의 전반에 걸쳐서 폭넓은 지식이 있지만, 실제는 종이 호랑이다. 특히 조심해야 할 것은 자기는 이미 30년 전의 엘리트임을 알아야 한다. 사회가 시시각각으로 변하는 세상에 자기의 경험만으로 신진 엘리트들을 지배하려고 해서는 안 된다.

이 연령층에서 꼭 해야 할 일은 정보의 흐름을 파악하는 것이다. 신문도 종합 일간지는 물론 젊은이들이 보는 스포츠지에서 경제지까지 적어도 대여섯 가지는 훑어봐야 하며, 잡지 역시 경영지에서 전문기술, 취미까지 다양하게 읽어야 한다.

그렇지 않으면 젊은 엘리트 직원이 시대를 앞서가는 굿 아이디어를 가지고 올 때 자기가 모른다는 이유 하나만으로 부결하게 된다.

● 60대는 환원의 세대이다.

모든 일에 시작이 있으면 끝이 있듯이, 직장생활도 일정한 연령이 되면 그 직장에 아무리 공로가 많고, 또 연령보다 젊은 힘이 있더라도 후진들에게 자리를 물려주고 미련없이 퇴직을 해야 한다. 어쩌면 이것이 직장인이 겪어야 할 슬픈 운명인지도 모른다.

그러나 즐거운 마음으로 '직장인이란 무거운 짐을 벗는다' 면 슬플 것도 없다.

환원은 꼭 직위나 자리만을 의미하지는 않는다. 자기가 일생 동안 체험해서 터득한 일의 노하우라든가, 잘못 생각해서 실패했던 교훈 등을 후진들에게 물려줌으로써 직장생활을 멋지게 마무리하는 것이다. 그리고 다음에 올 취상기를 맞이해야 한다.

♣ 인생을 마무리해야 할 취상기

퇴직을 해서 죽을 때까지의 노후생활을 취상기(就商期)라고 한다. 인생 60시대에는 퇴직하고 몇 년 동안 손자나 보며 소일하다가 인생을 마치면 되었다. 그러나 현대는 인생 80시대이며, 머지않아 인생 100세 시대가 도래할 전망이다.

그렇다면 퇴직을 하고도 20~30년을 더 살아야 하는데, 이 긴 세월을 손자나 보며 허송세월을 보낼 수는 없지 않은가.

흔히 늙어도 다섯 가지가 있으면 행복하다고 한다. 건강, 배우자, 친구, 돈, 소일거리인데, 이 다섯 가지 중에 배우자만 빼고 네 가지는 직업을 통해서 얻을 수가 있다.

그래서 자기의 연령이나 체력 그리고 여건에 맞는 직업을 가지려고 손쉬운 장사를 하는데, 경험없이 시작했다가 퇴직금마저 날리고 노후를 서글프게 보내는 사람이 우리 주위에 얼마나 많은가.

인생을 멋지게 마무리해야 할 취상기에 성공하려면 늦어도 취직기 말 5~10년 전부터 용의주도하게 계획을 세워 사전준비를 해야 한다.

가장 권하고 싶은 것은 취미나 특기를 직업화하는 것이다. 취미는 좋아서 하는 일이기 때문에 싫증을 느끼지 않고 계속할 수 있으며, 특기는 자신있는 일이기 때문에 누구보다 실적을 올릴 수가 있다.

다만 취미가 프로의 경지에 올라, 작품당 얼마라는 값을 받을 수 있어야 한다. 예컨대 서예가 취미라면 글씨 한 점에 얼마, 분재가 취미라면 역시 하나에 얼마를 받을 수 있는 경지에 오른 후에 서예학원이나 분재원을 내면 반드시 성공할 수 있을 것이다.

3. 직장과 신입직원

♣ 왜 직장생활을 하는가

나는 지난 30여년 동안 직장인들을 교육시켜왔다. 대기업에서 중소기업 그리고 관공서 등의 임직원들을 대상으로 「직장인의 매너와 화법」「화술과 인간관계」 그리고 「판매화법」「리더의 스피치」「직장인의 가치관」등이 강의 주제였다. 직장인 중에서도 신입직원인 경우에는 강의중에 내가 꼭 물어보는 것이 있다.

"당신은 왜 직장에 나오고 있습니까?"

"왜 이 직업을 선택했습니까?"

직원들의 대답은 가지각색이다.

'왜 직장에 나오느냐?'는 질문에 '돈 벌기 위해서' '먹고 살기 위해서'가 가장 많았고, '자기발전을 위해서' '사회에 공헌하기 위해서'라는 답변까지 실로 다양하다.

우선 '돈 벌기 위해서' 직장을 나온다면 관공서나 회사가 아니더라도 더 많은 수입을 올릴 곳이 있다. 여성의 경우는 바(bar)

나 카바레 등의 술집이 있을 것이며, 남성의 경우는 노름을 하거나 사기를 치거나 마약 밀매를 하는 것이 돈을 더 많이 벌수도 있다.

'먹고 살기 위해서'라면 개나 돼지, 심지어 바퀴벌레도 먹고 사는 세상에 먹고 살길이 없어서 직장에 나온다면 왠지 인생이 서글프고 처량하다.

'자기발전을 위해서'라면 그런대로 건전한 직장인으로서 가치관이 있다고 하겠다.

그러나 '사회에 공헌하기 위해서'라면 급료를 받지 않고 일하는 자원봉사자가 더 적격이 아닌가?

직장생활을 하는 진정한 이유는 작게는 월급을 받아 경제생활을 영위하며, 크게는 자기발전, 더 나아가 사회에 공헌하기 위해서이다.

이 중에서 특히 중요한 것이 자기발전(自己發展)이다. 자기발전에는 능력계발과 인격형성 그리고 인간관계라는 세 가지 측면이 있다.

능력계발(能力啓發)이란 자기의 능력을 스스로 개척하여 발전시키는 것이다. 사람은 누구나 일을 통해서 조금씩 능력이 신장된다. 처음에는 몰랐던 일도 배우게 되고, 서툴렀던 일도 점차 능숙하게 되는 것이다. 직장은 다양한 일을 배우고 자기의 능력을 신장시켜 나가는 실천도장이라고 할 수 있다.

인격형성(人格形成)이란 경험을 통해서 인간적으로 성장해 나가는 것이다. 나무는 바람에 흔들리며 자라고, 인간은 자극을 받으면서 성장한다. 특히 인생은 새로운 자극을 받으면서 완성되어 간다. 직장은 일을 통해서 인격을 형성해 나가는 수련장이라고 할 수 있다.

인간관계(人間關係)란 사람과 사람과의 관계를 넓혀 나가는 것이다. 일은 집에서도 할 수가 있고, 인격도야는 산 속의 암자에서도 할 수가 있다. 그러나 인간관계는 많은 사람을 접할 수 있는 곳이 아니면 안 된다. 직장이야 말로 동료 선후배 그리고 고객에 이르기까지 다양한 사람을 접할 수 있는 사회라고 할 수 있다.

♣ 당신의 인생은 장미빛일까

이제 당신은 사회인으로서 첫발을 내딛게 되었다.

학생시절에 듣는 '사회인'이라는 말은 매우 매력적이다. 스스로 번 돈으로 사생활을 즐기고, 직장에서는 자신의 능력을 인정받으며, 누구를 만나도 당당하게 가슴을 펴고 걸을 수 있다. 비로소 진정한 성인의 대열에 합류하는 것이다.

그러나 학교를 졸업하고 막상 내일부터 직장에 나가게 된다면 불안은 커져온다.

'새 직장에서는 어떤 사람들과 함께 일하게 될까? 내가 실수하지 않고 일을 잘 처리해갈 수 있을까? 사람들은 나를 직장 동료로 인정하고 받아들여 줄까?'

이렇듯 누구나 새로운 세계로 뛰어들 때는 기대와 불안감에 가슴이 설레기 마련이다. 그러나 앞으로의 당신 인생은 스스로가 개척해나가기 나름이다.

「이상한 나라의 앨리스」처럼 당신은 미지의 세계로 뛰어들어 앞으로 앞으로 나아간다. 그리고 하나하나 새로운 문제에 부딪혀서 생각하고 고민하며 때로는 좌절도 맛보면서, 차차 하나의 개체로서 제 구실을 다하는 성인이 되어간다.

그것은 또 결코 포기할 수 없는 길이기도 하다.

그 길을 헤쳐 나가야 하는 것은 오직 당신 혼자뿐이고, 당신의 앞날이 장미빛이 되는가 잿빛이 되는가는 전적으로 당신 자신에게 달린 것이다.

♣ 신입직원은 조직의 신선한 바람이다

직장의 입장에서 보면 업무에 대해서 어느 것 하나 숙달되어 있지 않은 당신은 은근히 신경 쓰이는 존재임에 틀림없다. 그러나 안심해도 좋다. 직장에서는 당신이 그 직장에서 일을 하고 생활해가는데 필요한 규칙을 빠짐없이 가르쳐준다.

당신의 미숙함에도 불구하고 조직이 당신을 필요로 하는 이유는 무엇일까? 그것은 당신이 무엇과도 비길 데 없는 젊음, 즉 무한한 가능성을 갖고 있기 때문이다.

아무리 큰 조직이라도 늘상 변화하고 있는 세상의 움직임에 뒤떨어져서는 살아남기 힘들다. 언제나 새로운 눈으로 세상의 움직임을 파악하고 조직 자체가 변화해가지 않으면 발전하기 어렵다.

신입직원은 직장의 신선한 바람이며 활력이다. 가장 현실적이며 미래를 꿈꾸고 있는 신선한 두뇌이다. 이 상쾌한 바람이 직장 선배의 마음을 긴장시키고, 선배를 초심(初心)으로 돌아가게 하는 계기도 되는 것이다.

바로 이 새로운 바람이 조직의 미래를 만든다. 그러므로 직장은 당신들 신입직원에게 기대를 걸고, 하루라도 빨리 직장의 규칙을 익히고 기분 좋게 일해주기를 바라는 것이다.

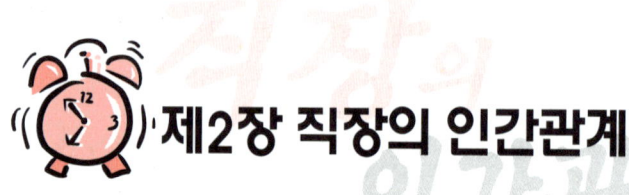

제2장 직장의 인간관계

직장이란 남남이 모여서 공동의 목표실현을 위해 협력하는 곳이며, 직장인은 조직을 구성하는 개개인이다. 그러나 직장생활만큼 인간관계가 중요한 곳도 없다. 아무리 유능한 사람이라도 재능만 믿고 인간관계를 소홀히 하면 배척당하기 마련이다. 이 장에서는 인간관계의 본질은 무엇이며, 직장과 자기와의 관계, 상사나 동료와의 관계 그리고 더불어 성공하는 삶의 방법에 대해서 알아본다.

Ⅰ. 인간관계를 원활하게 하라

♣ 인간관계의 본질은 사랑이다

인간은 사회적 동물이며, 비즈니스 동물이다. 아무리 똑똑하고, 힘이 세며, 잘 생겼더라도 결코 혼자 살지는 못한다. 남들과 더불어 생활해야만 한다.

특히 직장생활은 남남이 모여 협력하며 공동의 목표를 실현시키면서 자기의 발전을 꾀하는 일터이다. 따라서 직장생활에서 성공하려면 무엇보다도 인간관계가 좋아야만 한다.

그렇다면 인간관계의 본질은 무엇이며, 어떻게 해야만 성공을 할 수가 있을까?

먼저 인간관계의 본질에 대해서 생각해보자.

언젠가 일본 마이니치(每日)신문에 재미있는 칼럼이 실린 적이 있다.

『완은 병원에서 사육하고 있는 수캐이다. 사람은 물론 같은 개에게도 반응을 나타내지 않으며, 다가가면 맹렬히 짖으면서 위협한다. 하루 종일 우리 안에 틀어박혀서 밖으로 나오지도 않는다. 너무나 완고해서 이름을 '완(頑)'이라고 붙였다.

완은 일찍 어미개에게 떨어져 고독하게 자라서 그런지 스무 마리나 되는 어떤 개와도 교제가 없다. 자기만의 세계에 틀어 박혀서 나오려고 하지 않는 자폐증임에 틀림없다.

그래서 병원의 외과부장이 개를 무척이나 좋아하는 모리나가 요시꼬라는 아동심리학자에게 완의 치료를 부탁했다.

"네, 좋습니다. 제가 한번 해보지요. 철이 났을 때부터 제 생활은 개와 함께 였으니까요."

흔쾌히 대답을 한 모리나가가 개의 우리 앞으로 다가가자 완은 몸을 웅크리면서 적의가 담긴 시선을 보냈다.

"완! 너는 참 영리하게 생겼구나."

부드러운 어조로 말을 걸면서 모리나가는 매일같이 시간을 내어 완을 만났다. 처음에는 반응이 없었던 완도 차츰 눈을 마주치게 되었다.

그렇지만 우리의 철책 안으로 손을 넣는 것은 결코 허락치를 않았다. 그러기를 2개월, 어느 날인가부터 '완!' 하고 부르면 우리 앞으로 나오게 되었으며, 마침내 이름을 부르자 꼬리를 흔들었다.

"오, 완에게도 꼬리가 있었구나."

모나리가의 무조건적인 애정에 완은 긴장이 풀리기 시작했다. 8개월만에 완은 태어나서 처음으로 밖으로 뛰어나와 다른 개들과 함께 어울려 달리기 시작했다.」

한 인간의 조건없는 사랑이 완고하게 병든 개조차도 새로운 삶을 살게 만든 본보기가 아닐까? 하물며 인간관계에 있어서 사랑보다 더 소중한 것이 있을까? 사랑은 인간관계의 본질임을 명심할 일이다.

♣ 팀웍을 위한 직장인의 3원칙

직장의 인간관계는 크게 세 가지로 나뉘어 진다. 상하간의 관계, 동료간의 관계, 고객과의 관계이다. 어느 것 하나 소홀히 할 수 없는 유기적인 관계이다.

그렇다면 자기를 인정받고, 팀웍을 유지하며, 성공하는 직장인의 3원칙에 대해서 알아보자.

● 첫째는 질서를 잘 지켜야 한다.

윗사람을 존경하며 아랫사람을 사랑하는 마음, 즉 상경하애(上敬下愛)으로 위계질서를 지켜야 한다. 자기의 포지션을 지키고 월권을 하거나 이탈을 하지 말아야 한다.

흔히 자기가 실력이 좀 있다거나 윗사람의 신임을 받는다고 해서 안하무인격으로 처세하는 사람이 있는데, 이런 사람일수록 상황이 변하면 제일 먼저 희생양이 된다. 그래서 '모난 돌이 정 맞는다' 고 하지 않던가?

● **둘째는 신호를 잘 지켜야 한다.**

신호를 무시하고 달리는 자동차가 사고를 내듯이, 직장생활에서도 신호를 무시하면 사고가 난다. 교통신호처럼 직장생활에도 '해도 좋다' 는 파란신호가 있는가 하면, '해서는 안 된다' 고 하는 빨간신호도 있고, '기다리라' 는 노란신호가 있다.

특히 조직의 상층부에서 보내는 직장분위기에 민감하게 적응해야만 된다. 상사나 부하의 신호를 구별하지 못하는 색맹은 직장에서 밀려날 수밖에 없다.

● **셋째는 거리를 잘 지켜야 한다.**

달리는 차와의 사이에 안전거리가 있는 것처럼, 직장의 인간관계에 있어서도 일정한 거리가 있다. 너무 가까워도 충돌하기 쉽고, 너무 멀어도 조직의 흐름에 방해가 된다.

특히 동료와의 관계에서 일정한 거리를 유지한다는 것은 대단히 중요하다. 직장동료는 학교친구와는 달라 우정보다는 일이 우선이다. 본질적으로 라이벌이다. 가까운 장래에 출세하기 위한 선의의 경쟁자임을 명심해야 한다.

흔히 '직장의 인간관계는 참으로 복잡미묘하며 처세하기가 매우 어렵다' 고 한다. 그러나 이 세 가지 원칙만 잘 지키면 원만한 인간관계가 이루어지기 마련이다.

2. 회사와 자기와의 관계

♣ 「나」보다 「우리」라는 의식이 중요

'나는 사(社)! 사는 나다!'

직장인 교육을 담당하는 산업훈련계에서는 직장인의 정신자세를 함양시키기 위해서 이런 구호를 외치게 한다. 회사는 바로 나 자신이며, 내가 회사의 주인이라는 인식을 깨닫게 해주기 위해서이다. 회사의 주인인 당신은 그러므로 회사의 성장이 당신의 양어깨에 달려 있다는 긍지를 가져야 한다.

주인된 마음은 무슨 일을 하든 강렬한 의욕을 일으키는 원동력이다. 구멍가게 주인은 사탕 하나도 마음놓고 먹어보지 못하며, 과일가게 주인은 좋은 과일일수록 손님에게 비싼 값으로 팔고자 한다.

그러나 자신을 노예라고 생각하는 사람은 매사에 기회주의, 적당주의, 편의주의 등에 쉽게 물든다.

옛날 인도 지방에 '마짬바' 라는 이름난 사냥꾼이 있었다. 언젠가 마짬바가 사는 마을에 기근이 들었다. 기근이 들자 온 마을 사람들은 식량난에 허덕였다.

그러던 어느 날 그는 숲 속에서 거대한 코끼리 한 마리를 발견하고 사투(死鬪)를 벌인 끝에 쓰러뜨리는데 성공했다. 하지만 혼자의 힘으로는 엄청나게 큰 코끼리를 도저히 운반할 수가 없었다.

그래서 마을로 내려와 마을 사람들에게 소리쳤다.

"내가 코끼리를 잡았어. 아주 큰 놈이야."

마을 사람들은 너나할 것 없이 코끼리 운반에 나섰다.

"영차, 영차! 우리 코끼리, 우리 코끼리…."

마을 사람들은 코끼리를 운반하면서 하나같이 '우리 코끼리'를 신나게 외치는 것이 아닌가? 갑자기 소유권이 바뀐 것이다. 가만히 듣고 있던 마짬바가 빽 소리를 질렀다.

"이건 내 코끼리야! 마짬바 코끼리라구."

그러자 여태껏 신이 나서 열심히 운반하던 사람들이 갑자기 코끼리를 땅바닥에 털썩 내려놓고는 뒤로 물러나 팔짱을 끼고 방관자가 되었다.

마짬바는 화가 나서 자기 혼자서 운반하려고 시도해 보았다.

그러나 워낙 큰 코끼리라서 꿈쩍도 하지 않았다. 있는 힘을 다 써보았으나 허사였다. 순간 마짬바는 깨달은 바가 있었다.

'아하, 사람은 누구나 이익이 있어야 움직이는구나.'

그래서 그는 다음과 같이 소리쳤다.

"야! 우리 코끼리야. 우리 코끼리! 좀 도와줘!"

그제서야 마을 사람들은 다시 '우리 코끼리' '우리 코끼리'를 외치면서 신나게 운반을 하였고, 적정하게 분배하여 그 기근을 잘 넘겼다는 것이다.

이 사냥꾼의 이야기에서도 볼 수 있듯이, 인간은 누구나 '자기 것'이라는 소유의식, 즉 주인된 마음이 있어야 의욕적으로 일을 한다.

직장에서도 '나' 자신만을 내세우는 사람은 결코 성장하지 못한다.

당신이 어떤 위치에서 일하든 '나'만을 위한 이기적, 개인적
욕심을 내세우기보다, '우리' 모두가 잘 되어 나가려는 연대의식
이 필요하다.

당신은 결코 일의 노예가 아니다. 사장의 노예도 아니며, 당신
운명의 노예도 아니다. 오직 자신을 주인공으로 하는 인생무대
의 주연배우이며 연출자인 것이다.

♣ 회사는 당신의 유일한 고객

기업에서 스카웃 열풍이 한참 일고 있을 때였다. 세일즈 엔지
니어링에 탁월한 재능을 갖고 있다는 곽(郭)씨를 두고 몇 개 기
업이 스카웃을 하려고 경쟁했다. 곽씨는 결국 가장 좋은 대우를
제시했던 L사에 스카웃되었다.

그는 상무라는 지위와 함께 회사의 영업활동을 총괄하는 위치
에 앉게 되었다. 한동안은 그의 능력이 돋보이는 듯했다. 실적도
오르고 회사의 지명도도 함께 높아졌다. 그러나 불과 1년이 채
못 되어 그는 L사를 퇴직해야만 했다.

회사에서는 단기간의 재능을 보고 그를 엄청난 대우로 스카웃
한 것은 아니었다. 그런데도 그는 1년 이상을 유지하지 못할 재
능밖에 소유하지 못했던 것이다.

경영진에서 불만이 일고 있음을 안 그는 퇴직권유가 있기 직
전에 M사와 재빨리 접촉을 가졌다. 교섭은 순조롭게 진행되었
다. 그가 L사의 상무로 있다는 여건이 좋은 포장의 역할을 한 것
이다.

그러나 그는 M사에서도 역시 오래 유지하지는 못했다. 그는

지금까지도 자신의 세일즈를 계속해야만 하는 입장에 놓여있다.

인생은 세일즈의 연속이다. 당신은 사회라는 시장에서 무엇인가를 팔아야만 삶을 영위할 수 있다. 좋은 물건을 가졌다면 충분한 대가를 받을 수가 있다. 당신의 재능과 성실성, 인내심 등은 무엇과도 바꿀 수 없는 우수한 상품이다.

회사는 바로 당신의 이런 뛰어난 자질을 사는 유일한 고객이다. 고객과 계속 바람직한 거래를 하기 위해서는 상품의 질이 우수해야 하며, 결코 단 한 번이라도 기만해서는 안 된다.

만약 당신이 어떤 물건을 믿고 샀던 가게에서 속았다고 생각해보라. 화가 치밀어 거래를 끊으려고 마음먹을 것이다. 회사도 마찬가지다. 당신에 대한 신뢰가 떨어지면 발길을 돌리는 고객과 같다. 그 중에서도 어떤 고객보다 당신에게 큰 영향을 미치는 고객이다.

겉만 화려하게 포장한 부실한 상품을 팔려고 해서는 안 된다. 한 두 번은 속일 수 있다. 그러나 제 꾀에 제가 넘어간다고, 부실한 상품을 얼렁뚱땅 팔려는 것은 고객의 발길을 영원히 끊어버리는 어리석은 노릇이다.

회사가 당신의 능력을 사기로 했다면 고객인 회사가 요구하는 이상의 플러스 알파를 제공해야 한다. 물건값을 깎아주는 상점이나 덤을 제공하는 상점은 고객에게 대우를 받는다.

당신의 능력으로 인해 고객을 실망시켜서는 안 된다. 언제나 '덤' 을 줄 수 있는 자세, 이것이야말로 당신의 유일한 고객인 회사에게 신뢰받는 자세가 아닐까?

♣ 추진력은 인생을 바꾼다

자신에게 부여된 임무에 대해서는 어떠한 고난과 위험이 뒤따르더라도, 반드시 해내고야 말겠다는 책임감과 추진력의 소유자를 직장은 원하고 있다.

"그 일이 어떤 일인데요?"

"어떻게 해야 하죠?"

"그 일은 제 분야가 아니지 않습니까?"

"급한 일인가요?" 등등.

당신에게 이와 같은 반문의 타성이 붙어 있지는 않은가? 사소한 업무가 주어졌다고 하더라도 먼저 해낼 수 있다는 책임감을 지녀야 한다. 추진력은 책임의식이 충만한 뒤에 자연스럽게 얻어지는 힘이다.

나는 1년에 두 번씩 그 해의 메모철을 뒤적이면서 인생을 깊이 반추해 본다. 잘못된 일은 없는가, 인간관계에서 소홀했던 점은 없었는가, 남에게 피해를 입힌 적은 없었던가? 스스로 반성하고 내일의 귀감을 얻으려고 한다. 하루하루를 전력투구의 자세로 살기 위해서는 무엇보다도 자신의 정신자세를 추스리지 않으면 안 된다.

만년필의 대명사로 불렸던 '파커(Parker)'의 창립자는 본래 문방구점의 주인이었다. 그가 보다 쓰기 좋고 내구성이 긴 만년필을 만들어 내기 위해서, 처음 시작한 일은 만년필을 127개의 품목으로 분류하는 일이었다고 한다.

처음부터 거대한 탑을 쌓을 수는 없다. 무슨 일이든 착실한 밑바탕이 없으면 모래성을 쌓는 일이나 다름없다. 자신의 자세를 가다듬고 사소한 일이라도 기업에 도움을 주는 마음가짐이 필요하다.

'기업은 망해도 나만 살면 그만' 이라는 사고방식은 자칫 자신까지도 망치게 된다. '기업이 살면 나 역시 살 수 있다' 는 의식을 가져야 한다. 조직사회는 전체가 살 수 있어야만 개인이 살 수 있는 특성을 지니고 있다. 개인적인 욕심이나 안일로 해서 조직전체에 손해를 입히는 직장인이 되어서는 결코 안 된다.

당신은 시키는 일만 하는 단순한 종업원이 아니며 더더욱 노예는 아니다. 노예로 느끼게 하는 기분은 당신 스스로가 만들어 내는 것이다. 따라서 주인 된 마음으로 어느 것 하나라도 소홀히 처리하지 않고 하나하나 성실하게 매듭지으려는 자세를 가져야 한다.

유능한 직장인, 성실한 직장인으로 인정받기 위한 당신의 노력은 틀림없이 정당한 대가를 지불받게 된다.

3. 상사와 부하와의 관계

♣ 인간관계는 아직 자동이 없다

직장의 3대조건은 조직과 업무와 사람이라고 한다. 이 중에서도 인간계발, 인간관계, 인간관리 즉, 사람을 으뜸으로 치고 있다. 그 이유는 조직은 사람으로 구성되어 있으며, 업무도 사람이

하기 때문이다.

그런데 문제는 인간관계가 쉽지 않다는 데 있다.

어느 학자인가 이런 말을 했다.

"인간관계는 자전거의 페달을 밟는 것과 같다."

자전거는 페달을 밟아줘야만 앞으로 나간다는 사실은 다 아는 상식이다. 우리가 자전거를 탈 때, 잘 나가는가 싶어서 페달 밟기를 중단하면 어떻게 될까? 곧 옆으로 툭 쓰러지고 만다. 인간관계 역시 마찬가지다.

직장은 남남의 인간관계로서, 서로가 지속적인 관심을 가져줄 때만이 원활하게 돌아간다. 기계는 규격화 되어 있고, 스위치만 눌러놓으면 별도의 지시가 없는 한 자동으로 돌아가지만 인간관계는 십인십색이며, 아직까지 자동이 없다.

특히 상하의 인간관계는 더욱 어렵다. 서구식으로 'give and take'나 일방적인 지시, 명령만으로는 부하가 잘 움직여주지 않는다. 또 올바른 건의나 탁월한 실력대결만으로도 상사가 협조해 주지 않는다.

한국적 인간관계는 무언가 끈적끈적한, 그러면서도 불투명한 특성을 지니고 있는 것 같다.

♣ 상사야 말로 조직이다

기업의 신입사원의 연수교육이나 간부회의에서 경영자가 곧잘 외치는 말이 있다.

"한 개의 톱니바퀴에 머물지 말라! 조직이라는 틀에서 벗어나 소신껏 능력을 발휘하라."

그런데 이 말을 액면 그대로 받아들여 경솔하게 행동했다가는 주위 사람들에게 발목을 잡히고 머리를 짓눌릴 것임에 틀림없다.

또한 각자가 조직의 테두리를 벗어나 마음대로 개인플레이를 한다면, 비록 능률은 오른다고 하더라도 경영자는 당황해서 "팀웍! 팀플레이를 존중하라!"고 외칠 것이다.

결국 직장인이 귀착할 곳은 조직이며, 안타깝게도 겉과 속이 다른 처세를 해야만 하는 곳이 직장인지도 모른다.

그렇다면 조직이란 무엇인가?

일반적으로 회사를 조직이라고 생각하지만 '상사야말로 조직' 바로 그것이다. 대다수의 회사가 최고 경영자인 사장의 말과 부장, 과장이 하는 말과는 퍽 다른 경우가 있다.

이 경우에는 일단 직속상사의 의견을 따라야 한다. 조직은 바로 '상사'라는 껍질로 이루어진 양파와 같기 때문이다.

그렇다고 상사에게 무조건 맹종하라는 말은 아니다. 상사가 회사의 경영방침과 명백히 어긋났을 때는 상사를 바로 잡아야 한다. 그러나 의견이 반반일 때는 상사에게 적응하는 것이 직장인의 처세원칙이다.

♣ 리더십은 '부하'라는 공 다루기

직장의 일은 스포츠의 구기종목과 흡사하다.

각자가 자기 포지션에서 패스를 잘 해야만 골인을 할 수 있는 것처럼, 아무리 유능한 상사라도 부하직원의 원활한 업무패스 없이 혼자서는 실적을 올릴 수가 없다.

그래서 '독불장군 없다'는 말이 생겨났고, 부하가 지니고 있는 능력을 최대한으로 이끌어내어 조직목표에 연결시키는 작업기술이 바로 '리더십'인 것이다.

또 상사를 선수라고 한다면 부하는 공과 같은 존재라고도 할 수 있다. 공은 다루기에 따라서 득점을 올릴 수 있듯이, 부하를 어떻게 잘 다루느냐가 상사가 해야 할 일이다.

특히 공 다루기에 있어서 주의해야 할 점은 공의 성격이다. 기계로 찍어낸 공도 여러 질이 있듯이, 사람의 성격은 십인십색이다. 부하 중에는 축구공처럼 말을 잘 듣는 사람도 있고, 럭비공처럼 제멋대로 튀기는 사람도 있다.

그러나 유능한 선수는 어떤 공도 잘 다루는 것처럼, 현대의 상사는 어떤 개성을 가진 부하라도 잘 다루지 않으면 안 된다. 부하는 살아있는 공과 같다.

4. 능력있다고 뽐내지 말라

♣ 독불장군은 배척을 당한다

미국에 가서 공부를 하고 돌아온 정(丁)씨가 국내 굴지업체인 S물산의 중요한 위치에서 일하게 되었다. 그가 상당한 능력자로서 남보다 빠르고 정확하게 일한다는 것은 아무도 부정할 수가 없었다.

그런데 한 가지 문제는 퇴근시간이었다. 그는 다섯 시만 되면 벌떡 일어나 모두들 일하는데 혼자 퇴근해버리는 것이었다. 누군가가 그러면 되느냐고 귀띔을 했지만 코웃음을 쳤다.

"나는 내가 해야 할 일을 전부 마쳤어. 그런데도 우두커니 상사가 퇴근할 때까지 잡담이나 하면서 앉아있는 것은 바람직한 일이 못돼. 그래서 먼저 나가는데, 누가 뭐래."

소신껏 퇴근하는 것까지는 좋았는데 '하나를 보면 열을 안다'고 매사에 능력만을 과시하는 독불장군이었다. 결국 그는 6개월이 못되어 사표를 내고 말았다.

조직에서 중요한 것은 능력만이 아니다. 원만한 인간관계도 중요하다. '조직은 개인이 아니라 팀'이라는 평범한 진리를 그는 소홀히 했던 것이다.

한미(韓美) 양국간의 연례행사로 팀 스피리트 작전이 전개된다. 이 작전은 이름 그대로 정신적인 협동(그것이 행동통일로 바뀌겠지만)을 보여주자는 것이다.

유능한 선수들이 모인 야구팀이라고 해도 각자가 제멋대로 하다보면 백전백패할 수밖에 없다. 앞의 선수를 위해 자기가 희생됨으로써 팀전체가 살 수 있는 것은 스포츠나 기업, 국가도 마찬가지다.

그래서 각 기업에서는 신입사원을 뽑을 때 능력있는 사람보다 인간관계가 얼마나 원만한가를 우선적으로 보게된다. 능력은 계발시킬 수 있어도 인간관계란 하루아침에 만들어질 수 없기 때문이다.

♣ 적응력이 팀웍을 강화시킨다

　조직 속에서 자기의 재주만 믿고 인간관계를 소홀히 하는 경우, 자기만이 피해자가 되는 것이 아니라 조직 전체에 피해를 입힌다. 조직에서는 '이런들 어떠하리, 저런들 어떠하리' 타입의 원만형이 환영을 받지, '이 몸이 죽고 죽어 일백 번 고쳐 죽어' 타입의 고집형은 조화를 이루지 못하고 탈락하고 만다.

　지구상에서 가장 몸집이 크고 힘이 센 동물이었던 공룡이 지금까지 견디지 못하고 멸종된 것도 적응을 하지 못한 것으로 풀이 되듯이, 조직사회에서 살아남는 길은 뭐니 뭐니 해도 적응 이외에 다른 길은 없다.

　외국에 가서 경기를 할 때 시합날짜보다 훨씬 먼저 가서 전지훈련을 하는 것은 현지에 대한 적응력을 기르기 위해서이다. 능력있는 선수가 당일치기로 가서 시합에 곧잘 깨지고 오는 것도 적응이 잘 안되기 때문이다.

　직장생활에서 독불장군은 환영받지 못한다. 서로 협조하고 힘을 합침으로써 거대한 일을 해내는 곳이 바로 직장이다.

　잘 알려진 이야기이지만 징기스칸의 유언을 다시 들어보자.

　아들들에게 젓가락 한 개씩을 주며 부러뜨려 보라고 했다. 모두들 쉽게 젓가락을 부러뜨렸다. 이번에는 젓가락 한 묶음을 내어주며 말했다.

　"자, 그럼 이것을 한꺼번에 부러뜨려 봐라!"

　장성한 아들들은 있는 힘을 다해 부러뜨리려고 했지만 아무도 그것을 부러뜨리지 못했다.

　"바로 그거다. 너희들이 제멋대로 행동하면 쉽게 부러지지만,

이렇게 똘똘 뭉치면 아무도 너희들을 해치지 못한단다.”

잘 되는 기업이나 집안은 단합이 잘 되는데, 안 되는 쪽은 ‘저마다 왕’ 이어서 개인플레이에 급급하다. 유능한 사람은 자기의 능력을 믿고, 힘이 센 사람은 자신의 힘만을 믿는데, 바로 이 믿는 자만심이 자기를 망가뜨리는 원흉이 될 수도 있다.

상대의 협력을 얻는 지름길은 내가 먼저 협력하는 것이다.

“많이 얻으려면 먼저 많이 주어라!”

불경에 나오는 이 한 마디야말로 직장인의 좌우명이 되어야 하지 않을까? 주지도 않고 받기만 하는 것은 구걸이다. 거지가 잘 살지 못하는 이유는 베풀지 않고 받기만 하기 때문이다. 사랑도 우정도 사업도 순환의 법칙에 의하여 이루어진다.

♣ 조직은 공동운명체임을 알라

H상사의 윤(尹)부장은 외국에 나가 다년간 근무한 실적을 가지고 있다. 부부가 모두 명문대학 출신으로 상당히 촉망을 받는 인텔리다.

그러나 부인은 남보다 더 빨리 남편을 출세시키기 위해서 경영주의 집에 상주하다시피 하다가, 사모님의 개인비서 노릇까지 하게 되었다. 신임을 받자 자연히 회사의 사내문제까지 이래라저래라 입방아를 찧었고, 그것이 도화선이 되어 윤부장은 회사원 전체의 눈에 벗어나 찬물을 먹었다.

윤부장은 천성이 착하고 능력이 뛰어나 부하나 상사에게 인정을 받고 있었는데, 부인의 과욕 때문에 오히려 일이 망쳐지고만 것이다. 성공하는 것도 시간문제지만 쓰러지는 것도 간단함을 알아야 한다.

결국 그는 똑똑한 아내 때문에 물을 먹을 수밖에 없었던 불운의 사나이. 그러나 그 부인은 자기의 과잉충성(실제로는 아부지만)에 대하여 뉘우치기는커녕 오히려 조직이 너무 냉혹하다고 원망하고 있다.

분명 조직은 혼자가 아니라 함께 배를 탄 공동운명체이다. '나 혼자만이'라는 말은 사랑노래에서나 나오는 것이지, 조직생활에서는 결코 있을 수 없다. '도둑질도 손발이 맞아야 한다'는데 하물며 큰일을 하는데 있어서야….

직장은 머리만 가지고 성공하는 아이큐 테스트장이 아니다.

'물이 너무 맑으면 사는 고기가 없고, 사람이 지나치게 비판적이면 따르는 벗이 없다.'

일찍이 공자는 왜 우리에게 이런 말을 했을까?

백지장도 맞들면 낫고, 언 손도 마주잡으면 따뜻해진다.

5. 더불어 성공한다

♣ 적극적인 참여자가 되어라

런던의 한 소년이 스코틀랜드의 작은 마을에 휴양을 왔다. 그 소년은 호수에서 수영을 즐기다가 갑자기 소리쳤다.

"살려주세요! 발에 쥐가 났어요."

그 때 호숫가의 밭에서 일을 하던 한 소년이 재빨리 호수 안으로 뛰어 들어가 이 도시에서 온 소년을 구해내었다.

그후 몇 년이 지난 어느 날, 목숨을 구한 도시소년과 그를 구해주었던 시골소년은 어엿한 청년이 되어서 만나게 되었다.

"당신의 장래 희망은 무엇인가요?"

도시청년은 그 때의 은혜를 잊지 않고 있었다. 그래서 부모의 허락을 받아 이 시골청년을 돕기 위해서 찾아온 것이었다.

"난 의학을 공부해서 훌륭한 의사가 되고 싶어요. 하지만 가정형편이 어려워서…."

"좋아요. 그렇다면 마음 놓고 의학공부를 하도록 해요. 당신의 소원을 들어주기로 부모님께 허락을 받았습니다."

그 후로 다시 몇 년의 세월이 흘러 의과대학을 수석으로 졸업한 시골청년은 어느 의학연구소에서 연구에 몰두하고 있었다. 마침내 그는 1928년 수많은 인류의 생명을 죽음의 공포에서 건진 페니실린을 발명하였다.

그가 바로 알렉산더 플레밍 박사이다. 나중에 그는 영국 학사원의 회원이 되었고, 여왕으로부터 작위도 받았으며, 과학의 발전에 기여한 공로로 노벨 의학상까지 수상하였다.

그렇다면 자신의 목숨을 구해 준 은혜를 잊지 않고, 플레밍을 의과대학에 진학시켜서 공부하도록 지원해 준 도시청년은 과연 누구이며, 그 후 그는 어떻게 되었을까?

그의 이름은 너무나도 유명한 영국의 수상 윈스턴 처칠이다. 세계 제 2차 대전 당시에 그는 폐병에 걸리고 말았다. 전쟁의 승리를 위해서 전 세계의 수많은 자유인이 그의 회복을 안타깝게 기대했으나 병은 더 악화될 뿐, 다시 죽음의 기로에 놓이게 되었다. 이때 플레밍이 발명한 페니실린이 처칠을 죽음에서 살려내었다.

결국 시골소년이었던 플레밍은 처칠의 생명을 두 번 씩이나 구해준 셈이다.

가문은 달랐지만 방관자가 되지 않았던 적극적인 참여의지가 이 둘의 운명을 엮어놓았던 것이다.

방관은 결코 외면이 아니다. 그것은 무관심도, 무지도 아니며, 그렇다고 어리석음도 아니다. 다만 성공의 기회를 스스로 포기하는 바보들의 나태함이다.

성공하는 사람은 매사에 적극적으로 참여하고, 서로 도울 줄 알며, 더불어 성공한다.

♣ 늙은 햄머공과 철강왕 카네기

가난한 가정에서 태어나 학교도 제대로 못 다녔지만, 세계제일의 철강회사를 세운 철강왕 앤드류 카네기. 그에 대한 에피소드는 참으로 많다. 그 가운데 하나를 소개한다.

어느 날인가 회사설립 당시부터 그와 함께 일해 온 늙은 햄머공을 카네기는 사장실로 불렀다.

"당신은 오랫동안 나와 같이 고생을 해왔소. 덕분에 우리회사는 이렇게 커질 수가 있었소. 이것은 내 마음의 선물이오."

이렇게 말하며 늙은 햄머공에게 사장이 넘겨준 것은 뜻밖에도 중역으로 임명하는 사령장이었다.

그러나 기뻐해야할 늙은 햄머공은 한 번 힐끗 훑어보고는 사령장을 되돌려 주는 것이 아닌가?

"아니, 왜 그러는 거요. 그 이유를 말해주시오."

카네기 사장의 질문에 햄머공은 다음과 같이 말하는 것이다.

"나는 늙고 변변치 않은 햄머공입니다. 그러나 내가 햄머로 쇠를 두드릴 때 쨍하는 소리가 나는데, 그 소리는 내 생명의 소리입니다. 그러니까 이 나이가 되도록 진력내지 않고 햄머질을 해왔소. 또 새빨갛게 달구어진 쇳덩어리를 두드리면 불꽃이 튀는데, 그 불꽃은 내 생명의 불꽃이 튀는 겁니다.

오늘 사장님께서 내게 사령장을 줄 때는 나를 위해서 임원실도, 폭신한 의자도 마련했을 것이오. 그러나 내가 중역이 된다면, 내 생명의 소리와 불꽃을 튀기면서 쇳덩어리를 만들어온 나의 햄머는 과연 어디로 가야 합니까? 사장님 정도의 인물이라면 내 심정을 알아줄 것이라고 생각했는데, 이게 뭡니까?"

카네기 사장은 자기의 소견이 얕았던 것을 사과하고 사령장 대신에 한 장의 수표장을 주었는데, 그 액수가 자그마치 미국 대통령의 연봉과 맞먹는 거액이었다.

수표장을 받는 것마저 거절하는 늙은 햄머공에게 카네기 사장은 다음과 같이 말을 했다.

"대통령은 정치세계에서 최고의 인물이오. 나는 당신을 직공세계에서 최고의 지위에 세우고 싶습니다. 정치세계에서 최고의 인물인 대통령과 직공세계에서 최고의 인물이 같은 보수를 받는 것은 당연하지 않소. 부디 이것만은 사양하지 말고 받아주시구려."

수표를 받아든 늙은 햄머공은 카네기 사장의 품속으로 뛰어들어 서로 껴안고 울어버렸다고 한다.

♣ 더불어 승리하는 직장풍토를

요즈음 우리 사회에는 지나친 이기주의가 판을 치고 있다. 근로자는 근로자대로, 경영자는 경영자대로 자기의 이익에만 급급하다 보니 전체적으로 엄청난 손해를 보고 있지 않은가?

현대는 이익교차의 시대이며 분업사회이다. 각자가 맡은 역할이 무엇이든, 사명감을 갖고 상호이익을 위해서 최선을 다해야만 조직이 발전하고 기업이 번영한다.

자기의 맡은 바 직분에 생명을 걸고 신명나게 열심히 일했던 늙은 햄머공과 자기가 거느리고 있는 근로자가 최고임을 인정할 줄 아는 카네기 사장의 이야기는 우리에게 많은 교훈을 시사하고 있다.

경영자가 없는 기업, 근로자가 없는 기업이 세상에 존재하던가? 근로자가 없다면 경영자가 아무리 돈이 많고 거창한 사업계획이 있어도 구멍가게밖에 할 수가 없다. 또한 아무리 힘이 세고 기술이 좋아도 경영자가 없다면 기업은 존재하지 않으며, 기업체가 없다면 어디에 가서 일을 할 수가 있겠는가?

경영자도 근로자도 서로에게 감사하고 함께 이익을 얻을 수 있는 기업풍토를 만드는 것이 직장인의 참다운 성공비결이다.

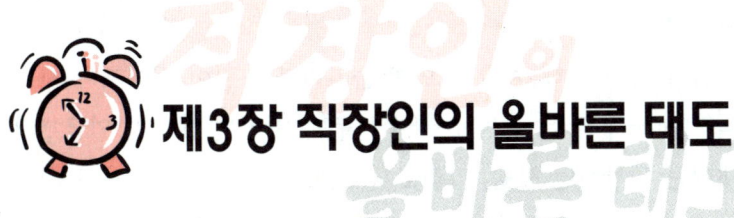

제3장 직장인의 올바른 태도

'세상만사는 마음먹기에 달렸다'고 하듯이, 직장생활도 직장인 각자의 마음가짐인 태도에 의해서 성패가 좌우된다. 주어진 일에 매진하기 보다는 자기이익만 챙기는 사람, 능력이 있다고 목에다 힘주는 사람, 일이 적성에 맞지 않는다고 투덜거리는 사람, 봉급만 따지는 사람, 이런 사람이 성공할 리가 없다. 이 장에서는 직장생활에 실패하는 사람과 성공하는 사람의 올바른 태도에 대해서 구체적으로 알아본다.

1. 이런 사원은 낙제이다

♣ 비누같이 미끄러운 사원들

언젠가 대기업의 관리자인 김(金)이사에게서 들은 말이다.

"요즘 회사에 들어오는 사원들은 옛날 우리가 들어와서 일 할 때와 사뭇 다른 분위기예요. 그땐 상사의 말이라면 무조건 따르고, 비록 해내지 못할 일이라도 하는 척이라도 했는데 이젠 그게 아닙니다.

뻔히 자기가 해야 할 일도 뺀들거리다가 말이 떨어져야 하는 척하는 노예 같은 사원에서부터, 뭔가 시키면 찡그린 얼굴부터 내미는 저항적인 사원, 그리고 겉으로만 하는 척하고 자꾸 시간만 보내는 위장사원까지 참으로 다양합니다.

참으로 심각한 분위기예요. '생산성! 생산성!' 하고 말로만 외칠게 아니라, 무언가 실질적으로 전체적인 분위기를 개선할 조치가 필요한 실정입니다."

그의 말 가운데서 한 가지의 공통점을 발견할 수가 있다. 팀웍을 이루어 힘껏 밀어 붙여서 일하고자 하는 의욕이 쇠퇴하였으며, 근본적으로 말만을 앞세우는 비누같이 미끄러운 사원들이 점차 늘고 있다는 사실이었다.

일을 하긴 하는데 불평불만이 많고, 시간당 생산능률이 올라가지 않는 조직은 병든 조직이다. 그리고 그런 조직은 김이사의 말을 분석해보면 대체로 다음과 같은 몇 가지의 병폐로 나타난다.

♣ 노예형 사원은 불성실의 대명사

노예근성을 가진 사원을 노예형이라고 해두자. 그들은 성실하게 일하려는 자세를 전혀 보여주지 않는 사원들이다. 이런 사원들이 많은 조직은 엄격한 관리자가 버티고 앉아 있으면 그런대로 움직여 나가지만, 관리자가 잠시라도 자리를 비우면 실적이 급락하고 조직 내에 엄청난 비리와 분란이 생긴다.

노예형 사원의 특징은 다음과 같다.

첫째 걸핏하면 지각하고, 조퇴신청을 해온다.

집안에 조금만 일이 생기면 그것을 핑계 삼아서 지각을 하거나 조퇴하므로 전체적인 근무분위기를 망친다. 습관이 되면 몸이 약간만 불편해도 회사에 늦으며, 갖가지 핑계를 대어서 남보다 적게 일하려고 나쁜 요령을 부린다.

특히 그들은 상사에게 최대한 아첨을 하여 자신이 최고의 대우를 받는 사원이 되려고 애쓴다.

둘째 여기저기서 돈을 빌리거나 반대로 빌려 준다.

사원간의 금전대차는 회사의 분위기를 파괴하는데 보이지 않게 많은 영향을 주고 있다. 노예형 사원들은 금전대차를 인간관계의 형성방식으로 잘못 생각해서, 상사나 동료에게 곧잘 돈을 빌리거나 빌려 준다. 그리고 그것을 빌미로 최대한의 자유를 누리려고 한다.

인간심리는 묘하게도 돈을 주고받는 관계에서는 어느 정도의 잘못을 용인하기 쉽다. 그 점을 그들은 악용한다. 그리고 언제나 비굴한 태도를 보인다.

셋째 사내의 교육이나 행사를 기피한다.

노예형 사원은 업무에 적극성이 결여되어 있을 뿐 아니라 사내에서 실시하는 정기교육이나 체육대회와 같은 행사를 기피하는 경향이 있다. 그런 시간이 있으면 자기만의 시간을 갖겠다는 강한 피해의식을 갖고 있으므로 분위기를 해친다.

그들은 "그까짓 것 참가해서 뭐하나? 우리는 졸병에 불과한데 빠져도 그만이야"하는 말을 빠뜨리지 않는다. 한편 휴일의 특근도 하지 않는다.

그러면서도 인사고과를 실시할 시기가 되면 그 누구보다 성실한 것처럼 갑자기 부지런해지며 고과표가 완성되어 올라갈 때까지 그 상태를 유지한다. 그러나 그것은 잠깐일 뿐, 인사고과 시기가 지나면 다시 노예형으로 되돌아 간다.

♣ 저항형 사원은 화합을 해치는 훼방꾼

사원으로서 어느 정도의 저항성을 가지는 것은 오히려 조직에 활력을 불어넣으므로 노예형보다 나은 경우도 있다. 그것은 젊은 조직의 특징이기도 하다.

그렇지만 저항형 사원이 지나치게 많으면 그 조직은 와해된다. 이들은 노예형처럼 소극적인 저해요인을 보이지 않고 이따금 적극적으로 조직을 파괴하는 행위를 서슴지 않는다. 그 점을 유의하여야 한다.

저항형 사원들은 사회적인 분위기에 큰 영향을 받고 있다. 그리고 자신의 권리와 의무를 요리조리 저울질하며 조직에 저항한다. 그 특징은 다음과 같다.

● 첫째 고개만 까딱하고 인사를 한다.

최근에 어느 회사이든 인사하는 모습을 보면 정말로 한심하다는 느낌이 든다. 인사를 하는 것인지 그냥 아는 척하고 지나가는 것인지 위아래의 구분을 할 수 없을 정도이다.

저항형 사원들은 그 누구에게도 허리를 굽혀 인사하는 법이 없다. 자기 자신이 가장 훌륭하므로 감히 그 누구든 자기 앞에서 위대하게 군림해서는 안 된다고 생각하는 모양이다. 따라서 그들은 허수아비처럼 고개만 까닥하며 인사한다.

● 둘째 상사의 험담을 즐긴다.

저항형 사원들은 서슴지 않고 상사의 약점이나 상사의 비리를 타인들에게 공개한다. 그것이 어떤 정의감에서 우러나오는 것이 아니라, 대체로 쓸데없는 자기우월감이나 저항의식에서 무의식적으로 험담을 즐긴다.

더 나아가 회사의 정책이나 제도에 대하여 꼬치꼬치 물고 늘어지면서 욕한다. 상사나 회사는 동일한 차원에서 저항형 사원의 적으로 인식되고 있다.

● 셋째 주위 사람과 항상 말썽이 많다.

공공연하게 사내연애를 하면서도 전혀 부끄럽게 생각하지 않거나 책상서랍 속에 일거리를 감춰두고 며칠씩 묵혀 두면서도 전혀 자신의 잘못을 반성하려 들지 않는다.

저항형 사원은 주위 사람들을 의식하지 않고 자기의 마음에 들지 않으면 저항하는 태도를 보이므로 언제나 말썽이 끊이지 않는다.

♣ 최저수준은 위장형 사원이다

노예형 사원은 소극적으로 회사분위기를 해치고, 저항형 사원은 적극적으로 그런 행동을 보인다. 그렇지만 위장형 사원이 가장 골치거리이며 낙제수준에 들어간다.

위장형 사원은 요령주의 적당주의 이기주의 분파주의 등, 아무튼 모든 나쁜 요소를 갖추고 있으면서도, 관리자들의 눈에는 대단한 능력가이며 성실한 모범사원으로 여겨진다. 왜냐하면 그들은 철저하게 자기의 본래 모습을 위장하고 있기 때문이다.

예를 들면 그들은 근무시간에 증권회사의 객장에 나가서 자기가 가진 주식의 시세를 알아보면서도 업무상 외출로 위장한다. 회사의 일로 출장을 가는 척하면서도 사실은 자기의 재산관리를 하는 것이다.

회사에 들어온 지 기간이 좀 지나면 노예형, 저항형 사원들은 대체로 위장형으로 변화해 간다. 그렇게 되는 것은 인사관리가 철저하지 못한데도 원인이 있으나 근본적으로 이기적인 목적과 회사로서의 존립목적이 일치하지 않는 데에서 더 큰 원인을 찾을 수 있다.

그러나 위장형의 낙제사원을 없애야 조직이 활성화되고 회사가 산다. 그렇다면 당신은 어느 유형에 속하는가?

2. 일에 적성을 따지지 말라

♣ 행복의 파랑새는 가까이 있다

벨기에의 극작가 메텔링크가 쓴 〈파랑새〉의 이야기는 누구나 잘 알고 있을 것이다. 치르치르와 미치르의 오누이가, 행복을 가져다주는 파랑새를 찾으려고 사방팔방으로 헤매다가 기진맥진

하여 집으로 돌아오는데, 그 새가 바로 자기집에 있는 것을 발견한다.

우리의 희망이나 행복도 멀리 있는 것이 아니라 가까이 있다는 이야기다.

그런데 우리는 계속 같은 시행착오를 되풀이하고 있다. 우리에게는 평생을 도망칠 수도, 피할 수도 없는 것이 있다. 바로 '일'이다. 아무리 달아나려고 해도 달아날 수가 없다면 정면 대결로 승부를 가릴 수밖에 도리가 없지 않은가?

그리고 반드시 뚫고 나아가야만 한다. 일이 싫다고, 일이 나에게 맞지 않는다고 피해보라. 거기에는 천길만길 낭떠러지가 기다리고 있을 뿐이다. 전진을 하다보면 여러 가지 장애가 있게 마련이다. 그러나 그것을 계속 돌파해 나가다 보면 거기에 표적이 나타난다. 그래서 누군가가 말했지 않은가?

'인생은 장애물경기와 같다'고.

높고 낮은, 험하고 순탄한 갖가지 장애물들은 정복하기 위해서 만들어진 것이지 걸려 넘어지라고 있는 것은 아니다. 장애물을 돌파해서 전진할 것이냐, 힘드니까 미리 주저앉을 것이냐는 스스로 결정하고 선택하지 않으면 안 될 문제이다.

뒤돌아서는 길에는 장벽이 없다. 그렇다고 전진을 포기할 수 없는 것이 창창한 당신의 앞길이 아닌가. 어쨌든 부딪쳐보고 거기에 적응해서 생존하지 않으면 안 된다.

아이들이 커감에 따라 똑같은 것을 경험하게 된다. 걸음마를 배울 때 처음부터 스피드를 내며 뛰는 아이는 하나도 없다. 한 걸음 내딛고 넘어지고, 또 일어섰다가 넘어지며 계속 앞으로 나간다. "또 넘어질테니까…"하고 그 자리에서 일어서지 않는 아이가 있다면 영영 불구자가 되고 말 것이다.

♣ 자기 힘으로 성공해야 오래간다

한때 『아빠와 함께 부르는 노래』가 유행을 했었다.

"아빠, 언제 어른이 되나요.

빨리 어른이 되고 싶어요.

내가 쓰러지면 그냥 놔두세요.

나도 내 힘으로 일어서야죠."

앤터니 퀸과 찰리가 부른 이 노래는 우리나라에서도 유행을 했었다. 이 노래처럼 쓰러지면 내 힘으로 일어서려는 의지가 우리들 직장인에게는 절대적으로 필요하다.

만일 누가 일으켜 세워 주었다고 치자. 바로 그 지주(支柱)가 쓰러지면 자기도 함께 쓰러지고 만다.

A상사의 박(朴)씨는 사장과 가까운 사이였다.

그는 능력에 의하여 성장한 것이 아니라, 바로 인맥이 출세의 원동력이 되어 남들은 과장일 때 부장이 되는 식으로 번개처럼 승진하여 이사 대우를 받고 있었다.

"간첩잡아 특진을 해도 그렇게 빨리 올라가기는 힘들 것"이라고 모두들 쑥덕대었다.

그런데 사장의 친위대장격이었던 그가 하루아침에 목이 달아나는 비극이 일어났다. 사장의 목이 달아남과 동시에 그도 도매금으로 함께 넘어간 것이다.

어느 한 사람 그의 비극(어쩌면 희극)을 애도하는 사람없이 그는 쓸쓸히 짐을 챙겨야만 했다. '떠날 때는 말없이' 라는 노래가 그를 위한 추도곡이 될 것을 일찍이 누가 알았으랴.

나는 새라도 떨어뜨릴 기세등등한 위력에 아무도 크게 숨 한 번 쉬지 못했지만, 그의 목이 달아나자 동료들은 내심으로 축하 파티라도 하고 싶은 그런 심정이었다고 한다.

한때나마 당당했던 그의 파워는 어디로 행방불명이 되었는지, 그 뒤 아무도 그의 소식을 아는 사람은 없다.

누구의 말로는 미국으로 이민을 갔다고도 하고, 또 누구는 지방으로 내려가 조그마한 농장을 한다고도 하지만, 결국 그 전부를 아는 사람은 없고 또 알려고도 하지 않았다.

조직생활에서 어떤 라인이 배경일 경우, 그 라인이 무너지면 삼풍백화점처럼 와르르 무너지는 것이 통례이다. 결국 직장생활에 있어서 실력과 능력, 그리고 행동력이란 이름의 배경 이상 더 큰 배경이 어디 있겠는가?

자기의 힘으로 자신을 지켜야 되는 것처럼, 자기의 힘으로 자기가 성장해야 오래 간다.

♣ 적성만 따지는 사람은 무능력자

직장인의 과제는 일이며, 직장인의 경주는 일로써 승부를 낸다. 그런데 흔히 주어진 일이 적성에 맞지 않는다, 뭐다하며 능률이 오르지 않는 책임을 적성으로 돌리는 사람이 많다. 잘 될 때는 말이 없지만 안 될 때는 으레 적성탓이거나 조상탓이다. 적성 운운하는 친구들도 놀이나 먹자판에서는 적성을 따지지 않는다.

그런데 유독 일에서만 적성을 내세우는 것은 빠져나갈 구멍을 찾기 위함이 아닐까? 일이란 결코 취미나 유희가 아니다. 꽃꽂이나 서예, 낚시나 골프 등은 취미로 한다지만 일이란 자신의 모두를 걸고 하지 않으면 안 되는 평생의 사업이다.

자기가 그 일에 적성이 맞지 않아 실력이 안 나타나는 것이지, 능력과는 무관하다는 자기위안의 직장인이 있다면 그러한 생각은 빨리 버려야 한다.

결국 적성 운운하는 친구는 무능력자 이상의 아무것도 아니다. 오르고 또 오르면 못 오를 리 없는데, 가다가 중지하고 적성 탓만 하다니 이건 비극 중의 비극이다.

승부는 전력투구로 매달릴 때 나타난다. 야구타자가 '좋은 공'이 올 때만 치겠다고 버티고 서 있으면 한 번도 배트를 못 휘두르고 아웃될 지도 모른다. 직장도 운동경기처럼 출발선은 모두 같다. 출발신호와 함께 출발한 다음 누가 전력투구를 하느냐, 않느냐에 따라서 승부는 결정된다.

이제 주사위는 던져졌는데 적성 운운하지 말자. 더구나 적성이 안 맞는다고 겁부터 먹고 뒷걸음치는 사람은 제자리걸음을 걷는 사람보다도 더 뒤로 처진다는 사실을 알아야 한다.

세상에 자기의 전공이나 적성대로 사는 사람이 몇 퍼센트나 되겠는가? 수학과 출신이 시인이 되고, 정치과 출신이 탤런트가 되며, 공원출신이 사장도 되고, 깡패출신이 목사도 될 수 있다. 하다보니 적성에 맞고, 오르다보니 정상이 아닐까?

3. 용기를 내어 앞장 서보라

♣ 지옥같이 고된 산업훈련 코스

"자네, 지옥엘 다녀왔나?"

"우리 지옥에서 만났었죠."

한 때 일본사회에서 직장인들끼리 만나면 으레 하는 첫인사였다. 이들이 말하는 지옥이란 물론 저 세상이 아닌 '지옥같이 고된 산업훈련코스'이다.

이름하여 〈지옥의 훈련〉인데 주최측인 관리자양성학교에서는 일기당천(一騎當千)의 강한 사나이를 길러낸다는 것이다.

우리나라에서도 기업체에서 산악훈련을 비롯하여 래프팅, 서바이벌 게임 등 갖가지 고된 산업훈련을 하고 있다.

처음에는 정신교육만 시켜도 효과가 컸는데, 몇 차례 반복하다 보니 만성화되어 그런지 점차 교육효과가 줄어든다고 한다. DDT나 페니실린의 엄청난 효과가 이제 와서는 별 볼일이 없어진 것과 비슷한 현상이다.

그래서 세계 각국의 기업들은 하드 트레이닝을 시켜서라도 일당백의 똑똑한 사원을 만들어야 치열한 경쟁에서 기업이 살 수 있다고 맹훈련 중이다.

〈지옥의 훈련〉이란 프로그램 속에 '역전가창(驛前歌唱)'이 있다. 역 앞에 서서 많은 사람을 상대로 혼자 큰소리로 노래를 부르는 것이다. 이것은 담력과 배짱을 키우는 훈련이다.

인간은 누구나 소심해서 자기가 하고 싶은 것을 제대로 못하는 성질이 있다. 멀쩡한 사람도 마이크 앞에 서면 중풍에 걸린 사람처럼 벌벌 떨거나 혼자서는 잘하는 노래인데 대중 앞에서는 고저장단이 엉망이 되어버리는 것도 소심증이 만들어준 부산물이다.

흔히 어떤 모임에서 노래를 부르도록 지명되었을 때 마이크를 갖다대면 여러 가지 반응이 나온다.

"요즘 감기가 걸려서 목이 쉬었으니 양해해주십시오…."

감기가 낫는다고 해도 잘하지 못하는 주제에 변명부터 나온다. 어떤 사람은 홍당무가 되어 모기소리로 애원을 한다.

"너무 갑작스러워 아직 준비가 덜 되었으니…. 누가 먼저 좀 해주십시오."

이런 사람도 집에서는 말 잘하고 목청도 컸을 것이다. 또 물귀신처럼 남을 물고 늘어지는 사람도 있다.

"저 사람이 먼저 하면 나도 하겠소."

누군가 먼저 시작하지 않으면 안 된다. 직장이나 사회생활 모두가 '먼저 한다'는데 의의가 있는 법이다.

콩쿨대회나 장학퀴즈처럼 등수를 뽑는 것도 아닌데, 지나치게 자기를 의식하기 때문에 용기가 없어지고 만다.

♣ 핑계가 없는 무덤은 없다

어디 한번 성공한 위인이나 출세한 사람을 살펴보라.

남의 등 뒤에 숨어서 승리의 깃발을 꽂은 사람이 과연 있던가? 결코 앞장서지 못하는 사람이 뒷북을 치게 된다. 이런 뒷북이나

치는 사람의 공통점은 항상 '힘든 이유' '안 되는 이유'부터 내세운다.

직장생활에서 가장 좋지 않은 습관은 바로 핑계를 대는 버릇이다. 세상에 핑계가 없는 무덤이 있던가? 세계 어느 나라나 마찬가지였지만 TV가 처음 나왔을 때 "텔레비전을 보면 눈을 버린다"고 했다. 세탁기가 출현했을 때 "세탁기로 빨래하면 천을 버린다"고 했으며, 전자레인지를 사용하면 방사능 때문에 몸을 망친다는 등등 말도 많았다. 그것도 정면에서가 아니라 뒷전에 서서 트집을 잡는다.

보험회사에 가서 교육을 끝내고 질문을 하라고 했더니, 40대의 중년 여성이 손을 들고 물었다.

"저는 열심히 하는 데도 실적이 안 올라, 창피해서 못 나오겠어요. 왜 그럴까요?"

그 말에 나는 되물었다.

"고객을 만나서 어떤 기분으로 보험권유를 합니까?"

한참 만에 그 사람은 부끄러운 듯 더듬거리면서 말했다.

"결국에는 보험하나 들어달라고 애원하다시피 합니다."

나는 그 중에서 가장 많은 실적을 올린 사람에게 물었다.

"당신은 어떤 기분으로 보험 권유를 하십니까?"

"나는 나를 위해 보험을 권유하지 않습니다. 상대를 돕는 것이지요. 불의의 사고나 재해를 당했을 때를 대비해, 우리는 서비스한다는 기분으로 권유를 합니다."

똑같은 보험을 권유하는데, 한 사람은 구걸하는 입장에서, 또 한 사람은 도와준다는 상반된 입장에서 한다.

♣ 조직은 강한 인간을 원한다

상품이란 '팔리는 것'이 아니라 '파는 것'이다. 자기라는 상품
도 마찬가지다. 상품은 쇼, 다시 말해 진열방식에 의하여 판매가
좌우된다고 한다.

어느 기성복 매장의 지배인 이야기다.

"뒤에 걸어놓은 옷은 안 팔립니다. 그런데 안 팔리던 옷도 쇼
윈도에 걸어 놓으면 곧 팔리지요."

뒷전에서 트집이나 잡지 말고 먼저 용기를 내어 당신이 앞장
서보라. 너나 할 것 없이 다투어 따르게 된다. 세상사람은 누구
나 선구자를 따르는 법이다. 매도 먼저 맞는 사람이 낫다고 모든
일은 솔선수범이 최고이다. 호랑이굴에 들어가지 않고 어찌 호
랑이를 잡을 것인가?

힘든 일, 궂은 일 그러나 꼭 해야 할 일에는 내가 먼저 나서야
한다.

은행의 지점장 김(金)씨는 딸 다섯에 아들 하나를 두었다. 금이
야 옥이야 기른 외아들이었지만, 청년이 되면서 점점 약골이 되
는지라 일본으로 유학을 보내놓고 학자금을 끊었다. 20여년 동
안을 오로지 부모 품에서 과잉보호로 자랐던 아들은 갑작스런
변화에 눈앞이 캄캄했다.

그러나 굶어죽을 수는 없는 노릇, 행상에서 식당의 접시닦이
에 이르기까지 닥치는 대로 일을 하지 않으면 안되었다. 그 후
그 청년은 자력으로 대학을 졸업하고, 지금은 재벌그룹의 엘리
트부장으로 선두를 달리고 있다. 한때의 역경과 시련이 사람을
단련시켜 강하게 만든다.

현대는 극도로 발달한 문명과 지식 속에서 자칫 나약해지기 쉽다. 조직은 나약한 직장인을 요구하지 않는다. 더구나 안일한 것만을 추구하는 직장인에게 중책을 맡길 수는 없지 않은가?

지옥이라도 뛰어들 기백과 자세를 갖춘다면 당신은 반드시 성공한다.

4. 봉급이 전부는 아니다

♣ 첫 월급이 그렇게도 중요할까

취직을 해서 처음 직장을 가진 친구들끼리 만나면 오나가나 월급타령이다. 보너스는 몇 퍼센트가 되고, 휴가계획은 어떤가에 대한 관심이 대단하다.

"다른 곳에 비하면 우리 회사의 급료는 너무 적어요."

이런 불평을 종종 듣는다.

첫 월급이 많아도 10년, 20년이 지나도 별로 늘어나지 않는 직장이 있는가 하면, 처음에는 적지만 차츰 늘어나 나중에는 여유 있게 살 수 있는 직장도 있다. 그래서 첫 월급을 가지고 그 직장을 평가하는 것처럼 어리석은 바보도 없다.

내가 사회에 첫발을 디딜 때만 해도 월급이 문제가 아니라, '취직이 되었다'는 것만으로도 감지덕지였다. 그런데 불과 십 몇 년이 지나는 사이에 각 기업이 눈부시게 발전하면서 인재를 찾기 시작했다.

어느 회사의 모씨가 일을 썩 잘한다는 소문이 나면 권리금까지 붙여 모셔가게 세상이 변한 것이다. 수금 잘하고 단골손님이 많은 마담들이 웃돈을 받고 여기저기 팔려 다닌다더니 직장인들이 그 짝이 난 것이다.

그래서 심한 친구는 일 년에 서너 번씩 자리를 옮겨, 대리가 차장이나 부장까지 승급을 하는가 하면, 회사차로 출퇴근하는 특혜를 입는 일도 허다했다.

남의 손에 있는 떡이 더 커 보인다고 대학교수 초빙하듯 사원 초빙 붐이 불자, 내부에 있는 직원들의 사기가 극도로 떨어졌다.

'데려온 자식 보살피다보니 제 자식 등창 나는지 모른다'고, 소외감과 갈등 속에 결국 굴러온 돌이 박힌 돌을 뽑아내는 결과가 되고 만다.

"설마, 뭔가를 보여주겠지."

기대와는 달리 보여줄 기색이 나타나지 않는다. 사람의 능력에는 대단한 차이가 있는 것이 아니고 보면 경영자가 받는 고통이나 갈등도 알아주어야만 할 것 아닌가?

그것을 보고 남아있던 잔류병력은 쾌재를 부른다.

"쌤통이다, 쌤통!"

"깨소금 맛이다."

자기네가 소외당한 것에 대한 앙갚음을 하늘이 톡톡히 했다고 신나하지만 그렇게 속이 후련할 건 또 무엇인가? 직장생활도 사회생활이니만큼 불평불만이 있게 마련이다. 재미있고 신나는 곳이 직장이라면 극장은 누가 갈 것이며, 퇴근 후 술집에는 왜 몰려가겠는가?

♣ 당신은 몇 등급의 사원인가

대다수의 직장인들은 자기가 받는 보수에 대한 불평은 잘하지만, 자기 작업의 분량이나 성과에 대해서는 별로 생각하지 않는 것 같다.

만일 돈 보다 일을 더 하려고 욕심을 부리는 직장인이 있다면 출세는 우선순위이다. 스스로 자만에 빠지지 말고 '과연 나는 그만한 일을 하고 있는가'를 점검할 필요가 있다.

직장생활을 하는 직장인의 다섯 가지 유형을 살펴보자.

뛰어나게 일을 잘 하는 사람, 비교적 우수한 사람, 제 몫만을 하는 사람, 월급만 축내는 사람, 조직을 좀먹는 사람이 있다. 이것을 수우미양가로 점수를 매겨 본다면, 월등한 사람은 〈수〉, 우수한 사람은 〈우〉, 제 몫만을 하는 사람은 〈미〉, 월급만 축내는 사람은 〈양〉, 해를 끼치는 사람은 〈가〉로 평가될 것이다.

대개의 사람은 자기가 받은 봉급만큼 일을 하면 된다고 착각을 하고 있다. 착각은 자유라지만 이런 자유처럼 위험천만한 것도 없다. 당신은 제 값을 해서 월급을 가져간다고 치자. 그러면 조직은 무엇으로 어떻게 움직인단 말인가?

불평불만을 해도 좋다. 그러나 때가 있다. 적어도 자기가 하는 일의 비중이 자기 급료의 몇 십 배 이상을 넘어섰을 때라야 한다.

아무리 유능하고 학교성적이 우수했던 젊은이라도, 능력과 지식을 금방 직장생활에서 활용을 할 수는 없다. 또 활용을 할 수 있다손 치더라도 이론과 실제가 손발처럼 그렇게 척척 들어맞는 것도 아니다.

그런 줄도 모르고 우물 안 개구리가 하늘을 바라보듯이 상사들이 하는 일을 시덥지 않은 눈으로 바라본다.

'상사라는 것들은 모조리 고문관이야.'

몇 년이 지나 부하가 생겼을 때 그들은 당신과 똑같은 생각, 똑같은 눈으로 상사를 바라볼 것이 분명하다.

♣ 보수는 자기가 일한 대가이다

모범적인 직장생활을 하고, 가장 짧은 시간 안에 중역의 위치에 올라간 모그룹의 한(韓)씨가 있다.

그는 신입사원시절 모두가 급료에 대한 불평, 상사에 대한 불만을 토로할 때 호된 상사 밑에서 하드 트레이닝을 받았고, 장학금까지 받으면서 일을 배운다는 생각으로 열심히 뛰었다.

'급료는 일을 제대로 할 때 받는 것이지, 배울 때 받는 것이 아니다. 바쁜 꿀벌은 슬퍼할 틈이 없다.'

이런 각오로 그는 성심성의껏 즐겁게 일을 했고, 당연히 윗사람의 눈에 든 것이다.

부모는 자식이 열심히 공부할 때 흐뭇해하는 것처럼, 경영자도 부하가 열심히 땀 흘려 일할 때 신임을 하게 된다. 한 번 눈에 들면 그 다음부터는 일사천리로 나가게 되는 것이 직장생활이다.

그러나 한 번 눈밖에 나면 아무리 잘해도 신임받기는 어렵다. 색안경을 쓰고 보기 때문이다. '이왕 버린 몸'이 되는 이유도 바로 여기에 있다.

어느 사회나 마찬가지지만 처음에 착실하게 점수를 따는 것만큼 직장인에게 중요한 일은 없다. 내가 딴 점수를 다른 사람이 가져가거나 무효가 될 리는 절대로 없다. 다른 사람은 몰라도 상사의 수첩에는 정확하게 기록된다.

수 · 우 · 미 · 양 · 가 중에서 어느 점수가 기록되느냐는 상사의 기분에 의해서가 아니라, 내가 보여준 실적과 행동, 그리고 처세에 대한 평가임을 알아야 한다.

'장학금을 타며 일을 배우는 자세' 야말로 순수한 아마추어 정신이다. 아마추어는 아마추어 다울 때 금메달이 돌아간다. 지금 내가 얼마를 받느냐에 신경을 곤두세우기보다, 내가 얼마나 많은 일을 할 것인가를 더 생각하자. 보수는 일에 대한 대가임을 안다면 일 해놓은 대가가 어디로 가겠는가?

5. 목에 힘주다 추월 당한다

♣ 좋은 회사의 기준은 무엇인가?

요즈음도 취직이 어렵다고 하지만, 30여년 전에는 '취직'이란 하늘의 별따기였다. 그래서 오랜만에 친구들을 만나면 "자네 요즘 어딜 다니나?" 하는 말이 유일한 인사였던 것이다.

『바늘구멍』이란 영화제목이 있었는데, 그 시절의 취직은 그야말로 바늘구멍을 통과하는 것만큼 어려웠다.

소위 일류라고 지목되는 회사에 다니고 있는 동창들에겐 질투 비슷한 부러움을 느끼곤 했다.

"자네 정말 출세했어. 그래 큰 회사에 다니는 재미가 어때?"

"그저 그렇지 뭐. 그런데 말이야, 큰 회사라서 그런지 역시 보너스까지 두둑히 주던데."

남자의 세계에서는 출생이나 결혼만큼이나 커다란 비중을 차지하고 있는 것이 바로 직장이다.

어디서 무슨 일을 어떻게 하고 있느냐를 보면, "앞으로 어떻게 될 것이냐?"를 읽을 수가 있다.

그 당시 최고라고 생각되었던 거대한 조직 속에 들어갔던 친구들은 아직도 층층시하로 진급의 정체현상 때문에 기껏 올라갔어야 부장이나 이사가 고작인데, 갓 시작한 회사(지금은 굴지의 기업이 되었지만)에 입사한 친구들은 중역, 사장이 되어 목에 힘을 주고 다닌다. 하기야 직장생활에서 직위가 전부는 아니다.

미국의 세계적인 기업 GM사에서는 중역후보에 오른 사원의 70%가 "중역이 되면 나는 직장을 떠나겠다"고 으름장을 놓는다고 한다.

이것이 비단 GM사뿐만이 아니라 많은 기업들도 마찬가지다. 왜냐하면 올라갈수록 일할 수명이 짧아지기 때문이다. 그뿐만이 아니다. 의자가 푹신한 만큼 마음이 푹신할 수 없다는 것도 이유가 된다.

남들이 좋다고 생각하는 자리는 일에 비해서 월급이 많거나 목에 힘을 줄 수 있거나 부수입(지금이야 그런 것이 없겠지만)이 많거나 하는 자리가 주종을 이룬다. 그렇다면 그런 자리가 과연 좋은 자리인가를 한번쯤 생각할 필요가 있다.

♣ 신선노름에 도끼자루 썩는다

아나운서 출신의 이(李)씨를 예로 들어보자. 그는 미남이고 말 잘하고 한때는 그야말로 스타였다. 처음에는 열심히 연구하고 공부도 해서 그를 따라올 사람이 주위엔 아무도 없었다. 그러나 인기 정상에 오른 이씨는 그 후 자만하기 시작했다.

프로그램이 끝나면 친구들과 어울려 대포잔을 기울이기 일쑤였고, 길가다가 "저기 이 아나운서가 간다"는 소리에 어깨를 으쓱거리며 만족하기 10여 년. 새로운 젊은층이 추격해온다는 사실도 잊은 그는 결국 후배들에게 그 좋은 자리를 추월당하고 말았다.

'걷는 자만이 앞으로 나아간다'는데, 이 친구는 자만하고 제자리걸음만 하다보니 토끼와 거북이의 경주가 된 셈이다.

기업이건 개인이건 간에 한번 내리막길로 접어들면 브레이크가 고장난 자동차처럼 걷잡을 수가 없다. 승부는 하루 이틀에 나지 않는다. 군대에서는 매일 제식훈련을 시키는데 걸을 줄 몰라서 시키는 것이 아니다. 일사불란하고 질서있게 행동하는 습관을 길들이자는 것이다.

일이 끝나기가 무섭게 누군가의 입에서 흘러나오는 소리.

"한 잔 하고 갑시다!"

이것도 하루 이틀이지 계속하다보면 참새가 방앗간을 그냥 못 지나간다고 하루의 스케줄에 "퇴근 후에 한 잔"이 꼭 끼게 된다.

그런데 술이라는 것이 "딱 한 잔!"으로 끝나는 것이라면 얼마나 좋으랴. 2차, 3차까지는 가야 직성이 풀린다. 어떻게 해서 집에 들어왔는지 기억조차 나지 않는다. 여기가 어딘가 하고 눈을 떠보면 그래도 용하게 자기네 집이다.

아침에 일어나려니 머리가 터질 것같아 이 상태로는 도저히 출근할 수가 없다. 그래서 동료에게 전화를 걸어 타임체크를 부탁한다. 늦어도 미리 출근한 것으로 되니까 그것은 상관없다고 치자. '또다시 술을 마시면 성을 갈겠다' 마음속으로 이렇게 다짐하고 가까스로 출근을 한다.

아직도 술기운이 남아있다. 이발소나 사우나에 가서 한숨 자고 나니 제법 살 것만 같다. 그러다 보니 어느새 퇴근시간이다. 누군가가 또 선동을 한다.

"딱, 한 잔만–!"

♣ 좋은 자리라고 방심하지 말라

이렇게 매일같이 어울리다 보니 자기관리를 할 시간적, 정신적 여유가 없다. 머리를 싸매고 남보다 앞서기 위하여 밤을 지새우는 친구가 있는데, 이러다가는 그들과 대결할 수가 없다. 자연히 도태되는 건 자기 자신뿐이다.

이러한 경우는 비단 이 아나운서에 대한 이야기만은 아니다. 내가 어떤 회사, 어떤 자리에 앉아서 일하느냐는 것은 결코 중요한 것이 못된다.

'어떤 자세로, 얼마나 일을 잘 하느냐' 가 중요하다.

우리의 가장 큰 적은 뭐니 뭐니 해도 타성이다. 남들은 새롭게 변화되어 가는데 나는 항상 그대로라면 어떻게 될까? 어제의 영웅이 오늘에도 영웅일 수는 없듯이 선진은 항상 선진일 수만은 없다.

처음 입사했을 때는 무언가 보여주려고 머리를 짜서 기발한 아이디어를 제출하고 또 남보다 성실하게 열심히 일한다. 갓 시집온 며느리처럼 말이다. 그러나 일단 인정을 받고 보면 그때부터 방심을 하고 방심이 곧 타성을 만든다.

챔피언은 수많은 사람들로부터 도전을 받는다. 내가 도전자였을 때는 상대가 한 사람이었지만 챔피언을 노리는 사람은 헤아릴 수도 없이 많다.

직장인에게 가장 큰 위험은 방심이다. 좋은 자리라고 결코 방심하지 말라! 좋은 자리처럼 위험천만인 자리도 없다.

6. 잘 먹고 잘 자는 사람이 되라

♣ 밝은 얼굴이 부하를 안심시킨다

요즘은 경기가 들쑥날쑥이다 보니 웃었다, 울었다 하는 경영자가 하나 둘이 아니다.

어떻게 보면 잘 풀릴 것 같기도 하고 어떻게 보면 불안해서 많은 경영자들은 밤잠을 설치고 입맛이 써서 제대로 식사도 못한다.

그러나 경영자의 얼굴을 보면서 전 사원이 일기예보처럼 고기압과 저기압이 교차된다는 사실을 알아야 한다.

S회사 강(姜)사장은 경기에는 아랑곳하지 않고 잠 잘 자고 밥 잘 먹어서 그런지 얼굴은 점점 좋아져 가고 있다. 그의 회사라고

활기있게 돌아가는 것도 아닌데 그는 여유만만이다. 사원교육이 있어서 들렀다가 사장을 만나 그 비결을 물었다.

"사장님께서는 그 전만큼 사업이 잘되는 것도 아닐텐데, 어떻게 얼굴이 점점 좋아지십니까?"

"나는 요즘 기업을 위해 신경쓰기 보다는 나를 위해서 신경을 쓰는 편입니다. 1천여 명의 식구들이 나만 쳐다보고 있는데, 내 얼굴이 나빠지면 모두들 불안해합니다. 그래서 나는 의식적으로 낙관적인 태도를 취하고 있는 겁니다. 처음에는 좀 어색했지만, 지금은 숙달되어서 그런지 불안 초조보다는 자신감이 생기는 것 같아요."

누구나 살다 보면 난관에 부딪치게 마련이다. 문제가 없는 사람은 아무도 없다. 이 세상에 태어날 때 이미 문제를 안고 태어난 것 아닌가? 그런데 한 가지 알아두어야 할 것은 어떤 문제이건 해답이 없는 문제는 없다는 사실이다.

"이것이 문제다. 큰일이야"하고 긴장하다보면 해답이 보이지 않는다. 그러나 한 걸음 뒤로 물러서서 관찰하면 의외로 해답이 가까이에 있음을 발견하게 된다.

그래서 장기나 바둑을 둘 때, 훈수하는 사람이 당사자들보다 더 많은 문제를 발견하게 되는 것이다.

♣ 숙면이 활동의 원동력이다

어제의 시행착오나 내일의 일을 지나치게 걱정하다보면 불안과 긴장감이 잠을 쫓아버린다.

'오늘밤 잠을 충분히 자두지 않으면, 내일 일하는데 문제가 생

길텐데….'

이런 생각이 불면증을 부채질한다. 잠을 제대로 못 잔 그 다음 날에는 입이 깔깔하고 머리가 무거워서 두뇌회전이 잘 되지 않는다. 우리가 하루에 꼭 몇 시간을 자야 하느냐는 문제가 되지 않는다. 양보다는 단연 질이 문제인 것이다. 프랑스의 황제 나폴레옹이 하루에 세 시간씩 잤다는 것도 그만큼 숙면을 했기 때문이다.

잠을 잘 자려면 무엇보다도 회사의 일, 고민거리를 절대로 침대에 가지고 가서는 안 된다. 잠을 못 잔다는 사람들의 대다수가 이 생각, 저 생각, 온갖 잡생각을 모두 끌어들여 기와집을 몇 채를 짓다 보면 뜬 눈으로 밤을 지새우는 것이다.

나는 다른 것은 몰라도 이 문제만큼은 숙달이 되었다. '내일의 일은 내일 생각하자' 하고 누우면 금세 코를 곤다.

그런데 내 친구 중에 불면증으로 약이 없으면 단 하루도 잠을 이루지 못하는 사람이 있다. 그는 자려는 노력을 필사적이라고 할 만큼 하지만 그 노력은 언제나 수포로 돌아가고 만다. 그는 하나에서 천까지 세고, 거꾸로 반복하는 방법에서부터 수십 가지의 잠자는 방법을 시도해보았지만 헛수고라는 것이다. 안 되는 이유는 노력에 비해서 불안이 더 크기 때문이다.

똑같은 상황이라도 받아들이는 사람에 따라 그 충격은 하늘과 땅 차이가 난다. 불안이란 요소처럼 입맛 떨어지는 것도 없다. 우리는 불안을 불안해하는 것은 아닌지 생각해보자.

오지도 않는 내일, 돌아올 수 없는 과거에 집착해서 오늘을 휴지로 만드는 어리석은 행동을 하는 장본인이 바로 자기 자신은 아닐까?

모든 승부가 그 순간, 그 자리에서 결판나는 것만은 아니다. 어쨌든 승부는 체력에서 난다. 잠을 못 자고, 밥을 잘 못 먹는 사람에게 힘이 솟아날 리 만무하지 않은가.

♣ 잘 먹고 잘 자는 사람이 일도 잘 한다

K상사에서는 신입사원을 선발할 때, 면접에서 수면과 식사에 대해서 반드시 묻는다.

"잠을 잘 자는가?"

"아침에 일어날 때 기분은 어떤가?"

"밥은 잘 먹는가?"

"편식을 하지는 않는가?" 등등.

업무와는 전혀 무관한 사항들을 질문한다.

학교성적이 아무리 좋아도 수면상태가 고르지 못한 사람은 선발에서 제외된다. 그 이유를 인사담당자는 이렇게 말한다.

"직장에서 성공하느냐, 못하느냐는 학업성적으로 결정되지 않습니다. 우리가 이런 질문을 하면 모두들 의아스럽게 생각하지만 사실은 이것처럼 중요한 것이 없습니다.

잠을 잘 자는 사람에게서는 첫째, 낙관적인 태도를 읽을 수 있습니다. 둘째는 머리회전이 정상적으로 된다는 것도 알 수 있죠. 셋째는 체력도 알게 됩니다. 식사도 마찬가집니다. 모든 것을 맛있게 먹느냐, 편식하느냐로 성격과 기호를 읽을 수 있습니다.

어쨌든 잘 먹고 잘 자는 사람은 어디를 가나 잘 적응하고 지구력있게 일을 해나갑니다."

우리가 어떤 일에 부딪쳤을 때 결코 근시안적으로 보아서는 곤란하다. 왜냐하면 보이는 것만이 전부라고 착각하기 때문이다. 아무리 착각은 자유라지만 착각은 자기가 자기 다리를 걸고 넘어지는 꼴이 된다.

어떤 책에서 다음과 같은 대목을 읽었다.

"잠을 자기 전 5분 동안은 몸에 긴장을 풀고 편안한 마음으로 눈을 감아라. 그리고 자기의 소망을 생각하고, 그것이 이뤄지는 장면을 상상하면서 자보라. 그러면 자는 동안에 몸과 마음이 합동으로 새로운 역사를 창조한다. 이 방법을 실행하면 당신도 놀랄 만큼 효과를 볼 것이다."

대뇌생리학자의 이 보고서에서는 건강, 행복, 돈 문제까지도 이뤄진다고 한다.

하기야 힘들 것도 없다. 즐겁게 신나는 마음으로 믿음을 가지고 해보자. 세상에 잘 먹고 잘 자는 것도 못해가지고서야 어찌 대성공자가 되기를 바랄 수 있겠는가?

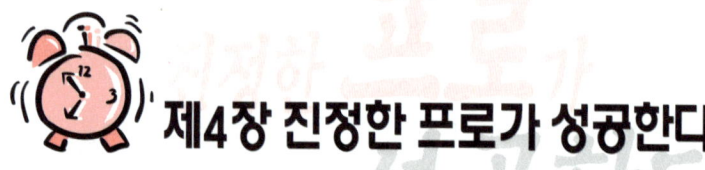

제4장 진정한 프로가 성공한다

현대 비즈니스 사회는 프로를 요구하며, 프로란 직업의 식이 투철한 사람을 가리킨다. 이러한 직업의식이 투철한가 어떤가에 따라 직장생활의 성패가 좌우된다. 그래서 직장에서는 상사가 호된 훈련을 시켜 부하를 일기당천의 진정한 프로를 만들려고 한다. 그렇다면 진정한 프로근성은 무엇이며, 어떻게 해야 능력을 인정받는 직장인이 될 수 있을까? 이 장에서는 프로의 특성과 진정한 프로가 되는 방법에 대해서 알아본다.

1. 호된 상사를 존경하라

♣ 온실과 현장을 혼동하지 말라

학교가 온실이라면 직장은 현장이다. 현장은 온실이 아니기 때문에 모든 여건이 저절로 조성되지는 않는다. 따라서 스스로 여건을 만들어가지 않으면 안 되는 것이 직장생활이다.

해마다 연초가 되면 신입사원을 뽑고 교육을 시키는데 재미있는 현상은 '학교와 직장이 어떻게 다른가?'를 모르는 햇병아리가 너무도 많다는 사실이다.

앞에서도 지적했듯이, 학교는 돈을 내면서 다니는 곳이지만, 직장은 돈을 받으면서 다니는 곳이 아닌가?

돈을 내면서 다니는 곳은 적당히 해도 넘어가지만, 돈을 받으면서 다니는 곳에서는 적당히 해서 눈감아주질 않는다. 받은 만큼의 값을 해야 되기 때문이다.

그런데 대다수의 직장 초년생은 온실과 현장을 혼동해서 행동하려고 한다.

그래서 경영자들은 따끔한 일침을 놓지 않을 수가 없다.

'법의 무지(無知)는 용서받지 못한다'는 격언이 있듯이, 일을 몰라서 실수를 했을 때 몽둥이 찜질을 당하지 않는 것만 해도 천만다행이라고 생각해야 한다.

또 학교에서는 스승이 하나라도 더 가르쳐 주려고 숙제를 내주고 예습 복습도 시키지만, 직장의 선배나 상사에게서는 이런 점을 찾아보기가 어렵다.

스승은 가르치는 것만이 천직이지만, 직장의 선배는 자기의 일을 하는 것이 의무이기 때문에 전혀 양상이 다르다.

선배가 친절하게도 일을 가르쳐주면 고맙지만 안 가르쳐줘도 섭섭해하거나 불평을 해서는 안 된다. 그들도 스스로 배운 것이지 누가 가르쳐 준 것이 아니기는 마찬가지기 때문이다.

♣ 역경을 겪은 사람이 강하다

직장에 처음 들어오면 모든 것이 생소하고 얼떨떨한 것이 갓 시집온 새색시의 어설픔이나 마찬가지다. 새색시가 시집올 때 시부모 수발드는 일, 청소나 빨래, 그리고 남편 시중드는 것까지 골고루 숙달하고 올 수는 없다. 다른 남자와 몇 년 동안 살다 온 것이 아닌 바에야 제대로 못하는 것이 당연하다.

그런데 어떤 시어머니를 만나느냐가 문제이다. 혹독한 시어머니 밑에서 눈물을 머금고 배운 새색시는 빠른 기간 안에 숙달된 조교가 되지만, 아량있고 마음씨 좋은 시어머니는 밥을 태워도 그만, 빨래가 밀려도 괜찮다는 식이 되어 백 년이 가도 일을 제대로 배울 수가 없다.

직장의 일도 마찬가지다. 호된 상사 밑에서 철저히 배우는 것이 성공의 첫걸음이 된다. 사람은 역경을 겪을 때 더욱 강해진다고 하지 않는가? 역기를 들어보지 않은 사람은 10Kg짜리도 들기가 힘겹지만, 계속 꾸준히 드는 연습을 한 사람은 100Kg이상도 거뜬히 들어올린다. 힘과 기술이 축적되어 나타나기 때문이다.

평범하게 행동하는 사람은 언제나 평범한 직장인에 불과하지만, 비범하게 행동하는 사람은 비범한 출세길을 달리게 마련이다.

성공하는 사람은 뭔가 달라도 다르다. 저녁시간 대포집에서 와글와글 떠드는 내용을 분석해보면 십중팔구는 상사에 대한 욕설이거나 원망이다. 그 상사들도 틀림없이 말단사원이었을 때 자기의 상사들을 똑같이 도마 위에 올려놓았을 것은 분명하다.

♣ 상사가 하드트레이닝을 시키는 이유

웨스트포인트 출신의 한 장군이 은퇴를 하고 어느 휴일 자기가 있었던 내무반을 둘러보았다. 책상 위에 있는 만화책을 보고 고개를 끄덕이면서 감회 깊게 말했다.

"그래, 그때도 이 책상 위에 만화책이 있었지."

여기저기 살펴보다가 이번에는 사발통문을 열었다. 그 속에는 예쁘게 생긴 아가씨가 숨어 있었다. 장군은 회심의 미소를 지으면서 말했다.

"맞아. 그때 나도 이 속에 애인을 숨겼었지."

그러자 당황한 병사가 변명을 하였다.

"아닙니다. 그 아가씨는 바로 제 여동생입니다."

"그래 그래. 나도 그때 똑같은 소리를 했었지."

세상이 달라져도 사람은 달라지지 않는다. 상사들이 부하들의 속을 훤히 들여다보는 것은 자기의 속을 보는 것과 같기 때문이다.

그래서 상사들은 욕을 먹는 줄 알고 있으면서도 하드 트레이닝을 통하여 인간을 조직에 맞도록 재창조하는 것이다.

호랑이는 새끼를 낳으면 높은 절벽에서 떨어뜨린다고 한다. 그리고는 살아남는 놈만 훈련을 시켜 맹호를 만든다.

직장은 낙오자 수용소가 아니기 때문에 적응을 하지 못하고 낙오하는 사람은 탈락되고 만다. 그러나 끝까지 버틴 사람은 영광의 훈장이 수여된다.

어디서나 자기를 이기지 못하면 아무 일도 할 수 없는 법이다. 어려운 일이라고 피하다보면 산더미처럼 쌓이고 질식할 것처럼 중압감이 온다. 그래서 피하는 자세가 아니라 도전하는 자세가 필요하다.

자동차가 서로 충돌을 했을 때 박치기 당한 쪽이 박치기한 쪽보다 더 크게 상하는 것도 도전하는 쪽이 피해가 적다는 것을 보여주는 본보기다.

♣ 직장은 자신을 성공시키는 훈련도장

호랑이 같은 상사 밑에 갔을 때 '이젠 죽었구나' 하고 겁먹지 말라. '이제는 성공의 길이 빨라지겠구나' 이런 긍정적 사고가 바람직하다.

태릉선수촌에 가보면 선수들이 얼마나 호된 훈련을 하고 있는가를 볼 수가 있다. 적당히 연습해서 금메달을 딸 수는 없다. 금메달은 승리자에게 주는 영광의 선물이지, 패자를 격려하기 위해 주는 위로 선물은 아니기 때문이다.

직장이야말로 자신의 성공을 위한 훈련도장임을 알아야 한다.

당신은 이제 막 챔피언의 꿈을 안고 도전자의 길에 들어선 풋내기다. 도전자에게는 도전자다운 패기가 있어야 한다.

얼마 전 권투 타이틀전에서 도전자가 피해 다니다가 판정패한 싱거운 시합을 보았다. 피해만 다니는 그가 이길 수 있다면 당신도 놀면서도 성공할 수가 있을 것이다. 그러나 세상은 그런 무사안일이 통할 리 없다.

오르고 또 오르면 못 오를 리 없는 것이 성공의 정상이다. 이유를 나열하거나 불평불만에만 힘을 쏟지 말고, 현실에 적응하여 한 가지라도 일에 더 능통하려고 노력하는 자세가 바로 성공하는 직장인의 자세가 아닐까?

2. 직장인이야 말로 프로이다

♣ 직장생활만큼 어려운 것도 없다

직장생활은 왜 하는 것일까? 능력의 계발을 위해서인가, 아니면 어떤 직업보다 위험부담이 적은 안전한 생활이기 때문인가? 당신은 왜 직장생활을 하는가?

누가 뭐래도 직장생활은 생계를 위한 가장 편안한 직업임을 부인할 수는 없다. 직장생활이 아니면 먹고 살지 못하는 것도 아니지만, 그래도 가장 손쉽게 돈을 모을 수 있는 이점이 있고, 어느 정도 그 생활에 익숙해지면 요령도 생겨 그렇게 편안할 수가 없다.

그래서 사람들은 학교를 졸업하면 너나 할 것 없이 직장으로 직장으로 발길을 향하고 좀 더 좋은 직장, 좀 더 편한 직장을 찾느라고 신경을 곤두세운다. 장래성을 따지기도 하고 적성문제도 따진다. 월급의 액수도 중요한 관건이 된다.

그러나 과연 직장생활이란 것이 생각처럼 그렇게 쉬운 것일까? 장래성이 있고 적성에 맞고 월급만 흡족하게 받는다고 훌륭한 직업이라고 할 수 있을까?

따지고 보면 직장생활만큼 어려운 것도 없다. 아무리 외형적인 조건이 풍요로워도, 그 내면에는 숱한 갈등과 고통의 매듭들이 얽혀 있는 게 바로 직장생활이다. 편안하기로 말하면 놀고먹는 것처럼 편한 것이 없을 테고, 능력계발이라면 차라리 개인 사업이 빠를 것이다.

직장생활에 가장 어려운 문제는 역시 '인간관계'에 있다. 상사와 부하직원과의 관계, 동료와의 관계, 남자직원과 여자직원과의 관계, 그리고 고객과의 관계….

능력이 있어도 인간관계에 실패하면 신뢰를 잃고 직장생활마저 종지부를 찍게 되는 예가 허다하다. 반면에 인간관계만을 너무 내세우다보면 업무면에서 뒤떨어지니 그것도 문제이다. 최대한 능력을 발휘하면서 인간관계도 훌륭히 가꿔나가는 그런 인물이 환영을 받는 것도 이런 이유 때문이리라.

♣ 직장은 최선을 다하는 사람을 원한다

그러나 인간관계보다 더 중요한 문제가 있다. 그것은 자기 일에 적극적인 자세로 최선을 다하는 정신이 있느냐 없느냐 하는 것이다. 나는 이것을 '프로근성'이라고 부르고 싶다.

프로란 두 말할 필요도 없이 프로페셔널, 즉 직업인이란 뜻이다. 직업의식이 투철한가 어떤가에 따라 직장생활에서의 그의 성패가 좌우된다. 마치 프로야구에서처럼 말이다.

아마추어와 프로가 다른 점은 무엇인가? 그것은 첫째 승부에 대한 집념에서 다를 것이다. 프로선수가 단순히 경기에 참가하는 것만으로 만족해한다면 그는 이미 프로가 아니다.

뼈를 깎는 각고의 훈련을 통하여, 매 경기 마다 최선을 다하는 자세를 통하여 그는 프로로서의 인생을 가꿔나간다. 자칫 훈련을 게을리한다면 그의 포지션은 다른 경쟁자에게 여지없이 빼앗기고 만다. 유일한 생활터전을 침범당하는 것이다.

최선을 다하지 않는 선수에게 관중은 야유를 보낸다. 프로선수는 뭔가 달라야 한다고 관중들은 말한다. 프로선수는 고달프다. 그런데도 많은 사람들이 그들을 선망의 눈으로 바라보고, 나이 어린 꼬마들은 '이 다음에 커서 프로선수가 되겠다'고 의기양양하게 말한다.

직장생활도 엄밀한 의미에서 프로선수의 생활과 다를 바가 없다. '돈'을 받기 때문이다. 돈을 받고 있는 이상 그는 이미 아마추어가 아니다. 그런데도 많은 직장인들이 프로의식이 부족한 것을 본다. 프로근성이 없는 직장인은 다른 경쟁자에게 포지션을 위협당하거나 관중의 야유를 받을 수밖에 없는데도 이런 생각조차 하지 않으니 한심한 노릇이다.

자기분야에 관한 한 내로라하는 최고의 전문가는 아니더라도 최선을 다해 일하는 사람을 회사는 원한다. 최선을 다한다는 것은 결국 회사의 발전에 기여한다는 뜻이다. 내가 있음으로써 회사가 성장할 수 있는 그런 원동력으로서의 직장인이 되어야 하는 것이다. 이런 사람을 프로근성이 있는 사람이라고 한다.

♣ 직장인의 프로근성 3가지 법칙

직장인의 프로근성은 자기 삶의 향상을 위해서도 중요한 역할을 한다. 그것은 직장인으로서의 성공뿐만 아니라 자기 인생의 성공을 가져오는 정신자세인 것이다.

직장인의 프로근성 첫 번째 법칙은 자기분야의 전문가가 되는 것이다. 전문가가 되는 길은 험하고 고달프지만 프로세계에서 살아남으려면 피할 수 없는 길이다.

자기가 맡고 있는 일에서조차 미숙함을 드러낸다면 방출선수의 비애를 맛볼 수밖에 없게 된다. 그것은 곧 인생의 변화를 뜻하며 실패와 외면의 쓰라린 변화이기도 하다.

직장인의 프로근성 두 번째 법칙은 몸을 사리지 않는 적극성이다. 직장이라는 배에 함께 탔으면서 파도가 밀려온다고 쉽게 몸을 피하거나 '나 혼자만이'를 외치면서 무사안일을 택한다면 프로선수의 자격이 없다. 팀웍이 깨지기 때문이다.

특히 직장에서의 팀웍은 중요한데, 한 사람의 잘못으로 기업전체에 파급되는 악영향을 생각한다면 계약취소대상 제1호가 될지도 모른다. 협력과 조화와 분담을 통해 더 큰 성취를 도모하려는 기업사회에서 무엇보다 팀에 공헌하는 직장인이 되어야 한다.

직장인의 프로근성 세 번째 법칙은 주인의식이다. 많은 직장인들이 특히 주인의식에서 결함을 보인다. '이 직장 아니면 갈데 없냐'는 식이다.

능력있는 프로선수가 되려면 기량과 함께 주인의식이 투철해야 한다. 이 팀의 주인이라는 의식이 투철한 프로선수는 관중석으로 날아가는 파울볼에도 뛰어가 잡으려는 정열을 보인다. 결사적으로 달리고 악착같이 매달린다. 팀의 주인이기 때문에 볼하나라도 소홀히 해서는 안 되는 것이다.

직장생활도 마찬가지다. 회사의 이익을 위해 어느 때는 피와 땀과 눈물의 정성을 아끼지 말아야 한다. 결사적으로 치고 달려야 살 수 있다. 주인이면서 방관만하거나 아웃사이더가 될 수는 없지 않은가.

3. 항상 프로의식을 가져라

♣ 프로의 세계가 비즈니스 현장이다

우리는 언제부터인가 '프로'라는 말에 대해서 상당한 호감을 갖게 되었다. 프로라는 말이 극히 재능있는 사람, 기량이 이미 높은 경지에 이른 사람을 가리키기 때문이다. 바야흐로 프로라는 말이 최대의 찬사가 된 느낌이다.

그러나 프로의 길이 수월한 것만은 아니다. 그들에게는 보통 사람은 견디기 힘든 하드 트레이닝이 계속되고, 비장한 각오가 아니면 견뎌내기 힘든 상황이 계속된다. 승리의 뒷전에는 항상 패배의 쓰라림, 박수갈채 뒤에는 비난과 야유가 기다리고 있다.

프로란 예사롭지 않은 그릇에 담긴 음식과 같은 것이다. 남보다 극적으로 그리고 남보다 충실하게 인생을 살고자 하는 사람들만이 획득하는 영광이다.

그런 의미에서 본다면 비즈니스라는 그라운드에 선 직장인들이야말로 진정한 프로가 되어야 한다.

프로스포츠의 스타가 관객의 주목을 받는 무대 위의 '화려한 직업'인데 비해 '돋보이지 않는 직업'이라는 차이뿐이다. 그러나 스포츠의 드라마틱한 극적 승부는 비즈니스 무대에서도 얼마든지 있다. 비정한 눈물이 있고 환희가 있다.

찬사와 비난이 희비를 그려낸다. 출세의 문이 있는가 하면 낙오자를 만드는 함정도 있다. '적당히'가 통하지 않는 인생의 경기장인 것이다.

연습을 게을리 하면 그라운드에서 당장 실수가 잦듯이, 인생의 경기장에서도 나태와 무능은 통하지 않는다.

노력없이 대가만을 노리는 요령이 통하지 않고, 솜씨없이 맵시만을 쫓는 허영이 인정되지 않는다. 책임감은 없으면서 권리만을 찾는 사람에게는 무능하다는 평가가 나오고, 성실하지 못하면서 출세의 기회만을 찾는 직장인에게는 기회주의라는 낙인이 찍히고 만다. 어디 한 곳이라도 빈틈이 없는 철저한 프로의 세계가 비즈니스의 현장이다,

프로의 정신이 몸에 밴 직장인이 아니고서는 이 냉엄한 사회에서 생존하고 두각을 나타내는 성공자가 될 수 없다.

그렇다면 비즈니스맨의 프로의식은 어디서 오는 것일까?

♣ 인간이 사회에서 성공하는 요소

미국 웨스턴 리저브 대학의 프레드릭 히츠버그 교수가 이 질문에 답하고 있다. 그는 인간이 사회에서 성공하는 요소로 두 가지를 들고 있다. 촉진요인과 촉증요인이 그것이다.

촉진요인(促進要因)은 자기에게 동기를 부여하는 것, 즉 어떤 업적을 이루겠다는 내적욕구를 구체화시키는 작용을 한다.

촉증요인(促證要因)은 촉진요인이 활발하게 작용하도록 꾸며주는 것으로, 재능을 갈고 닦는다든지 지위를 높이거나 충분한 보수를 받도록 만드는 것이다. 이 둘은 집의 주춧돌과 대들보의 관계에 놓여 있다.

무엇인가를 이뤄야겠다는 동기부여가 되어있지 않은 상태에서

의 승부는 불을 보듯 뻔하다. 목표가 없기 때문이다. 강한 동기
만 가지고는 안 된다. 기량(器量)이 든든히 받쳐져야 한다. 끈기
가 있고 열의가 있을 때 비로소 강한 승부욕이 일어난다. 이것이
프로의식이다.

2002년 월드컵 축구경기를 보아도 알 수가 있다. 48년동안
단 한번도 16강에 진출을 못했던 한국의 축구. 그 열악한 팀의
감독을 맡은 거스 히딩크는 어떤 전략을 폈는가?

우선 '16강에 반드시 진출한다'는 강한 동기부여를 하였고,
그 다음에는 동기를 실현시키기 위해서 혹독한 체력훈련을 하
고, 기량을 신장시켰다. 그 결과는 우리 국민의 오랜 염원인 16
강을 뛰어 넘어 4강 진출을 성공시키지 않았는가.

그 감동, 그 열광은 온 국민의 가슴 속에 오랜 동안 남으리라.

스포츠와는 달리 인생의 경기에서는 단 한번의 승부밖에 없
다. 패하면 그대로 탈락해버리는 '반드시 이겨야 한다'는 조건이
따른다.

스포츠는 내일이 있고, 재기가 허용된다. 오늘의 참패에도 박
수를 보내는 것은 내일의 경기에 대한 기대가 있어서이다. 그날
의 승부를 곱씹으며 새로운 용기를 부추길 기회를 갖고 있다. 게
다가 감독이 있지 않은가. 관중의 환호가 믿어 의심치 않는 성원
이 항상 곁에 있다.

그러나 비즈니스라는 프로세계에는 감독도 관객도 없다. 한번
지면 영원히 졌다는 타이틀이 붙는다. 실수와 잘못을 곱씹을 여
유도 없다.

기회가 다시 주어지는 스포츠맨들도 죽자 살자 매달리는데 한

번의 기회밖에 주어지지 않은 처지에 주춤거릴 수가 있는가. 멋진 승부를 위해 맵시만을 쫓다가 진흙탕에 빠진다면 누가 박수를 칠 것인가.

프로로서의 자각이 필요하다. 그것도 항상 이겨야만 하는 프로로서의 의식에 충만한 인생의 승부사로서 말이다.

비록 극적인 박수갈채는 없더라도 프로다운 행동이 성공을 약속한다. 잠시 지고 있으면 어떠랴. 아직 심판의 호각소리는 들리지 않고 있다. 완전히 패배한 것은 아니다.

감춰진 당신의 기량과 저력을 발휘하라!

4. 성공자는 이것이 다르다

♣ 실패는 전환의 분기점이다

한국일보사의 복도에는 〈승부는 새벽 4시 이후에 난다〉는 표어가 붙어있다. 이 표어는 한국일보의 뼈아픈 실패 뒤에 붙여진, 언론계에서는 유명한 말이다.

홍수처럼 쏟아지는 외신(外信) 때문에 신문사의 텔레타이프는 24시간 휴식이 없다. 그래서 어느 신문사든지 외신부는 텔렉스 당번이 365일 데스크를 지킨다.

1963년 11월 23일 새벽 4시, 조간신문의 마감이 지난 지 얼마 안 된 시간에, 당일 야근을 하던 최(崔)기자는 쏟아지는 졸음을 못 이겨 잠시 눈을 감는다는 것이 그만 두어 시간이 흘러버렸다.

때마침 텔렉스는 〈케네디 암살!〉이라는 세기의 핫 뉴스를 사정없이 때리고 있었다. 최기자가 이 엄청난 뉴스를 발견했을 때는 이미 신문이 독자들의 손에 들어간 뒤였고, 경쟁지에서는 그 보도가 1면의 헤드라인을 장식하였으며, 한국일보만 낙종(落種)의 쓰라림을 맛보게 되었던 것이다.

그 결과 '무기한 야근'이라는 가혹한 벌이 최기자에게 내려졌다. 그래서 허구헌 날을 별과 함께 출근해서 별과 함께 퇴근해야 하는 밤도깨비 신세가 되었다.

그러나 그는 결코 절망하거나 불평하지 않고, 이것이 자기를 출세시켜 줄 전화위복의 기회가 될지도 모른다고 자위했다. '실패는 성공의 어머니'라는 말을 굳게 믿으면서, 그 이후로 그는 거짓말같이 숱한 특종을 잡아내었는데, 거의가 새벽 4시에 들어온 뉴스들이었다.

남들이 모두 잠든 밤에 그는 열심히 일했다. 이같은 열성에 감동한 사장은 그를 해외특파원으로 출세의 길을 열어주었으며, 그 후 자회사(子會社)에서 중요한 직책을 맡겼다고 한다. 실패를 성공으로 전환시킨 직장인의 좋은 본보기가 아닌가?

한 번도 실수와 실패를 해보지 않은 사람은 없다. 다만 그 실수나 실패에 어떻게 대처해 나가느냐가 문제이며, 또한 그것을 딛고 일어설 수 있는 투지가 성공의 관건이다.

발명의 왕이라고 불리우는 에디슨, 그 역시도 수많은 실패 속에서 대부분의 발명품을 만들었다. 전구의 경우만 하더라도 그는 무려 14,000번의 실패를 거듭했다고 한다.

하지만 그에게는 창조적인 질문과 투지가 있었다. 한 번은 전구가 탄생하기 전 14,000번의 실패에 대해서 누군가가 물었다. 그런데 그 대답이 걸작이었다.

"실패라뇨? 나는 전구를 만들지 못하는 방법을 14,000가지나 아는걸요!"

그는 실패하는 방법을 아는 것도 훌륭한 지식이라고 생각하는 적극적인 사고방식의 소유자였다.

최기자 역시 마찬가지다. 그가 별과 함께 출근해서 별과 함께 퇴근하는 것에 불만을 품고, 그저 시간 때우기 식으로 일을 처리했더라면 그가 그후 중책에 앉게 되었으리라는 보장은 전혀 없다.

"몰락시키기로 작정한 사람들에 대해서, 신은 먼저 그들의 정신부터 파괴한다"는 드라이든의 말처럼, 당신이 어떠한 정신상태로 임하느냐 하는 것에서 당신의 승패는 좌우된다.

♣ 직장생활은 계약, 능력발휘를 해야 한다

직장생활이란 고용주와 사원과의 계약으로부터 출발한다. 고용주는 사원에게 보수를 주고, 사원은 고용주에게 일을 해주겠다는 형식의 계약이다. 대체로 계약에는 해약의 조건이 따르듯이 여기에도 해약은 빠질 수가 없다.

약정된 보수를 못 받거나 더 좋은 조건이 나타나면 사원은 언제라도 해약하고 그 직장을 떠날 수 있다. 이것이 직장인이 지닌 특권이다. 고용주도 이와 똑같은 권리를 갖는다. 사원이 약정된 일을 제대로 하지 않는다면 고용주는 계약조건을 위배한 사원을 해고시킬 수 있다. 일종의 해약이다.

그러나 어떤 사람은 직장을 학교로 비유한다.

"직장은 교실이며, 업무는 교재요, 상사는 교사이다."

그러기에 직장은 얼핏 보기에 비정한 사회로 느껴지면서도 쉽사리 헤어질 수 없는 인정(人情)의 사회로 받아들여지기도 한다. 앞에서의 최기자와 한국일보 사장과의 계약위배사건은 '해약'이라는 고비를 '인정'으로 넘겼다. 그 결과, 한 사람의 잘못으로 회사에 엄청난 손해를 주었던 최기자는 그 몇 배의 이익을 회사에 안겨주었던 것이다.

'기브 앤드 테이크'의 원칙은 그에게 '영전'이라는 특별 보너스로 보상되었음은 당연한 결말이 아닌가?

♣ 출세는 능력과 정비례한다

현대는 능력 제일주의시대이다. 직장에서의 출세에 대한 그래프는 능력과 정비례한다. 입사 10년이 되어도 승진을 못하는 사원이 있는가 하면, 몇 년도 안 되서 계장에서 과장으로 높이뛰기를 하는 사원도 있다.

종합상사 S그룹의 섬유사장 이(李)씨는 적자부서만 돌면서 흑자계정을 만드는데 능력을 발휘하여 인정을 받은 입사 10년 안팎의 실력파 사장이다. 그의 입사 동기생들은 아직도 차장이나 부장에서 머물러 있다.

능력은 꾸준히 연마하는 지식에서 나온다. 최신 정보를 어느 정도 빨리 흡수하느냐가 정보사회에서 승리할 수 있느냐, 없느냐의 관건이 된다. 무수히 쏟아져 나오는 각종 교양서적, 전문서적이나 교양강좌들은 이들 직장인에게 '지적 영양분'을 불어넣어준다.

갤럽조사에 따르면 성공자들 대부분이 풍부한 독서를 해왔고, 또 현재에도 계속하고 있다고 한다.

일본의 저명한 컨설턴트 야하기 세이찌로는 하루에 책을 30권씩 읽는다고 한다. 물론 그 나름대로의 특별한 독서방법을 계발하여 읽겠지만 그래도 하루에 읽기에는 많은 분량이다. 하지만 그가 특별한 사람은 아니다. 당신과 똑같이 평범한 사람일 뿐이다. 정보에의 요청이 그를 그렇게 만든 것이다.

능력은 영양실조자에게서 나올 수는 없다. 끊임없는 영양의 공급은 경쟁사회에서 싸워 이길 힘을 길러 주는 것이다.

아직 출세하지 못한 사원들은 자기의 지적(知的)인 영양섭취를 위해 얼마만큼의 돈과 시간을 소비했는지 돌이켜 볼 일이다.

♣ '입사 3개월 정신'을 유지하라

지금은 일정한 직업이 없이 출판사의 번역원고 날품팔이를 하고 있는 전(全)씨는 명문대학을 나온 엘리트지만, 5년 동안에 직장을 일곱 차례나 옮겨 다닌 비인내형이다.

상사로부터 책임추궁의 힐책만 들어도 그 직장을 뛰쳐나오곤 했다. 동료와 뜻이 안맞아 그만둔 적도 있었다. 그 결과 '보따리 장사'라는 명예롭지 못한 타이틀을 안고 출세와 점점 먼 길로 뒷걸음치는 신세가 되어버렸다.

어느 직장이나 마음에 맞지 않는 상사나 동료, 부하가 있게 마련이다. 그러므로 인간관계를 잘 풀어나가야 출세의 길이 험난하지 않을 것이다. 인내하고 협조하는 인간관계는 직장생활에서 출세하는 필요불가결한 조건이다.

회사란 각기 다른 개성을 갖고 있는 많은 사람들이 힘을 합쳐 일을 이루어내는 협력의 장소이다. 개성을 고집하면 팀웍이 깨진다. 인간은 결코 자기의 힘만으로는 살아가지 못한다. 다른 사람과 상호협력함으로써 살아가게 마련이다.

출세한 사람들은 누구나 끈기를 가지고 있다. 그들이 그만큼 끈기를 터득할 수 있었던 것은 끊임없이 절박한 환경에 쫓겨, 끈기를 발휘하지 않고는 견딜 수가 없었기 때문이다.

신입사원은 입사하고 나서 3개월 동안은 비록 업무는 서툴지만, 항상 모든 일에 최선을 다한다. 미지의 세계에 대한 흥분과 내일에의 기대 등이 그들로 하여금 최선의 능력을 발휘하도록 만들어주는 것이다.

그러나 3년여가 지나면 자신의 업무에 프로페셔널이 되면서 자칫 나태해지기 쉽다. 직장환경에 익숙해짐에 따라 매일의 일과에 타성이 생겨 매너리즘에 빠져버리기 쉬운 것이 직장인이다. 타성이 생긴다는 것은 창조적인 생활을 상실해간다는 뜻이다. 매일 반복되는 일과는 새로운 것이 없기 때문에 자신을 좀먹게 한다. 그만큼 정체되어 있기 때문이기도 하다.

세월은 쉬지 않고 흐르고 그에 따라 헤아릴 수 없을 정도의 많은 변화들이 생긴다. 그 변화들을 주마간산(走馬看山)식으로 본다고 해도 다 구경할 수 없을 정도이다.

그러한 변화에도 불구하고 자신이 제자리걸음이나 하고 있다면 그 결과는 불을 보듯 훤하다. 자기의 정신과 지적인 면은 그대로인데 세상은 쉬지 않고 변하는 것이다. 이 제자리걸음은 바로 정신적인 노화나 마찬가지다. 일에 대한 의욕과 꿈을 잃게 하고 끝내 출세의 길을 막아버린다.

능통하게 된 자신의 업무능력에다 '입사 3개월의 정신'을 더하면 곧 출세라는 방정식이 오늘날 직장인들이 펼쳐야 할 출세 작전 제1호이리라.

5. 최후의 승리가 진정한 성공

♣ 기회는 단 한 번뿐이라는 승부근성

사자는 토끼 한 마리를 잡을 때에도 혼신의 힘을 쏟는다. 그 주의깊은 관찰력, 그 번개같은 공격, 단 한 번의 결정적인 찬스를 포착하여 사냥에 성공한다. 사자는 토끼 한 마리를 잡을 때에도 결코 방심하지 않는다.

먹이를 공격하는 사자의 자세, 그것과 매일매일 자신의 일과 승부를 겨뤄야 하는 직장인의 자세와 다를 바 있을까?

산업교육의 전문가라는 프로세계에 뛰어든 지 어느덧 30여년, 그 우여곡절의 세월을 살아오면서 나에게는 무슨 철칙과도 같이 따라다녔던 하나의 고집이 있다.

바로 '주어진 조건에 최선을 다 한다'는 1회의 승부근성이다.

사실 산업체 강사로 뛰다보면 강의청탁의 조건들이란 것이 천차만별이다. 강의료가 의외로 많은 경우가 있는가 하면, 턱없이 적은 경우도 있다. 그런가 하면 강의장의 거리가 멀어서 가고 오는 시간만도 한 나절을 소비해야 하는 경우도 있고, 강의장소 또한 정상적으로 강의하기엔 너무도 부적당한 경우가 허다하다.

그럴 경우 어떤가. 사람인 이상 좋은 조건에 마음이 끌릴 수밖에 없다고 한다면 악조건의 청탁은 대강해도 좋을까.

악 조건에 이유를 달지 않고, 주어진 조건을 오직 한 번 밖에 없는 찬스라고 생각하며, 그 한 번의 주어진 찬스에 자기의 전부를 걸고 최선을 다하는 자세, 바로 거기에 프로의 '1회 승부근성'이 숨겨져 있음을 나는 믿고 지켜오고자 했다.

때로는 강의료가 적기에 더 열심히 한다. 강의장이 형편없고, 마이크 상태가 나빴기에 더 정열적으로 한다. 너무 무더워 땀이 온몸을 적시기에 더 열심히 한다. 점심식사 후의 졸음이 몰아치는 시간이기에 더 죽기살기로 강의한다.

프로의 세계, 승부의 세계는 엄격하다. '오늘은 적당히 하고, 내일은 잘 해야지' 하는 생각은 엄청난 자기 착각일 뿐이다.

바로 지금 이 순간의 승부에 자기의 전부를 걸 때만이 더 나은 내일의 승부를 기약할 수 있다.

♣ 헝그리 정신이 프로를 만든다

어느 광고회사에서 한 아르바이트 대학생에게 광고카피를 의뢰했다. 그런데 그 아르바이트생은 기대 이상의 훌륭한 카피를 써냈다. 의외의 성과를 올린 광고회사의 책임자는 연이어 카피를 의뢰했고, 그 때마다 기발하고 참신한 아이디어가 쏟아져 나왔다. 실로 놀라운 일이었다.

탁월한 재능을 마음껏 발휘하지 못하는 아르바이트생의 가정

형편을 안타까워한 그 책임자는 마침내 사장에게 부탁하여 그 아르바이트생을 파격적인 대우로 발탁, 일에만 몰두할 수 있도록 해주었다.

그런데 어찌된 영문인가? 그 기발하고 독창적이던 아이디어는 다 어딜 가버렸는지, 쓸 만한 카피조차 써내질 못했다. 재능이 일시에 사라져 버린 것일까? 고민하던 책임자는 마침내 결단을 내렸다.

"미안하지만 앞으로는 채택된 작품에 한해서, 합당한 수고료를 지불하겠네."

다시 배고픈 상황으로 전락하고 만 그 아르바이트생은 과연 어떻게 되었을까? 책임자의 발상은 적중을 했다. 다시 번뜩이는 아이디어가 튀어나오기 시작한 것이다.

이 이야기는 수많은 직장인들이 참신한 첫출발의 호기로움이 사라지기 무섭게 '타성의 함정'에 빠지고 만다는 사실을 지적해 주고 있다.

누구나가 어느 정도의 궤도에 오르고 나면 '이제는 좀 편해도 되겠지' 하는 달콤한 속삭임에 귀를 기울이게 된다. 어려운 시기를 견뎌낸 피로감이 휴식을 원한다는 것은 당연하기까지 하다. 하지만 바로 그 순간이 앞으로 수없이 닥쳐올 인생의 승부를 판가름하는 전환점이 된다는 사실을 잊어서는 안될 것이다.

진정한 프로는 자기 자신을 끊임없이 각성시키는 문제의식의 소유자며, 자기도 모르게 몸에 배는 타성의 껍질을 스스로의 힘으로 극복해나가는 의지의 소유자이다.

스스로 배고파하는 정신, 치열한 헝그리 정신만이 도전하고 개척하는 프로로 만든다.

♣ 작은 성공이 모여 큰 성공을 만든다

그러나 그것만으로 부족하다. 한 방울의 기력도 남기지 않고 인생을 마감하리라는 투철한 정신이 없다면, 진정한 프로가 될 수는 없다. 자기 인생의 최후승자가 될 것임을 굳게 믿지 못한다면 모든 노력이 수포로 돌아간다.

하루가 무섭게 반짝이는 스타가 탄생하고 있다는 사실을 우리는 알고 있다. 그것이 가수든, 배우든, 야구선수든, 권투선수든, 작가든, 정치가든 매일매일 스타가 탄생한다. 그 많은 스타들 가운데 대부분의 스타들이 별똥별이 되어 어두운 밤하늘 저편으로 사라지고 만다는 사실까지도 알고 있다.

그러나 밤하늘을 찬란하게 수놓고 있는 은하수(銀河水)를 관찰해 보자. 하나하나의 작은 별들이 모여 저토록 아름다운 은하수의 신비를 이루어 내고 있지 않은가.

성공하는 직장인의 삶도 은하수와 같다. 매번 매시간 전력투구한 '1회 승리'의 작은별들이 모여 '성공한 인생'이라는 거대하고 아름다운 명성의 빛을 이룬다.

날품팔이가 아닌 직장인은 시작도 좋아야 하지만 끝도 좋아야 한다. 길게 내다보고 끝까지 전력투구하는 사람만이 진정한 프로인생의 승리자가 될 수 있다.

독일이 낳은 위대한 시인 괴테의 말을 들어보자.

'구름 속을 아무리 보아도 거기에는 인생이 없다. 반듯하게 서서 자기 주위를 보라! 자기가 인정한 것을 우리는 붙들 수가 있다. 그렇게 앞으로 나아가는 동안에는 고통도 있으리라! 행복도 있으리라! 어떠한 경우에도 인생은 완전한 만족이란 없다. 자기가 인정한 것을 힘차게 찾아 헤매는 하루하루가 인생인 것이다.'

Ⅱ
직장인의 매너

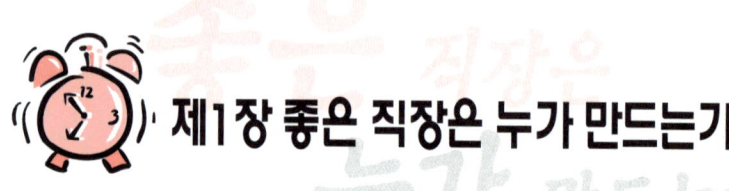

제1장 좋은 직장은 누가 만드는가

사람은 누구나 나쁜 것보다는 좋은 것을 원하듯이, 직장인 역시 나쁜 직장보다는 좋은 직장에서 일하고 싶어한다. 그러면서도 직장의 분위기를 가꾸는 데는 소홀한 것 같다. 직장생활이 대하드라마라면 직장은 무대이고, 직장인은 배우이다. 그렇다면 당신이 맡은 역할은 무엇이며, 어떻게 연기를 해야 무대를 빛낼 수 있을까? 이 장에서는 좋은 직장을 만들기 위해 개개인이 노력해야 할 것들에 대해서 알아본다.

1. 밝고 명쾌한 직장을 만들자

♣ 하루의 성공은 아침에 있다

직장은 인생의 승부를 가리는 무대이다. 스포츠처럼 링이나 그라운드, 코트는 없지만 온힘을 기울이는 것은 업무의 경우도 마찬가지다.

순조로운 출발, 그리고 전력투구. 이것이 충실한 직장생활의 기본이 된다. 그리고 그것을 가능하게 하는 것은 역시 아침의 마음가짐이다. 따라서 시무시간은 여유를 갖고 맞이해야 한다.

업무시작을 알리는 벨이 울릴 시간에 빠듯하게 허겁지겁 뛰어들거나, 지각을 하여 어쩔 줄 모르는 표정으로 책상에 앉는 사람이 있다. 만일 이런 사람이 권투경기에 임했다면 시합개시의 공이 울린 순간 넉아웃이 되거나 기권으로 처리되고 말 것이다.

여유를 갖고 출근하여 업무시작의 벨이 울림과 동시에 원기충만해서 출발할 수 있는 준비를 해두는 것이 중요하다.

이를 위해서는 늦어도 일과시작 시간 10분 전에는 책상에 앉아 호흡을 가다듬도록 해야 한다. 벨이 울리기 전에 컨디션을 가다듬어 두는 것이 충실한 하루를 약속한다.

♣ 이름을 빨리 외우도록 한다

직장에 첫 출근을 하여, "안녕하십니까!" 하고 호기있게 말해 보았으나 모르는 얼굴이 즐비하게 늘어서 있다.

상냥한 표정을 하고 있는 선배들이 차례로 자기소개를 해 나간다. 그러나 신입직원인 당신은 긴장과 불안으로 머리도 가슴도 터질 것만 같다. 곧 누구 이름 ○○씨도, 누구 이름 XX씨도 모두 잊어버리고, 눈이 팽팽 돌 것 같았던 하루는 순식간에 지나가 버렸다.

전화를 받아도, 고객의 방문을 전하고자 해도 ○○씨가 어떤 사람인지 전혀 알 수가 없다. "뭐, 곧 익숙해지겠지. 이름이야 자연스럽게 외워질 거야"하면서 자기위안을 하고 있어서는 안 된다.

젊고 싱싱한 당신의 머리 속에 하루라도 빨리 동료와 상사들의 이름을 기억시키는 것이 중요하다.

　예를 들어 종이에 자리와 이름을 쓰고 모니터 화면 옆처럼 보기 편리한 곳에 붙여두든가, 사람들의 특징을 그려서 기억하든가, 방법은 여러 가지가 있다.

　빠른 시간 내에 이름을 외우는 것은 그만큼 직장의 원활한 커뮤니케이션을 보장한다.

♣ 한 잔의 차에도 정성을 담아서

　우리의 삶에 기쁨을 주는 요소는 무엇일까. 그것은 한 마디로 정성이다. 참되고 성실한 마음에서 우러나오는 말과 행동은 우리의 생활을 흐뭇하게 한다.

　성공하는 직장생활은 신속정확한 일처리는 물론 고객에 대한 인사나 차를 접대하는 일 등, 이런 모든 일에 기본적으로 갖추어야 할 것은 상대를 배려하는 마음, 즉 정성이다.

　"차(茶)도 끓이는 사람에 따라 맛이 달라진다"는 말이 있다.

　경험이 풍부한 선배는 잠깐 쉬는 사이에 "먼 길 다녀오느라 수고했어"라는 말과 함께, 그리고 식사 후에도 한 잔, 각각 뉘앙스를 달리해서 차를 준비한다.

　이 같은 세심한 배려가 있고서야 흉금을 터놓는 대화가 가능한 법이다. 업무 역시 마찬가지다. 정성이 깃들지 않은 일은 무의미하다.

♣ "할 수 없습니다"는 금기어이다

　일을 부탁받았을 때는 먼저 "네"라고 대답한다. 그리고 진행중인 바쁜 일이 있을 때에는, "지금 급한 업무를 진행중입니다. 이 일을 끝낸 후에 해도 괜찮겠습니까?"라고 묻도록 한다.

아무래도 급한 일이라면 지금 하고 있는 일이 일단락된 뒤에 시작해도 좋은가를 확인하고, 무리라고 판단되면 다른 사람에게 부탁을 한다. 또한 어려워서 혼자서 해결할 수 없을 때에는 고민하지 말고 선배에게 물어보도록 한다.

주어진 업무에 단지 "할 수 없습니다"라는 한 마디는 자칫 상사의 기분을 상하게 할 수도 있다. 어떻게 하면 해결할 수 있을지, 일단 승낙하고 난 뒤에 잘 생각해 본다.

♣ 아무도 대신 해주지 않는다

사무실에서 애로사항이 있을 때, '누군가 다른 사람이 해주겠지' 하고 기대하는 것은 금물이다.

예컨대 복사용지가 떨어졌을 때, "누군가가 가져다 놓겠지"하고 기대한다면 그것은 무리이다. 다음날 급한 일로 다시 복사기의 전원을 넣는 순간, 여전히 깜박이는 '종이없음' 램프.

당신의 일을 대신해 줄 누군가는 어디에도 존재하지 않는다. 누군가를 기대하기보다 다음 사람을 생각해서 종이를 채워넣을 수 있는 배려가 중요하다.

'복사기의 종이'는 아주 사소한 예지만, 만약 조직 내의 구성원 모두가 서로에게 기대하고 있다면 어떻게 될까?

'누군가가 대신 전화해주겠지.'

'누군가가 대신 우편발송해주겠지.'

'누군가가 대신 정리해주겠지.' ……

이래서는 원활하게 진행되는 업무를 찾아보기 힘들다.

자기 자신이 직장을 꾸려나간다는 주인의식을 가지고 일을 처리하는 습관을 몸에 익혀야 한다.

♣ 자기의 일은 스스로 해결한다

요즈음 젊은이들은 과잉보호 속에 자라서 그런지 상당수가 힘들고 싫은 일은 부모에게 미루는 경향이 있다. 그러나 그것도 미성년자 시절의 이야기지 성인에게는 용납되지 않는다. 당신이 만일 늦잠을 자서 출근시간에 늦을 것 같으면, 부모나 형제에게 통보를 부탁하지 말고 직접 회사에 연락해야 한다.

사정이 나쁜 것을 연락할 때 누군가에게 대신해서 하게 하는 것은 편리하지만, 무책임한 행위가 아닐 수 없다. 비록 상사의 꾸지람을 듣더라도 스스로 연락을 하고 사무적인 일을 잘 처리해두어야 한다.

성인이나 직장인, 즉 사회인은 자기의 일은 스스로 책임지지 않으면 안 된다. 당신은 이제 성인이면서 장래가 촉망되는 자랑스러운 직장인이다.

♣ 목소리를 키워서 이야기하라

직장에 갓 들어온 신입사원은 먼저 큰 목소리를 내는 것이 무엇보다도 중요하다. 요즘의 젊은이는 작은 목소리로 속삭이듯이 이야기하는 쪽이 세련되고, 큰 목소리로 이야기하는 것은 고리타분한 스타일이라고 생각하고 있는 것 같다.

그러나 비즈니스에서는 오히려 스마트하지 않더라도 커다란 목소리로 이야기하는 것이 좋다.

또한 최근에는 대답을 하지 않는 사람이 많다. 이름을 부르면 큰 목소리로 분명하게 대답해야 한다. 흔히 은행이나 병원의 창구에서 고객이나 환자의 이름을 부르면 대부분 대답을 하지 않는다. 이것은 매너없는 행동이다.

먼저 신입직원은 큰 목소리로 이야기를 하고, 부르면 "네"하고 확실하게 들리도록 대답해야 한다. 이렇게 하면 주위사람들에게 잘 들리므로, 신입직원에게 있기 쉬운 잘못된 이해, 의사전달, 말투 등이 상사나 선배에게 전해져서 바로 시정할 수 있게 된다. 또한 마음속에 무언가를 숨기고 있다거나 속임수를 쓰고 있다는 인상을 주지 않을 수 있다.

신입직원이 항상 큰 목소리를 유지해야 하는 것은 직장인 매너의 기본이다.

2. 인사로부터 시작한다

♣ 인사는 밝고 큰소리로 내가 먼저

직장의 문턱을 한 걸음 들어서면 먼저 해야 할 일이 있다. 상쾌하게 "안녕하십니까?"라고 인사를 하는 것이다. 특히 신입직원의 경우에는 "오늘 하루도 잘 부탁드립니다"라는 의미가 담겨 있는 것이 아침의 첫인사이다.

아무리 졸리더라도 아침에 직장에 들어서면 분위기를 일신하여, 명랑하고 커다란 목소리로 확실하게 인사를 해야 한다.

아침의 명랑한 첫인사야말로 직장인의 하루를 명랑하게 여는 열쇠이다. 자기뿐만 아니라 직장의 모든 사람의 기분을 좋게 한다.

인사를 하지 않거나, 할 수 없다고 하는 것은 직장인으로서 일을 할 수 있는가 없는가 이전의 문제이다. 그리고 특히 아침 저녁에 인사하는 것은 직장인의 기본이다.

직장의 하루는 아침 출근으로 시작되어 저녁의 퇴근으로 끝나는데, 이 아침 저녁에 하루 업무의 단락을 짓는 의미에서도 바르게 인사를 하라는 것이다.

인사는 하급자 쪽이 상급자에게 하는 것이 원칙이지만, 상하에 관계없이 아무튼 얼굴이 마주치면 내가 먼저 인사한다는 것을 명심해야 한다.

밝은 직장은 밝은 인사로 만들어지고, 그것은 전 직원의 사기와 능률을 높이게 된다. 인사를 단순히 상사에 대한 형식적인 행위로 생각해서는 안 된다.

♣ "부탁합니다"와 "잘 알겠습니다"

직장의 언어생활에서 가장 중요한 세 마디의 말이 있다.

"부탁합니다."

"네, 잘 알겠습니다."

"감사합니다."

이런 말에 의해서 약속이 성립된다. 부탁받고 "네"하는 대답을 잊거나 약속대로 하지 못했을 때는 신용을 잃게 마련이다.

안심하고 맡기기 때문에 "부탁합니다"라고 하며, 책임지고 인수하겠다는 의지의 표현을 "잘 알겠습니다"라고 하는 것이다. 그리하여 약속이 성립되고 업무가 진행되어 간다.

신용은 티끌모아 태산이다. 부탁받은 일은 무슨 일이 있더라도 책임지고 마무리 해주어야 한다.

"감사합니다"로 하루가 시작되고 저무는 것이 신입직원이다. 신입에게는 무엇보다도 이 말이 자연스러운 것이어야 한다. 신입직원의 하루하루는 새로운 것 투성이며, 하나 하나 새로 배워 나가지 않으면 안 될 일 뿐이다.

선배가 태연히 처리하는 듯 보이는 일도 막상 해보면 어렵고 궁금한 점이 많은 법이다. 하지만 선배의 어드바이스로 의문이 풀리고 일은 쉽게 추진된다.

"네, 감사합니다."

선배의 충고에는 반드시 감사의 말을 덧붙이자. 이 한 마디로 가르침을 받은 감사의 마음이 전해진다. 감사의 말 한마디가 직장의 업무를 자연스럽고 원만하게 진행되게 한다.

감사의 말을 전하는 것은 부끄럽거나 자존심을 상하는 일이 아니다. 받은 만큼 감사의 표현을 하는 것은 당연한 인사말이 아닌가.

♣ 인사는 사회생활의 윤활유이다

인사에는 '마음을 열고 다가선다'는 의미가 담겨 있다. 인사란 하지 않으면 안 된다고 정해져 있기 때문에 하는 것이 아니라,

마음을 열고 상대에게 접근하기 위해서 하는 것이다.

"안녕하십니까?"라고 함으로써 상대와의 접점을 만드는 기회가 생긴다. 젊은 사람들은 이런 반듯한 인사를 겸면쩍어 하는 경우가 많은데, 이것은 역시 가정교육이 문제인 것이다.

집에서도 아침에 일어나면 "안녕히 주무셨습니까?"하고 문안 인사를, 실수했을 때에는 "죄송합니다"라고 표현하는 것을 습관 들여 놓으면 직장에서도 거침없이 이런 말을 할 수 있게 된다.

예를 들어 엘리베이터를 타고 내릴 때에도 "먼저 실례하겠습니다"라고 한 마디를 던지면 낯선 사람이라도 마음이 열리고, 함께 타고 있는 짧은 시간동안이라도 커뮤니케이션이 가능해진다.

사회에 나와서 생활한다는 것은 서로 도와가며 함께 사는 것이다. 그러므로 최소한의 인사 매너만큼은 지키는 것이 생활의 지혜이다.

이렇듯 인간관계의 윤활유로써, 언제 어디에서나 인사를 적극적이고 자연스럽게 주고받을 수 있도록 평소에도 습관을 들여 놓는 것이 좋다.

♣ 경의의 표현으로써 목례와 인사

절이나 인사는 경의의 표현방법이므로 진심이 담겨 있어야 한다. 따라서 너무 지나치게 공손하거나 소홀해도 결코 경의의 표현이 못된다. 답례도 마찬가지다.

그 동작은 다음과 같은데, 요는 쌍방의 '마음의 커뮤니케이션'이 이루어져야 한다.

① 목례 : 사내에서 하루에 여러 번 얼굴을 마주치게 되는 상

대이거나 동료를 대할 때 또는 가볍게 경의를 나타
내고 싶을 때에는 상체를 15도 정도 앞으로 숙이면
된다.

② 인사 : 평상시에 하는 보통인사로, 서 있을 때나 의자에 앉
기 전에 상체를 30도정도 앞으로 숙인다. 자리에 앉
아있을 때에는 일단 일어서서 인사를 하고 다시 앉
는 것이 매너이다.

3. 비즈니스에 철저하려면

♣ 직장에서는 심플한 것이 최선이다

비즈니스란 본질적으로 냉정한 것이다. 비즈니스용품을 살펴
보아도 낭비를 극소화한 심플한 디자인으로 일관하고 있다.

활동하는 사회인에게 있어서도 심플한 것이 제일이다. 일을
하고 있는 동안에는 쓸데없는 요소는 가능한 한 없는 편이 아름
다운 것이다.

복장에 있어서도 남성의 경우는 와이셔츠, 넥타이, 양복으로
간결하지만, 여성의 경우는 복장 하나하나에도 다양한 요소가
들어 있다. 유니폼이 있어도 헤어스타일, 화장, 액세서리, 스타
킹, 구두 등 색과 디자인에 여러 가지의 변화가 있다.

이러한 패션을 즐기는 것이 여성의 특징이긴 하지만, 일하는

장소에는 여성 또한 심플한 패션이 가장 좋은 것이다.

♣ 청결이 세련됨의 시작이다

직장에 있어서 몸가짐의 기본조건은 무엇보다도 청결을 유지하는 것이다. 몸을 깨끗이 하면 마음도 깨끗해진다.

아무리 주의를 기울여도 의외로 신경쓰기 힘든 것은 머리다. 남성은 특히 목덜미 부분을 주의할 필요가 있다. 여성은 앞머리에 신경을 써야 한다.

업무를 볼 때는 적당히 머리를 숙이게 되는데, 앞머리로 얼굴이 감추어져 버려서는 거추장스러워 보이며, 시력저하의 원인이 될 수도 있다.

또한 손톱, 귀, 눈, 콧구멍 주위가 지저분하다면 아무리 멋을 부려도 소용이 없다. 하루의 찌들음을 말끔히 씻어내고 내일을 준비하는 것이 세련됨의 기본이다.

아침마다 거울에 자기 자신을 비추어 보면서, '나는 오늘도 깨끗한 인상인가?' 하고 질문을 던져 보라. 청결은 미덕이다.

♣ 근무시간을 반드시 지킨다

사장은 출근시간을 보기 위해 시계를 차고 다니고, 사원은 퇴근시간을 보기 위해 시계를 차고 다닌다는 말이 있다.

직장인들 누구나 손꼽아 기다리는 것이 퇴근시간이다. 그런데 어느 사이에 멋진 옷차림으로 바꾸어 입고 퇴근시간이 되자마자 사라져버리는 사람들이 있다. 이래서는 직장인으로서 실격이다. 데이트 약속 등은 퇴근시간 이후로 넉넉하게 잡는 것이 좋다.

만일 어떤 사람이 매일 퇴근시간 30분 전부터 화장을 고치고 있다면, 회사의 입장에서는 한달에 10시간, 일년이면 120시간이나 노동력을 손해보는 것이 된다. 회사업무에 차츰 익숙해져 가면서 불평불만을 말하기 전에, 이런 일로 회사에 마이너스를 주고 있지는 않은지 반성해 볼 필요가 있다.

또한 데이트 약속이 신경쓰인 나머지 퇴근시간 무렵의 고객에게 건성으로 응대를 하거나 불친절한 태도를 취해서는 더욱 곤란하다.

사적인 시간은 업무가 모두 끝나고 난 이후에 갖는 것이 정상이다. 퇴근시간 이후 넉넉하게 데이트 약속을 정하면 직장에도 동료들에게도 피해를 주지 않을 것이다.

♣ 이동할 때는 신속하게 연락한다

외출할 때는 '어디에, 무슨 일로, 몇 시간 정도의 예정으로 가는지'를 확실하게 말해둔다. 그리고 돌아왔을 때는 반드시 "다녀왔습니다"라고 보고한다. 업무내용에 대한 보고는 당연한 것이지만 일단 돌아왔다는 것만이라도 신속하게 보고한다.

또한 외부에서 이동할 때는 중간중간 자기부서에 전화로 알리는 것이 좋다. 부재중에 돌발적인 용건이 발생해 있을 지도 모르는 일이기 때문이다.

직장에서는 언제나 자신이 어디에 있는지 소재를 명확히 해두어야 한다. 이것은 직장내에서도 마찬가지다. 자리를 비울 때는 반드시 어디로 가는지를 옆사람에게 알리고 자리를 떠난다. 외부에 오래 지체해야 할 상황이면, 서둘러서 돌아오기보다도 연락을 먼저 취해야 함을 명심해야 한다.

♣ 업무의 중간보고를 한다

지시된 업무가 끝나기 전에 진행상황을 수시로 보고하는 것이 좋다. 업무를 지시하는 사람과 받는 사람의 사이에 커뮤니케이션이 잘 되었다면 예정된 결과를 얻을 수 있다. 그러나 그렇지 못한 경우에는 진행방향이 잘못되어 결과는 전혀 달라져 버린다.

이런 실수를 방지하기 위해서는 중간보고가 필요하다. 상사는 그 보고에 따라 적절한 판단과 어드바이스를 할 수 있다.

업무가 이미 상당히 진행되어 버린 상태라면 수정이 불가능할 뿐더러, 처음부터 다시 작업을 해야 한다. 병도 조기에 발견하면 치료가 가능하지만 너무 늦어버리면 손을 쓸 수도 없는 상황이 되어버리는 것과 같다. 중간보고는 업무가 잘못된 방향으로 진행되는 것을 막아준다.

만약 기한보다도 일이 빨리 끝났을 경우에도 반드시 그 이유를 보고해야 한다. 스스로 완벽하게 마무리했다고 생각해도 서류상의 오자나 탈자 등 사소한 실수가 몇 가지 있을 수 있다. 수정 지시에 여유를 갖고 대응하기 위해서도 일찍 끝난 일은 빨리 보고하는 것이 좋다.

♣ 지시를 받는 즉시 확인한다

지시는 회사방침에 의거하여 현장에서는 직속상사가 내리게 된다. 회사의 방향이 한 곳으로 모아지고 작업에 착수하기 시작하면 부장에서 과장에게, 그리고 당신에게 지시가 내려지고, 그

방침에 따라 한 사람 한 사람이 움직이게 된다.

이 때문에 당신이 지시를 잘못 받아서 잘못된 방향으로 일이 진행되면 흐름이 원활하지 않고 일은 늦어지기 십상이다.

의문점, 잘 이해되지 않는 것은 빨리 확인하여 합의를 얻어 둔다. 이렇게 시작하는 것이 좋은 효율로 연결된다.

가야할 길을 미리 살펴보고 나서 달리기를 시작하는 것처럼, 일도 드라이브와 마찬가지다.

♣ 업무처리 중에 문제가 생겼을 때

비즈니스세계에서 업무를 기한 내에 마칠 수 없다는 것은 원래 허용되지 않는 일이지만, 맡은 일이 예정대로 진행되지 않는 경우도 때때로 생기기 마련이다.

이럴 때는 혼자 떠맡아서 고민하지 말고 곧장 상사와 의논을 한다. 빠르면 빠를수록 대체할 만한 방법을 찾을 수 있다.

곤란한 것은 기한 전날이 되어서야 "내일까지는 안 되겠습니다" 하는 경우이다. 만일 중요한 회의에 필요한 서류를 마무리해야 하는 일이라면, 이러지도 저러지도 못하고 상사가 난처해지는 것도 당연하다.

업무 중에 판단하기 어려운 일이 생기면 독단으로 처리해서는 안 된다. 그 일을 지시한 상사에게 반드시 의논하고 지시를 받는다. 신입직원인 당신의 '독단'은 허용되지 않는다.

익숙치 않은 동안에는 착실하게 의논을 하지만, 익숙해지면 "뭐, 괜찮겠지"라든가, "상사도 바쁜 것 같으니까"하는 태만한 마음이 생겨서 스스로 판단해서 처리하는데, 이것이 독단이다.

서류상에 포함된 작은 실수 하나가 회사의 거래에 커다란 영향을 미칠지도 모른다. 독단으로 처리하기 전에 한 번 더 상사의 의견을 묻는다. 묻는 시간을 아끼면 후회는 크다.

♣ 도장은 자기의 얼굴이다

책상 위에 아무렇게 놔두어서는 절대로 안 되는 물건이 있다. 그것은 당신의 '도장'이다.

서양에서는 사인 한 가지로 모든 것이 해결되지만, 동양에서는 아직까지 도장이 필수적이다. 도장을 당신의 '얼굴'이라고 생각하라. 그만큼 당신과 떼어놓을 수 없는 물건이다.

만일 이 도장을 책상 위에 팽개쳐 두었다면 어떻게 될까?

아무런 생각없이 둔 도장이 어느 사이에 누군가에 의해서 사용되어 당신이 모르는 곳에서 큰 문제가 발생한다면, 직장의 분위기, 업무진행, 그리고 당신의 신용 등 모든 것이 추락해버린다. 단지 하나의 도장이라고 생각하더라도 그런 사태가 발생하면 그것은 당신의 책임이다.

'도장'은 자기 자신의 얼굴이며, 자신의 의사를 대표하는 것이므로 그 취급에 있어 충분한 주의가 필요하다. 어떤 경우라도 책상 위에 방치해두지 말고 열쇠가 부착된 서랍 속에 보관하도록 한다.

♣ 부득이한 개인용무가 있을 때

업무 도중에 부득이하게 개인용무로 외출해야 할 일이 생기는 경우가 있다. 예를 들어 병원에 가야 한다든가, 독신일 경우에 직접 관공서에서 서류를 떼어온다든가, 어떤 수속을 밟아야 하는 일 등이다.

이런 일은 근무시간 외가 원칙이지만, 어쩔 수 없이 개인적인 일로 외출할 때는 반드시 상사에게 허락을 얻어야 한다. 정당한 이유라면 대부분 인정해 줄 것이다.

그러나 귀사시간은 정확하게 지키고, 주위사람에게도 행선지와 용무를 밝혀두는 것을 잊지 않도록 한다.

업무 중에 갑자기 몸이 아프더라도 그것은 어디까지나 개인적인 일이다. 병원에 가는 것도 상사의 허락을 얻어야 한다.

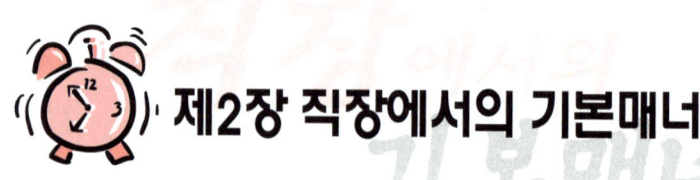

제2장 직장에서의 기본매너

'로마에 가면 로마사람이 되라'는 말이 있다. 로마사람이 되기 위해서는 그들의 관습에 따라야 하듯이, 직장에 들어가면 직장인이 되기 위한 기본매너가 있다. 이 기본매너가 갖춰졌느냐 아니냐에 따라서 개인은 물론 조직의 이미지마저 좌우되는 것이다. 그렇다면 직장에서의 기본매너는 어떤 것들이 있을까? 이 장에서는 직장인으로서 손색이 없는 몸차림과 복장, 그리고 자세와 동작 등에 대해서 알아본다.

1. 전제로서의 몸차림

♣ 몸차림은 직장생활의 일부이다

직장에 있어서 몸차림이나 복장이라는 것은 경영자나 관리자 측의 구시대적인 발상에 지나지 않는다거나, '업무만 빈틈없이 하고 있으면 그만 아닌가?' 하는 생각을 하는 사람이 있을지도 모른다.

확실히 직장생활에 있어서는 몸차림이나 복장은 비즈니스 그 자체는 아니다. 그러나 적어도 비즈니스의 중요한 한 요소이며 전제임은 결코 부정할 수 없다.

비즈니스의 원만한 처리를 위한 전제조건은 '상대에 대한 경의와 성의의 표현'이다. 이것은 상대의 입장에 서서 사물을 생각하는 것이며, 그러려면 먼저 자기의 행동을 아름답게 가다듬는 등의 비즈니스 매너가 불가결하다. 직장생활에서 특히 자기의 행동을 아름답게 가다듬기 위해서는 몸차림이나 복장, 동작이 직접적으로 요구된다.

♣ '청결함'이 몸차림의 기본이다

기업의 업종이나 업태에 따라서, 또는 각 기업에 있어서 그 직장이나 직종의 내용에 따라 지키지 않으면 안 되는 구체적인 몸차림의 룰은 천편일률적은 아니다.

그러나 모든 것에 공통하는 것은 '청결함'이라고 할 수 있다. 청결한 몸차림을 위해서 다음의 사항을 명심하고 있으면 일단 실수는 하지 않을 것이다.

① 머리카락 – 긴 머리의 헤어스타일을 하고 있는 남성은 아무리 머리를 잘 감고 청결하게 유지하더라도 밖에서 보는 지저분한 느낌을 숨길 수가 없을 것이다. 그 뿐만 아니라 직장에 따라서는 머리가 길다는 것이 위험으로 이어지는 경우마저 있다. 한 마디로 말하면 '그 직장에 맞는 머리형을 하라'는 이야기다.

② 손　톱 - 긴 채로 두지 말고 항상 깔끔하게 깎도록 한다. 드물지만 남성의 경우에도 새끼손가락의 손톱을 길게 하거나 매니큐어를 하는 사람이 있는데, 업무 성격상 특별히 필요하지 않는 한 삼가야 한다. 여성의 경우에도 매니큐어는 특별히 필요하지 않는 한, 가능하면 연한 색으로 하는 것이 좋다.

③ 수　염 - 자라는 대로 그대로 내버려둔 채 남 앞에 나서는 것은 결례가 된다. 따라서 직장인은 매일 아침 면도하는 습관을 갖도록 한다. 수염이 짙은 사람이라면 접객이나 공식석상에 나가기 전에는 한 번 더 깎도록 해야 한다.

　　　　　최근 수염을 기르는 젊은이가 늘고 있다. 멋있어 보인다는 것만으로는 직장에서 허용되지 않는다. 수염을 기른다는 그 사람 나름대로 확고한 신념이 없으면 경멸을 초래할 뿐이다.

④ 구　취 - 스스로는 알아차리지 못하지만 남에게 폐를 끼치는 경우가 있는데 그 중의 하나가 구취(口臭), 즉 입냄새이다. 특별히 주의하여야 한다.

　　　　　이것은 충치나 치조농 등 이의 건강관리가 불충분한데에 원인이 많다. 즉시 치과로 가서 치료받기를 권한다.

　　　　　그 외에도 점심에 마늘이나 중화요리 등 자극성이 있거나 독특한 향료가 가미된 음식을 먹었을 때도 냄새가 난다. 이럴 때는 식후에 껌을 씹거

나 구강청정제를 이용하거나 이를 닦아서 냄새
가 나지 않도록 주의를 해야 한다.

♣ 화장은 건강미의 표현이다

자기를 아름답게 하려는 것은 동서고금을 막론하고 변함없는
여자의 본능이지만, 직장에서 여성의 화장은 청결하고 건강미
넘치는 이미지를 주도록 하는 것이 좋다.

각자의 업무내용이나 연령에 따른 방법이 있다고 할 수 있지
만, 일반적으로는 다음 사항을 명심하고 있으면 큰 지장이 없을
것이다.

① 파운데이션은 자기의 피부색보다 엷은 색이 자연스럽다.
② 눈은 엷고 회색계통인 아이샤도우를 쓰는 것이 보통이지
　만, 안경을 쓰는 사람에게는 약간 짙은 색이 좋다.
③ 입술은 젊은 사람에게는 밝은 색의 립스틱이 어울린다. 연
　령이 늘어감에 따라서 베이지나 브라운 계통의 색깔로 바꾸
　어 가도록 하면 좋다.
④ 뺨은 밝은 색의 볼터치로 건강함을 표현할 수 있다.
⑤ 색맞추기는 아이메이크가 블루계통이면 오렌지색의 립스틱
　이 어울린다.
⑥ 향수는 직접 뿌려 체취와 섞여 은은하게 풍기는 정도로 하
　는 것이 비결이다.

2. 직장인을 위한 복장

♣ 멋이 아니라 몸차림이 중요

'옷이 날개'라는 말도 있고, '복장은 말없는 소개장'이라는 말도 있다. 옷이나 몸차림은 그 사람의 경력을 나타낸다.

옛부터 사람이 옷을 입는 목적이 있었다. 첫째는 체온을 유지하기 위해서이고, 둘째는 나체를 가리기 위해서이다. 현대는 멋을 내기 위해서 옷을 입는다고 해도 과언이 아니다.

그러나 직장에서의 복장은 멋을 부리기 위한 것이 아니라, 무엇보다도 비즈니스를 원만하게 처리하기 위한 전제가 아니면 안된다.

비즈니스를 위한 복장은 개인적으로 개성을 발휘하기 위한 것이 아니라, 업무에서 개성을 발휘하고 능률을 올리기 위한 것이다. 따라서 이와 같은 복장은 먼저 몸차림이 단정해야함이 전제이며 원칙이다.

또한 각 기업의 복무규정이나 사풍이라든가, 상사의 기호 등에 따라서도 복장의 형태가 달라질 수 있다. 요는 자기의 직무에 어울리는 것이어야 함을 명심해야 한다.

♣ 양복은 비즈니스맨의 제복

'작업복이 제복'이라는 말도 있지만, 직장인의 제복은 먼저 양복이라고 할 수 있을 것이다. 직장인에게 필요한 양복은 일상 비즈니스용의 양복, 그리고 예장용(禮裝用)의 양복, 레저용 양복 등 크게 세 종류로 나눌 수가 있다.

여기서는 일상 비즈니스용과 예장용에 대해서만 언급한다.

① 일상 비즈니스용 양복 - 비즈니스에 있어서의 접대나 호텔의 레스토랑 등의 장소에서는 상의와 넥타이를 착용하는 것이 에티켓으로 되어있다. 여름철에 상의나 넥타이를 생략하는 것이 습관화되어 있는 경우도 있지만, 목언저리에서 속옷이 보이지 않도록 주의해야 한다.

비즈니스용의 양복은 적어도 하복, 춘추복, 동복을 각각 두 벌씩은 갖추고 있는 것이 좋다. 그리고 며칠에 걸쳐서 갈아입고, 손질을 적절하게 해주면 그 정도로 충분하다. 보통은 짙은 청색이나 짙은 회색계통의 정통적인 양복 쪽이 직장에 위화감을 주지 않고 무난하며, 싫증도 나지 않을 것이다. 직장에 따라서는 화려하고, 캐주얼한 복장이 맞는 경우도 있겠지만, 그것은 극히 일부에 한정된다.

② 예장용 양복 - 예장용으로써는 정통적인 것을 입어야 하겠지만, 젊은 비즈니스맨에게는 약식의 검정색 양복으로 충분할 것이다. 검정과 흰색의 넥타이를 각각 한 개씩 준비해 두면 경사스런 일에든 불행한 일에든 이 한 벌로 대개는 충당된다.

검정색 양복은 착용할 기회는 적더라도, 일단 준비해두면 급한 일이 생겼을 때 예의를 벗어나서 부끄러움을 당하는 일이 없을 것이다.

♣ 와이셔츠와 넥타이 포인트

본래 와이셔츠란 보통 흰색이다. 청결감이라는 점에서도 물론 흰색이 제일일 것이다. 그러나 최근에는 일반적으로 직장에서도 칼라 셔츠를 볼 수 있게 되었다. 그렇지만 예식장의 경우나 격식을 차린 장소에서는 흰색을 입어야 한다.

색깔에 관계없이 와이셔츠는 칼라와 소맷부리의 더러움이 눈에 띄기 쉬운 만큼 주의해야 한다. 특히 대외적인 직무의 경우, 와이셔츠가 복장의 포인트이므로 열심히 클리닝을 하고 매일 갈아입어야 한다.

개인사물함에 하얀 와이셔츠를 한 장쯤 준비해 두는 것도 비즈니스맨의 자세라고 할 수 있다.

넥타이라고 하면 바로 색깔이나 무늬가 신경에 쓰이기 마련이다. 그러나 비즈니스맨으로서 먼저 손때가 타기 쉬운 매듭부분에 주의하는 것이 중요하다. 넥타이가 때에 절어 있거나, 닳아서 헤어져 있거나, 단정치 못하게 느슨해져 있다면 아무리 양복이나 와이셔츠가 좋더라도 불쾌한 인상을 주게 된다.

외출 전이나 남 앞에 나서기 전이라면 상의의 단추, 바지의 지퍼, 구두끈 따위를 점검할 때 잊지 말고 넥타이의 상태에도 주의를 기울여야 한다. 또한 넥타이는 그 색깔이나 무늬가 양복이나 와이셔츠의 색깔에 맞기만 하면 되는 것은 아니다. 적어도 와이셔츠의 소매형태와 넥타이천에 맞는 방법으로 묶어야 한다.

그밖에 나비넥타이는 턱시도를 입을 때만 착용하고, 흑색으로 매는 것이 정식 매너임을 알아둔다.

♣ 구두와 양말의 포인트

보통, 구두색깔은 옷색깔에 맞추는 법이지만 비즈니스의 경우는 검정색이 원칙으로 되어 있다. 구두가 검정이면 화려한 체크무늬의 옷을 비즈니스용으로 입을 수 없음이 당연하다.

게다가 관혼상제 등 격식을 차린 자리에 직장에서 갑작스럽게 참석할 경우에도 상의나 넥타이가 약식이더라도 구두만은 검정색을 신는 것이 매너이다.

또한 구두는 평소 손질을 잘 해두고 닳아지기 쉬운 발뒤축은 서둘러 수리해두도록 한다. 구두를 오래도록 신기 위해서일 뿐만 아니라, 이것은 몸차림이기도 하기 때문이다.

차분한 느낌의 양복바지와 검정구두 사이에서 이상하게 화려한 색깔이나 무늬의 양말이 보이는 것은 남에게 호감을 줄만한 것이 못 된다.

비즈니스맨에게는 곤색이나 검정색 양말이 잘 조화가 된다. 약식복장으로 관혼상제자리에 나가는 경우에도 구두와 양말은 검정색으로 착용해야할 것이다.

양말은 그다지 사람들의 눈에 뜨이지는 않지만 와이셔츠나 손수건과 마찬가지로 세탁한 것을 매일 갈아신도록 한다. 무좀이나 발냄새가 강한 사람은 특히 유의할 필요가 있다.

세일즈맨 등 방문처에서 구두를 벗는 일이 잦은 직종에서는 양말에 구멍이 없도록 늘 신경써야 한다.

♣ 연령별 복장의 포인트

① 이십대 – 신입사원, 한창 일할 나이의 사원시절에는 고급품은 필요치 않다. 젊은 나이에 어울리지 않는 것을 몸에 걸치면 취미나 센스가 있다고 여겨지기

는 커녕 오히려 이상한 눈으로 보여질 뿐이다. 남
성이든 여성이든 품질이 좋은 실용적인 제품 쪽
이 오히려 호감을 갖게 된다.

② 삼십대 - 남성의 경우라면 슬슬 신입사원시절의 남색계통
에서 회색이나 갈색계통의 짙은 양복을 입을 연
대이다. 문자 그대로 중견사원이므로 견실하고
성실하다는 인상을 주도록 신경을 써야 한다.

③ 사십대 - 사내외적으로 모두 교제가 많아지는 부과장 연대
이다. 동시에 양복은 오래 입어서 낡아져 있으므
로 단정치 못한 인상을 주게 되기 쉽다. 내외적으
로 신뢰감을 줄만한 부과장에 어울리는 복장과
몸차림에 유의해야 한다.

④ 오십대 - 사내에서나 사외에서 지위도 발언력도 있는 연대
라고 할 수 있을 것이다. 이제 복장에 대해서도
자기 취향을 어느 정도는 자유로이 살려서 상대
방에게 불쾌감을 주지 않는 범위에서 몸에 잘 맞
게 입을 수 있어야 한다.

♣ 비즈니스맨의 복장 포인트

① 어깨는 치켜세우지 말고 자연스럽게
② 깃은 노치드 라펠(notched lapel)로
③ 와이셔츠의 소매는 1.5센티미터 정도 보이게
④ 상의의 옆구리는 너무 조이지 않게
⑤ 바지는 접히지 않는 스트레이트 타입

⑥ 접은 선이 똑바로 서도록

⑦ 전체적으로 정통적인 복장을

3. 직장에서의 자세와 동작

♣ 자연스러운 자세로 서려면

거래처 사람을 만나는 경우나 의식적인 자리에 설 경우, 또는 연장자나 윗사람 앞에 설 때, 팔짱을 끼거나 주머니에 손을 넣고 있는 것은 더할 나위 없는 결례이다.

또한 뒷짐을 지고 서는 것을 바른 자세로 아는 경우가 있는데, 이것도 건방진 자세로 상대에게 호감을 주지 못한다.

그렇다면 바르게 서는 방법이란 과연 어떤 것일까?

① 두 발은 발꿈치를 붙이고, 발끝을 약 45도로 벌린다.

② 등줄기를 곧바로 펴고, 가슴을 자연스럽게 뒤로 젖힌다.

③ 목줄기를 곧바로 펴고, 턱은 약간 당기면서 똑바로 정면을 보도록 얼굴을 든다.

④ 어깨는 위로 들리지 않도록 하고, 두 팔을 자연스럽게 늘어뜨리고, 양손은 가볍게 주먹을 쥐고, 바지 재봉선에 닿는 위치로 한다.

⑤ 체중이 양다리의 발바닥 중심에 실리도록 하면 좋다. 이렇게 하면 직립 부동자세처럼 생각될지도 모르겠지만 자연스

럽고 생기 넘치는 자세가 된다.

♣ 의자에 앉고 일어서는 법

의자에 앉을 때에는 의자 좌측에서 앉고, 일어설 때에는 의자 좌측으로 나서도록 하는 것이 매너의 원칙이다. 그리고 일어선 다음에는 의자를 본래의 바른 위치로 돌려놓고 방을 나오도록 한다.

의자가 바른 위치에서 빠져나와 있거나 방향이 잘못되어 있으면 먼저 의자 위치를 바르게 하고 나서 앉아야 하며, 앉고 나서 앉은 채로 의자를 움직이는 것은 매너에 위배된다.

또한 앉아 있더라도 상체를 뒤로 젖히거나 앞쪽으로 우두커니 앉는 것도 부자연스럽게 보인다. 의자에는 가능한 한 깊게 앉도록 하고, 두 다리는 평행으로 가지런히 한다.

남성의 경우는 양 무릎 사이에 주먹이 하나 정도 들어갈 간격으로 벌린다. 여성의 경우는 양 무릎을 가지런히 하고 무릎이 높아질 것 같으면 양다리의 끝을 가지런히 하여, 좌우 어느 쪽이든 한쪽으로 기울이도록 하면 된다.

남녀를 불문하고 양손은 대퇴부 위에 놓고, 상체를 곧게 유지하도록 하며 바른 자세로 앉아야 한다. 부하나 동료 앞이 아닌 한, 사람들 앞에서 다리를 꼬거나 무릎을 크게 벌리고 앉아서는 절대로 안 된다.

♣ 방을 출입할 때는 이렇게

응접실이나 개인방, 어느 쪽이나 도어가 있는 방에 들어갈 때는 가볍게 노크하고 응답을 듣고 들어가야 한다. 단, 노크하면서 이름을 부르는 것과 대답이 없는데 입실하는 것은 매너에 위배되므로 주의해야 한다.

방에 들어가면 도어 쪽을 향한 후 닫는다. 단, 손을 뒤로 돌린 상태로 닫거나 발로 닫거나 하여 거칠게 소리를 내지 않도록 주의해야 한다.

입실후 용무가 있는 상대가 상담중일 경우에는 잠깐 기다리다 이야기가 일단락되는 부분이거나 적당하다고 생각되는 시기를 판단하여 "말씀 중에 실례합니다만" 하고 양해를 구하고 나서 용건을 말해야 한다.

물건을 건넬 때는 그것이 무엇이든 모두 상대가 받기 쉽도록 하는 것이 매너이다. 서류를 건넬 경우라면 글자가 적힌 쪽을 위로 하고, 문자가 상대방 쪽으로 향하도록 제시한다.

펜을 건넬 때는 펜끝을 자기 쪽으로 하고, 상대가 손에 잡기 쉽도록 내민다. 또한 나이프나 가위 등 자르는 물건인 경우라면 칼끝을 자기 쪽으로 향하게 해서 상대에게 건넨다.

♣ 복도나 계단에서는 조용하고 빠르게

이것은 직장 내에서 뿐만 아니라 방문처에서도 마찬가지다. 통로나 복도에서는 뛰거나 큰소리로 이야기하면서 걷지 말고 조용히 민첩하게 보행하는 것이 원칙이다.

복도에서는 상사를 앞지르거나 바로 앞을 가로질러 가서는 안 된다. 급한 용무가 있어 부득이 할 때에는 인사를 하고 지나가는 것이 매너이다. 복도가 좁은 경우에 상사와 만났을 때에는 일단 멈춰 서서 길을 양보해야 한다.

또한 먼 곳에서 큰소리로 상사에게 말을 거는 것은 삼가야 한다. 상사와 동행할 때는 상사의 좌측이나 뒤에서 걷는 것이 원칙이지만, 선도하는 경우는 앞서 걷더라도 상관없다.

남성과 여성이 동행할 때는 상하에 관계없이 남성 쪽이 여성의 걸음속도에 맞추어 걷도록 해야 한다. 계단을 오르고 내릴 때는 남성이 여성의 앞에서 오르고, 내려갈 때는 여성이 먼저 내려가는 것이 매너이다.

♣ 자동차와는 다른 엘리베이터에서의 매너

직장 사무실 빌딩내의 엘리베이터는 통로나 복도의 일부로 생각해야 할 것이다. 따라서 먼저 상사나 내객을 우선으로 하고 자사원끼리는 여성이 우선이다. 그리고 오르내릴 때의 매너는 승용차의 경우와는 다름을 명심해야 한다.

탈 때는 상위자가 먼저, 내릴 때는 상사나 내객을 우선으로 해야 한다. 엘리베이터 안에서는 들어가서 좌측 안이 상석으로 되어 있다. 단 이것은 비어 있는 경우이다. 동행자가 있어 어쩔 수 없고 혼잡한 엘리베이터를 이용할 때에는 하위자나 안내자가 먼저 타고, 상사나 내객이 뒤에 타게 되는 일이 없도록 주의한다.

방문처에서 엘리베이터를 이용할 때, 얼굴이 익숙치 않더라도 방문처 사원에 대해서는 윗사람으로 생각되는 사람이나, 여성을 우선으로 해야 하는 원칙은 자기 직장내의 경우와 같음을 명심해야 한다.

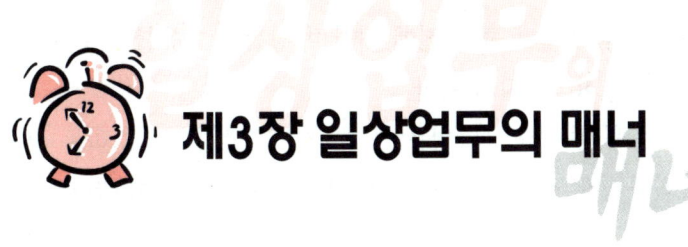

제3장 일상업무의 매너

직장생활은 업무의 연속이며, 업무 중에서도 날마다 하는 일상업무가 대부분이다. 일상업무도 그 조직의 업종이나 업태에 따라 다양하고, 또한 내근이나 외근 등 업무의 형태에 따라서도 각양각색이다. 그러나 어떤 업종, 어떤 형태라도 공통점이 있으며, 그 처리방법에도 공통하는 원칙이 있다. 그렇다면 그 공통점은 무엇이며 어떻게 처리하는 것이 좋을까? 이 장에서는 일상업무의 매너에 대해서 알아본다.

1. 근무를 위한 사전준비

♣ 출근 전에는 소지품을 확인하자

모든 일에는 사전준비가 필요하다. 전날 밤 취침 전에 복장준비를 해두는 것과 동시에 가지고 나가야 할 물건도 준비해 두고, 다음날 아침 출근 전에 그것을 확인하는 자세를 직장인의 일상습관으로 만들도록 한다.

이렇게 함으로써 출근 전에 시간적 정신적 여유를 가질 수 있고, 당일에 허둥대지 않는다.

소지품을 점검하는 방법은 자기 나름의 방법을 궁리하는 것이 바람직하지만, 예컨대 '휴손명신 만시돈수' 라는 것이 있다.

휴 – 휴대폰

손 – 손수건

명 – 명함

신 – 신분증

만 – 만년필이나 볼펜

시 – 시계

돈 – 신용카드와 잔돈

수 – 수첩

이런 식으로 점검하는 것도 한 가지 방법일 것이다.

♣ 일에는 반드시 책임자가 있다

정시에 늦지 않게 직장에 얼굴을 내밀고, 어떻게든 퇴근시간까지 있기만 하는 것이 근무의 전부가 아니며 일을 한 것도 아니다.

일에는 다양한 내용과 성질이 있으며 또 각각에 책임이 있다. 요컨대 주어진 일이 어떤 일이든 전력을 기울여 그것에 열중하고 확실하게 성취해 가지 않으면 안 된다.

이를 위해서는 책임감을 가질 필요가 있다. 예컨대 '사장 중역 부장 과장 계장 사원' 이라는 명령 지시계통과 같은 경우, 각 단계의 책임자는 단순히 기계적으로 명령·지시를 내리는 것만으로 그 책임이 완수되는 것은 아니다. 그 명령 또는 지시의 내용과 성질을 충분히 이해하고 판단한 다음에 각 단계로 넘어가지 않으면 안 된다.

그래서 그 명령이나 지시의 결과에 대해서 늘 파악하고 있어야 한다. 상부에 그것을 보고할 책임도 지기 때문이며, 그 경우 그 일을 실제로 담당케 한 부하에게 직접 보고하게 하는 것은 잘못이다.

자기 자신이 보고하지 않으면 책임은 다하지 않은 것이 된다. 그렇지 않으면 그 단계의 책임자의 존재이유가 없게 된다. 책임을 진다는 것은 가령 조직계통의 최말단의 직원일지라도 마찬가지다.

♣ 처음 하는 일은 먼저 생각해 본다

새로 입사했거나 배치전환으로 새로운 직무에 처했을 때, 그 일의 진행방법에 대한 요령이나 처리방법에 대해서는 먼저 어느 정도는 스스로 생각해 보아야 한다.

이를 위해서는 그 업무나 사례에 관한 종래의 관행이라든가, 사내규칙이나 처리규정 또는 참고서류도 훑어보고 스스로 조사하거나 연구해야 한다. 상사나 선배에게 묻는 것은 그런 다음의 일이다.

또한 평소부터 선배의 구체적인 업무 추진방법을 잘 관찰하고 배워두면 좋다. 그리고 스스로 연구하거나 조사한 것, 선배로부터 배워 익힌 것은 평상시 노트에 기록해 둘 것을 잊어서는 안 된다. 이렇게 하여 자기의 담당업무 내용이나 진행방법을 일단 몸에 익힐 수 있다고 하더라도 더 한층 노력을 계속해야 한다.

소속하는 직장전체와 자기 업무와의 관련, 그 외 전체로 볼 때 자기 업무가 차지하는 위치나 역할에 대해서도 정확하게 인식해야 한다. 이러한 노력을 거듭하여 매일 매일의 근무를 확실하고 충실한 것으로 만듦과 동시에 인간으로서의 자기계발에도 도움이 되도록 해야 한다.

♣ 업무의 진행방법에도 원칙이 있다

직장에 있어서의 일상적인 업무는 그 기업이나 조직의 업종과 업태에 의해서도 다양하고, 또한 내근이나 외근 등 그 업무형태에 따라서도 각양각색이다.

그러나 각 직장의 고유업무 외에 다음과 같은 일반적으로 공통되는 일상적인 업무를 들 수 있다.

① 회의를 위한 자료, 전표나 장부, 기타 각종 문서의 작성

② 자료나 문서의 정서, 타이프나 워드프로세서, 복사

③ 자료나 문서의 사내외 발송과 접수자료, 문서의 부내배포

④ 자료나 문서의 정리와 정돈

⑤ 비품이나 소모품의 청구와 구입

⑥ 전화에 의한 사내외와의 응대

⑦ 내객이나 방문자에 대한 응대

이처럼 일반적으로 공통하는 일상업무만이 아니라 직장인에게는 각각 하지 않으면 안 되는 업무가 있는데, 그 처리방법에도 공통하는 일반적인 원칙이 있다. 그것은 다음과 같은 비즈니스맨으로서의, 또 조직인으로서의 규칙도 있다.

① 그 기업 또는 조직의 목적이나 방침을 바르게 이해하고, 그것에 따라서 행동한다.

② 정해진 직무, 하지 않으면 안 되는 업무를 잘 이해하고 그것을 완전하게 달성한다.

③ 지휘명령 계통을 정확하게 지킨다.

④ 지시나 명령에 대해서 적시·적절·적확하게 보고한다.

⑤ 수직·수평의 연락을 빈틈없이 하고 팀워크를 꾀한다.

⑥ 업무에 대해서 적극적·창조적으로 몰두하고, 필요하다면 상사에게 의견도 제시한다.

2. 시간의 자기관리

♣ 근무시간은 자주적으로 관리한다

정해진 시간을 집무하는 것은 직장인으로서 당연한 것이지만, 그 시간을 어떻게 배분하고 맡은 일을 완수하는가는 자주적인 관리에 의해 해야 한다.

처리해야 할 기한으로 분류하자면 그날그날에 처리해야 할 일, 틀에 박힌 일, 매월이라든가 반년마다 하는 정례적인 일 또는 돌발적으로 발생한 긴급한 일 등이 있다.

어떤 일이든 정해진 시간을 자신의 처리능력과 효율적으로 맞추는 것이 시간의 자주적 관리라고 할 수 있다. 자주적 관리라고 하여 최근에는 업무시간을 가변적으로 실시하고 있는 기업도 있으며, 또 연구나 편집 등에 종사하는 특정한 직종인 경우에는 일정한 출근시간의 제약이 없는 경우도 있다.

그러나 그것은 그 기업이나 조직의 다른 부분이나, 관계를 맺고 있는 다른 기업이나 조직의 협력이 있음을 인식해 두어야 한다.

♣ 예정하고 기록하는데 수첩을 활용하자

업무의 시간관리로 그 효율적인 처리를 꾀하기 위해서는 수첩을 잘 활용해야 한다. 일을 정확하게 계획적으로 처리해 가기 위해서는 기억만으로는 무리한 일임은 말할 나위도 없다. 특히 일정이나 시간에 관계되는 업무계획이나 예정에 대해서는 기억에만 의존할 것이 아니라, 기록과 병용하는 쪽이 훨씬 정확해진다.

이를 위해서는 수첩을 많이 활용해야 할 것이다. 예정이나 계획과 그에 따른 필요사항을 기입할 뿐만 아니라, 그 예정이나 계획을 처리했을 때에도 바로 그 자리에서 결과나 내용의 기록도 가능하다. 따라서 직장인에게 있어서 수첩은 필수적인 소형무기라고 할 수 있다.

최근에는 다양한 기입스타일의 수첩이 시판되고 있으므로, 자기의 업무내용이나 처리방법에 따라서 폭넓게 선택할 수 있을 것이다.

종이수첩 대신 PDA(Personal Digital Assistant: 개인정보단말기) 등을 이용하는 것도 효과적이다. 전자수첩의 발전형인 PDA는 종이수첩보다 검색하기가 빠르고 편리하며, 용량에 제한이 없고, 일정이 있을 때마다 진동이나 알람으로 알려주므로 대단히 편리하다. 또한, PDA를 사용하면 다른 사람들에게 스마트 하다는 인상을 줄 수도 있다.

♣ 업무처리의 기준을 만들어 둔다

시간관리에 수첩을 활용하는 한편, 일은 조금이라도 빨리 처리하도록 한다. 비즈니스는 일에 쫓겨서도 안 되며, 일을 쫓아가도 안 되고, 항상 일을 리드해야 한다.

오늘 해야 할 일은 내일로 미루지 말고 오늘 중에, 내일 해야 할 일도 오늘 중에 처리해 버리는 쪽이 시간상 능률적이라고 할 수 있다.

그렇긴 하지만, 거래처와 협상하는 문제 등 일단 서로 의논하여 결정한 일정을 예정보다 앞당겨서 하는 것은 오히려 비능률적인 결과가 되는 경우도 있다. 그러나, 직장내의 사무적인 처리 등은 예정보다 빨리 추진하는 편이 훨씬 능률적이다.

이처럼 빠르고 정확하게 업무를 처리하기 위해서는, 일정한 양식이나 절차 등의 표준적인 기준을 만들어 두는 것이 좋다. 업무상의 실수를 막을 뿐만 아니라, 처리에 요하는 시간도 절약할 수 있고, 합리적인 업무가 가능해 진다.

♣ 휴식시간을 유효하게 활용한다

점심시간 등의 휴식시간을 직장인의 자유시간으로 착각해서는 안 된다. 취업규칙에 명기되어 있는 대로 업무를 시작하는 시간부터 끝나는 시간까지는 회사에 구속되는 시간이며, 그 중에 휴식시간이 포함되어 있다. 따라서 휴식시간도 어디까지나 근무의 연장선에 있음을 잘 인식해 두어야 한다.

휴식시간이라고 하더라도 책상 위에 발을 올리거나 의자를 붙여놓고 길게 드러눕거나, 외출해서 다방이나 오락실에서 시간을 초과해 버리는 따위는 허용되지 않는다.

그러므로 휴식시간은 가능한 한 유효하게 활용하는 것이 좋다. 점심시간에 동료끼리 바깥에 나가 점심을 먹고 식후에는 다방에서 서로 이야기하거나, 또는 공원 등을 산책하고 쇼핑을 하는 등 기분전환을 하는 것은 업무의 스트레스해소에도 유효하다.

그러나 휴식시간 중에 비록 밖에서일지라도 상사나 인사(人事)문제, 임금문제 등 회사를 비판하는 듯한 화제가 나올 때는 충분한 주의가 필요하다.

♣ 무료하게 보내는 시간은 휴식이 아니다

정해진 업무가 일단락되거나 급한 용건이 처리되었을 때, 다음에 해야 할 일을 바로 손댈 수 없는 성질의 것일 때, 업무가 잠시 중단되어 버린 때는 자기관리를 위한 시간으로 활용해야 한다.

그러나 상사나 선배, 동료가 바쁘게 일하고 있는데 자기는 이미 그날의 할당량을 다했다고 해서 차를 마시러 나가거나 업무에 관계없는 책이나 잡지를 읽거나, 개인용무의 전화를 거는 등 자기의 휴식시간으로 생각하고, 퇴근시간까지 시간을 허비하는 것은 곤란한 일이다.

이와 같은 남는 시간에 해야 할 일, 남는 시간이 아니면 할 수 없는 일이 있을 것이다. 예컨대 바빠서 하지 못했던 사무정리, 자기 업무에 관련된 규정이나 기준의 연구, 보다 효율적인 업무

처리 절차나 방법의 고안, 책상서랍이나 서류꽂이 등 자기의 집무환경의 정리 정돈, 다음에 해야 할 업무준비 등 해야 할 일은 얼마든지 있다. 또한 다른 바쁜 사람의 업무를 돕는 등 바로 떠오르는 것이 있을 것이다.

3. 회사용품의 취급

♣ 회사용품에는 공과 사를 구별한다

'이것은 비즈니스이고, 이것은 개인적인 일'이라고 분명하게 구분짓고 있다고 하더라도, 실제로는 자기의 물건은 소중히 하지만 회사물건은 소홀히 취급하는 사람이 있다.

회사의 물품을 소중히 다루어야 하는 것은 당연하지만, 그것을 개인적인 용도로 이용하는 것은 허용되지 않는다.

가령 볼펜 한 자루, 메모용지 한 장이라도 회사의 물건을 집으로 가져가서 개인용으로 쓰는 등 비록 사소한 것일지라도, 그런 일이 쌓여서 마침내 커다란 공사(公私)의 혼동을 불러일으키기 쉽다.

아무리 그 단가가 낮은 것일지라도 공적인 물건을 소홀히 다루는 것은 곤란하다. 조직 내의 개인이 모두가 그런 태도를 가지고 있다면, 전체적으로는 회사에 엄청난 비용의 손실을 끼치게 된다.

또한 이것은 단순히 회사의 비품이나 사무용품, 소모품의 취급방법만이 아니라 직장인으로서 당연히 가져야 할 원가의식으로 이어짐을 잊어서는 안 된다.

♣ 서류나 비품은 바르게 사용한다

장부나 전표, 서류 등은 그 취급담당자 개인의 물건이 아니므로, 담당자가 부재중일 때는 그 소재나 내용을 누구나 알 수 있을 만한 상태로 두어야 한다.

이를 위해서는 평소 정리정돈을 명심해 두면 비즈니스의 능률 향상으로도 이어진다. 정리정돈은 전표나 서류뿐만 아니라 신변을 정리해 두는 것도 직장인의 기본이라고 할 수 있다.

서류나 장부와 마찬가지로 공장이나 사무실의 공구나 사무용품, 비품류 따위는 자신만의 전용물이든 공용이든 그 사용과 정리·보관은 빈틈없이 해두어야 한다. 특히 사용 후나 사용하지 않을 때의 정리를 게을리 하면 공장 같은 장소에서는 생각지 못한 사고를 초래하기 쉽다.

또한 사무용품일지라도 칼이나 가위 등은 사용후 방치해 두거나 허술하게 사용하면 부상의 원인이 되는 수도 있다. 잉크병이나 스탬프 뚜껑을 열어둔 채 방치해 두면, 먼지가 쌓이고 휘발되어 사용하기 어려워지고 책상이나 서류를 더럽히는 원인이 될 것이다.

더구나 공용의 물건이나 다른 사람으로부터 빌린 물건인 경우에는 사용후에 반드시 소정의 위치에 비치하거나 빌린 사람에게 되돌려 주도록 한다. 이러한 사소한 것도 직장에서는 결코 무시해서는 안 된다. 다른 사람에게 폐를 끼치지 않도록 하기 위해서라도 명심할 일이다.

♣ 책상이나 의자는 개인물건이 아니다

책상 위에 집무하기 쉽도록 서류나 계산기 등을 잔뜩 펼쳐 놓았더라도, 퇴근할 때에는 반드시 아무 것도 올려져 있지 않도록 서랍이나 서류함에 넣어 두어야 한다.

이렇게 하기 위해서는 집무중인 책상 위의 서류는 항상 처리가 안 된 것만 놓아두고, 그날 처리해야 할 것은 그날 중에 마무리 짓고 치우는 습관을 들여야 할 것이다.

또한 책상 위에는 집무시간 중에 필요한 것만을 두어야 하며, 사진이나 마스코트 등 사적인 물건을 두지 않는 것이 좋다. 이것은 업무능률을 위해서일 뿐만 아니라 사무실의 기능과 미관적인 측면에서 보더라도 유의할 점이다.

더욱이 의자에 개인소유의 방석을 까는 것도 가능하면 피하는 것이 좋다. 굳이 사용하고자 한다면 화려하고 요란스러운 것이 아닌 수수한 색깔을 고르는 것이 좋다.

♣ 서랍 속은 평소에 정리를 해놓는다

겉에서 보이지는 않더라도 서랍 속은 늘 청결하게 정리해 두어야 한다. 책상 위를 가지런히 해둔답시고 모조리 서랍에 쑤셔 넣어 난잡하게 해버리면, 필요한 물건을 찾아서 꺼내기도 번거로워지고, 서랍이 꽉 차게 되어 더 이상 아무 것도 집어넣지 못하게 될 것이다.

아무리 일상업무가 바쁘더라도 한 달에 한 두 번 정도는 파기해야 할 것은 파기하고 꼭 보존해야 할 것은 보존하는 그 나름대로 정리를 하도록 한다.

보존해야 할 것은 그 내용에 따라서 서류함이나 정리함에 넣을 것과 서랍에 넣어둘 것을 구별하여 각각 정리한다. 이 경우, 서랍에는 가능한 한 사용빈도가 높은 것을 넣어야 하는데 인감이나 현금, 예금통장이나 중요한 서류 따위는 다른 방법으로 보관해야 할 것이다.

만일 분실이나 도난사건이 발생하면 자신만이 아니라 다른 사람에게도 폐를 끼치게 되며, 이것은 개인의 물건일지라도 마찬가지다.

♣ 사물함과 탈의실은 청결하게 사용한다

개인사물함이나 탈의실 등은 직접 비즈니스와는 관계가 없는 장소이지만, 어디까지나 직장의 일부이며, 또한 직장에서 대여받고 있음을 인식해야 한다. 공사의 구별을 명확히 하여 사용해야 할 것이다.

마치 헛간이나 쓰레기버리는 곳으로 착각하여, 더러워진 의복이나 다 낡은 구두 등을 넣어둔 채 방치하거나, 자택으로 가지고 돌아가야 할 것을 내팽개쳐 두어서는 안 된다.

책상서랍 속과 마찬가지로 버려야 할 것, 집으로 가져가야 할 것은 나름대로 처리하고 항상 청결에 주의한다. 사물함을 정리하거나 청소할 여유는 없으며, 그것으로 급료에 차이가 생기는 것도 아니니까 괜찮다고 생각하는 것은 잘못이다.

타인의 시선이 있는 곳에서는 열심히 잘하고, 눈에 잘 뜨이지 않는 곳에서는 게을리 한다는 것은 직장인으로서나 인간으로서도 문제가 아닐 수 없다.

4. 부하의 입장에서

♣ 상사의 부름이나 지시를 받았을 때

직장에서 상사로부터 이름이 불리워졌을 때는 꼭 "네!"라고 소리를 내어 대답해야 한다. 부름을 받고 시선만 상사를 향하여 얼굴을 들고 말없이 고개를 끄덕이는 것은 상사에 대한 예의가 아니며, 상식에 어긋남을 명심해야 한다.

직장에서 이름을 부르는 것은 반드시 업무에 관한 지시나 명령이 있는 경우이므로, 자리에 앉아 있을 때는 "네!"라고 대답하고 꼭 자리에서 일어서야 한다.

줄곧 얼굴을 마주 대하고 있는 상사라면 별개라고 하더라도 다른 상사로부터 호명되었다면 반드시 일단 자리에서 일어서서 인사를 하고 허락을 얻고 나서 앉는다.

또한 같은 "네!"라는 대답이라도 말하는 방법이나 얼굴의 표정에서 일에 대한 의욕의 정도가 나타나기 마련이므로 또렷하고 기분 좋게 대답해야 한다. "예엣?"이라든가 "네?" 또는 "예,

예."라고 대답하는 것은 직장에서는 잘못된 것이다.

상사로부터 호명을 받고 복잡한 지시나 명령이 있을 것으로 생각될 때는 반드시 메모용지와 펜을 준비하도록 한다. 그리고 어떤 지시나 명령일지라도 적극적으로 받을 일이다.

만일 그 지시나 명령에 의문이나 이의가 있는 경우에는 도중에서 상사의 이야기를 가로막지 말고, 한 차례 설명이 끝난 시점에서 납득이 갈 때까지 질문하거나 이의를 제기하거나 해야 한다.

또한 자신에게 있어서 어렵게 생각되는 내용의 지시나 명령일지라도 결코 부정적인 태도를 취해서는 안 된다. 자신에게 있어서 가능한 방법을 적극적으로 생각하거나 상사의 조언을 구하여 어떻게든 노력해 보는 것이 중요하다. 이 노력의 축적이 자기의 경험과 실력이 됨을 알아야 한다.

이렇게 하여 지시나 명령을 받으면 반드시 그 요점을 복창하고, 상사가 의도하는 바를 정확하고 충분하게 이해했는지 어떤지 확인해야 함은 당연하다.

♣ 상사의 주의나 질책에 감사하라

업무상 주의나 질책을 받을만한 실수를 해버렸을 때는 상사 쪽에서 그것을 말하기 전에 먼저 스스로 솔직하게 사과하고 반성해야 한다.

실수를 감추려고 하거나 보고하지 않고 있다가, 상사 쪽에서 그것을 지적했을 경우에 변명이나 구실을 대거나 반발, 불복하는 것은 옳지 못한 태도이다.

상사가 주의를 주거나 질책을 하는 것은 상사로서의 경험과 높은 곳에서 보는 그 나름대로의 이유가 있고, 그 외에도 부하를 지도하고 교육하고자 하는 열의를 갖고 있기 때문이다.

이것을 이해하지 못하고 단지 감정적으로 반발하거나, '사과하면 괜찮겠지'라고 안일하게 생각해서는 그 일의 실수는 결코 해결되지 않는다.

그 뿐만 아니라 상사는 점점 주의를 주거나 질책해 주지 않게 될 것이며, 동료를 위시하여 직장내에서의 자기평가도 내려갈 것이다. 따라서 주의나 질책을 받았을 때는 그것을 질타격려하는 것으로 받아들이고 적극적으로 자기의 양식으로 만들어야 한다.

더욱이 상사의 지적이 잘못된 생각이나 착각에 의한 오해였을 때, 부하는 상사를 비난하거나 그것보라는 식으로 기고만장한 태도를 취해서는 안 된다.

자신에게 잘못이 없음을 확실하게 설명해 둠과 동시에, 그와 같은 오해를 초래했을 때에는 오히려 자신에게 불명료하거나 불명확한 점이 있었던 것은 아닌지 반성해보아야 한다.

♣ 충고는 할 때나 받을 때도 솔직하게

남에게 충고나 권고, 고언(苦言)을 할 때에는 같은 직장의 동료끼리이든, 또는 연장자나 아랫사람에 대해서도 자기의견을 진심으로 성의를 담아서, 예의를 잃지 않도록 해야 한다.

그렇지 않으면 그것은 단지 상대에게 상처를 입히거나 반감을 초래하는 정도로 끝날 것이다. 누구나 자신의 아픈 곳이나 잘못을 지적받는 것은 유쾌하지 않기 때문에, 충고나 고언은 그것을 할 시기나 방법을 잘 생각한 다음에 해야 할 것이다.

제삼자가 있는 장소나 많은 사람들의 면전에서 충고나 권고를 하는 것은 누구나 체면이나 자존심이 있으므로, 반감을 초래하거나 사이가 나빠지는 결과를 낳기 쉽다.

어떤 충고나 고언일지라도 상대의 입장을 충분히 생각한 다음에 해야 한다.

또한 자신이 충고나 고언을 받을 경우는 그것이 상대의 참된 우정이나 호의에서 나온 솔직한 말로써 진지하게 귀를 기울여야 한다. 그리고 그 내용과 의미를 오해해선 안 되며, 결코 구애되어서도 안 된다.

♣ 불평 불만을 용수철로 삼아라

비즈니스 사회뿐만 아니라 만족할 수 있는 처우라는 것은 세상 어디에서도 찾을 수 없는 것인지도 모른다. 또한 그것은 단순히 사고방식에 지나지 않을 수도 있지만, 누구나 정도의 차이는 있더라도 불평이나 불만은 갖고 있기 마련이다.

자기는 '이렇게 영업실적을 올리고 있는데', '이렇게 실력도 경험도 갖고 있는데' 라는 따위의 푸념을 자기 혼자서 늘어놓는 것은 스트레스의 원인이 된다.

또한 '저 사람은 빈둥거리고만 있는데, 요령좋게 돌아다니고 과장의 평판도 좋다' 는 등 그 동료만이 아니라 과장에게까지 자신의 불만을 전가하고, 스스로 직장을 불유쾌한 장소로 만들어 근무의욕을 저해하는 것은 결과적으로 스스로를 불우하게 만들 뿐이다.

마치 행복해지기 위해서는 불행하지 않으면 안 된다고 생각하듯이, 스스로 불행해질 필요는 없지 않은가? 오히려 불평불만을 용수철로 삼아 그것을 자기향상에의 노력으로 전환하는 계기로 삼아야 한다.

♣ 약속과 비밀은 반드시 지켜라

약속은 반드시 지켜져야 하며, 또한 약속을 지키는 것이 어렵다는 것도, 그리고 약속을 일단 깨버리면 상대와의 신뢰관계를 회복하기 곤란함도 우리는 잘 알고 있다. 따라서 직장인으로서 신뢰를 얻으려면 결코 경솔하게 약속해서는 안 된다.

그러나 일단 약속한 일이나 떠맡은 일은 아무리 곤란한 일이 있더라도 반드시 실행하고 완수하지 않으면 안 된다.

또한 직장인에게는 동료간의 개인적인 비밀이야기 따위에 대해서 만이 아니라, 조직의 비밀사항을 지켜야 할 의무가 있다. 어떤 조직에도 그 기술이나 거래, 또 인사(人事)라든가 경리 등 공표해서는 안 되는 비밀사항이 있을 것이다. 이것은 공무원이나 의사나 변호사도 마찬가지다.

이와 같은 비밀을 지키지 못하는 직장인은 동료의 신뢰도 얻지 못하며, 회사로부터도 중요한 일이 부과되지 않음은 당연한 결과이다.

5. 보고와 문서작성

♣ 보고는 판단의 기초가 된다

보고는 기업에 있어서 그 경영상의 판단의 기초가 되는 중요한 의미와 요소를 갖고 있다. 물론 그 중요도는 각 보고에 따라서 다르겠지만, 보고자의 생각으로 중요도가 결정되는 것이 아니라 보고를 받는 사람이 판단해야 하는 문제이다.

따라서 보고는 먼저 정확해야 하고, 그 위에 객관성과 시기성이 뒷받침되어 있지 않으면 안 된다. 부정확하고 독단적이며 시의조차 잃은 보고는 무의미한 혼란을 초래할 뿐이기 때문이다.

지시나 명령을 상사로부터 받았을 때, 그것에 따라서 행동한 부하는 그 결과를 반드시 상사에게 보고하는 것이 원칙이다. 만일 그 지시나 명령에 의한 행동이 장기간에 걸쳐서 해야 할 일이라면 중간보고를 할 필요가 있다.

또한 보고는 구두로 해야 하는지, 보고서로써 정리해야 하는지는 상사의 지정에 의해서 구별하지 않으면 안 되는데, 그 지시나 명령의 내용에 따라서 보고자 자신이 판단해야 할 경우도 있을 것이다.

어떤 형식에 의하든 보고는 먼저 결론을 말하고 나서 다음으로 그 원인과 경과설명을 추가하도록 해야 한다. 보고를 받는 상사는 판단하고 다음 대응을 고려하거나 즉각 손을 써야 하므로, 장황하게 경과 설명을 하거나 보고자 자신의 감상을 서술하여 결과적으로 결론이 없다면 그것은 보고가 아님을 알아야 한다.

♣ 보고서는 결론부터 쓴다

상사로부터의 지시나 명령에 의해서 보고서를 정리할 경우, 그 목적을 정확하게 완수하기 위해서는 다음 포인트를 파악해 두어야 한다.

① 보고서는 문서이므로 그 규칙대로 표제, 수신처, 제출연월일, 제출자명을 명기할 것.

② 표제는 그 보고서의 목적을 명확하게 표현할 것.

③ 먼저 결론 부분을 쓸 것.

④ 본문이나 설명 부분에는 적당히 소표제를 붙여 읽기 쉽게 할 것.

⑤ 인용할 필요가 있는 테마 등에는 반드시 출처를 명기하되, 가능하면 그림이나 표로 정리할 것.

⑥ 장문에 이르는 경우에는 간결하게 요약을 하고, 머리부분인 결론부분 다음에 삽입할 것.

♣ 업무정보의 기록서류로써의 문서

직장인이 일상업무에서 취급하는 문서에는 다음과 같은 것이 있다.

① 청원문서 - 업무상 필요한 사항에 대해서, 회사로서의 의사결정을 하기 위한 것.

② 왕복문서 - 통지, 의뢰, 회답, 조회 등을 위해 사내외의 관련부서에 보내고 다시 되돌려 받는 것.

③ 자　료 – 업무중 특별히 사무효율화를 꾀하여 정형화된 것. 이밖에 팩스문서 따위도 포함되겠지만, 어느 것이든 업무를 진행하는데 있어서 필요한 정보기록임은 어떤 기업이나 조직에서도 공통된다. 회사전체의 의사, 업무처리조건, 처리한 결과에 대한 보고 따위의 정보를 정확하게 전달하고, 또한 다음 업무, 장래의 일을 위해 문서라는 형태로 처리하고 정리보관하는 것이 문서업무임을 이해해 두어야 한다.

♣ 취급업무의 기본 규칙을 알라

문서취급업무로서는 작성업무, 발송·수신업무, 정리·보관업무로 대별할 수 있다. 이런 취급업무를 하는데 있어서 다음과 같은 기본적 규칙만큼은 잘 알아두어야 한다. 문서취급업무는 어떤 직장에 있어서나 대단히 큰 비중을 차지하고 있기 때문이다.

① 정　확 – 내용에 잘못이 없어야 함이 첫째 원칙이다. 요컨대 전달해야 할 사항의 내용이 정확하게 상대에게 전달되지 않으면 문서의 역할을 다 할 수 없게 된다.

② 신　속 – 내용에 있어서나 받는 측·보내는 측에 있어서 신속하고 시기적절할 것

③ 기밀유지 – 문서의 내용은 단순히 한 직장 내에만 그치지 않고, 조직의 전체적인 입장에서 중요한 정보이므로 그것이 새지 않도록 해야 한다.

♣ 누구나 알 수 있는 방법으로 작성한다

문서를 작성할 때에는 회사나 조직 각각에 따라 정해진 서식이나 문서작성 기준 등이 있을 것이다. 그러나 어떤 규칙이 있더라도 직장인으로서는 공통하는 기본 규칙을 명심해 두어야 한다.

① 문 자 – 한글을 전용하고 한자나 영어 등은 괄호 속에 넣는 것이 원칙이다. 오자가 없도록 한다. 자신이 없을 때는 반드시 사전을 찾는다. 또한 달필이기보다 읽기 쉽게, 숫자는 특히 혼동되지 않도록 명확하게 쓴다.

② 문 장 – 복잡한 사항이라도 가능한 한 간결한 용어와 표현을 쓰고 누구나 알기 쉽게 쓴다.

③ 점 검 – 다 쓴 다음, 오자나 탈자, 문장의 연결, 숫자 따위에 주의하면서 세심히 다시 읽는다. 동시에 날짜, 문서번호, 수신명, 제출자 또는 부서명, 그리고 회사의 직인이나 관인 등, 정해진 문서작성 기준에 대해서도 확인한다.

그 외에 일반적으로 문서는 특별한 경우를 제외하고 왼쪽에서부터 가로로 써 가는 것이 보통이다. 따라서 숫자는 아라비아 숫자를 사용한다. 또한 정서할 때에는 원고에 충실하게 쓰는 것이 원칙이다.

그러나 분명한 잘못이 있거나 불명확한 부분이 있으면 자신의 판단으로 처리하지 말고, 반드시 원고작성자에게 직접 확인하는 것이 원칙이다. 그리고 정서가 대충 끝나면 원고대로 되어 있는지 어떤지를 확인해야 한다.

6. 전화를 걸고 받는 법

♣ 보이지 않으므로 더욱 신속정확하게

전화에서의 응대와 직접 대화할 때의 응대와의 가장 큰 차이는 상대의 얼굴이 보이지 않는다는 점에 있다. 따라서 어떤 용건에 대한 응답이건 먼저 다음 사항만큼은 유의해야 한다.

① 정확한 말로 명료하게 이야기할 것. 특히 동음이의어(同音異義語)나 유사음어 등, 틀리기 쉽고 혼동되기 쉬운 말을 사용할 경우에는 그때마다 확인한다.

② 경어나 용어에는 그 사용법에 주의를 기울인다.

③ 응답하면서 요점은 메모하고 복창하여 확인한다.

④ 자기 목소리의 리듬에 신경을 쓰고 또한 상대의 이야기에는 적시에 적절한 말대답을 한다.

⑤ 직접 면접했을 때도 그렇지만 특히 전화인 경우에는 시간에 제한이 있음을 잊어서는 안 된다.

♣ 걸 때는 간결하게 말한다

비즈니스로서 전화를 걸 때는 신속해야 함은 물론이지만, 이를 위해서는 용건을 간결하고 정확하게 전해야 한다.

① 걸기 전에 준비한다.

· 상대방의 전화번호, 회사명, 성명을 조사하고 확인한다.

· 이야기할 요점과 질문할 요점을 메모한다.

· 응답중에 사용할 메모용지와 펜을 준비한다.

· 필요한 자료와 서류를 준비한다.

· 상대의 상황을 고려하여 거는 시각을 정한다.

· 통화가 길어질 것으로 예측될 때, 또는 장거리전화일 때는 시간이나 통화요금도 생각하여 특별히 잘 준비한다.

② 버튼을 눌러 전화를 건다.

· 왼손으로 수화기를 들고 신호음을 확인한다.

· 오른손 집게손가락으로 숫자버튼을 눌러서 전화를 건다.

· 도중에 사이를 두지 말고 계속해서 번호를 끝까지 누른다.

③ 상대가 나왔을 때

· 이쪽의 회사명, 소속, 성명을 먼저 밝힌다. 목적하는 상대가 직접 나오지 않을 경우는 그 상대의 소속, 성명을 알리고 호출한다.

· 상대가 나오면 상냥하고 간단하게 인사를 한다.

· 상대가 바쁜 것 같으면 이쪽이 급하더라도 요점만 간결하게 말하고 다음에 다시 걸도록 한다.

· 전화가 잘못 걸렸을 때는 사과의 말을 덧붙인 후 상대가 끊고 나서 수화기를 놓는다.

④ 용건에 들어간다.

· 몇 가지 용건이 있는 경우에는 먼저 용건의 명칭만 알리고, 설명은 나중에 한다.

· 용건의 내용이 복잡할 경우에는 대략적으로 서술을 끝내고나서 요지를 반복한다.

· 도중에 전화가 끊겼을 때는 곧바로 이쪽에서 다시 건다.

· 상대의 목소리가 알아듣기 어려울 때는 곧장 그 사실을 알린다.

⑤ 전화를 끊을 때

· 용건이 끝났다면 인사를 한다.

· 인사가 끝나고 잠깐 사이(2~3초)를 두고 건 쪽이 먼저 끊는다.

· 상대가 손윗사람이거나 상위자인 경우는 상대가 끊고 나서 수화기를 놓는다.

혹시 상대가 무례하더라도 이쪽은 정중하게 응대해야 한다. 이쪽의 상사의 이름을 댈 때는 경칭을 붙이지 말고, 도중에 이쪽의 내부자와 이야기할 때는 수화기를 손으로 막을 것 등을 유의한다. 이것은 이쪽에서 건 경우거나 걸려온 경우라도 마찬가지다.

♣ 걸려왔을 때는 신속 정확하게 응답을 한다.

① 벨이 울리면 즉시 받는다.

· 적어도 벨이 두 번 울릴 때까지는 수화기를 든다.

· 벨이 세 번 이상 울리고 나서 받았을 경우에는 한 마디 덧붙이도록 한다.

② 쌍방을 확인한다.

· 먼저 전화를 받은 쪽에서 이름을 댄다.

"예, 과(소속명)입니다."

· 직통인 경우에는 회사명과 소속명, 그리고 받은 사람의

이름을 댄다.

· 이어서 상대를 확인한다.

　"죄송합니다만, ○○○ 계십니까?"

· 걸려오는 빈도가 높은 상대일 때는 회사명이나 그 사람
의 이름을 잘 기억해 두어야 한다.

③ 인사를 한다.

· 친절함을 담아서 간단하게 인사한다.

· 오전중이면 "좋은 아침입니다"하고 인사를 한다.

④ 용건을 묻는다.

· 인사가 끝나도 상대가 곧바로 용건으로 들어가지 않을
듯하면 이쪽에서 재촉해 본다.

　"실례입니다만, 어떤 용건이십니까?"

· 상대가 용건을 끄집어내면 정확하게 듣도록 유의하고 적
절하게 맞장구치면서 용건의 요점, 숫자, 일시, 장소 따
위를 메모한다.

· 알아듣기 어려울 때나 의미를 잘 알 수 없을 때는 바로
그 뜻을 알리도록 한다.

　"약간 전화감이 먼 것 같습니다."

　"죄송합니다만 다시 한번 가르쳐 주셨으면 합니다."

· 용건을 다 들었으면 요점을 복창하고 확인한다.

⑤ 끝인사를 한다.

　"잘 알겠습니다. 감사합니다."

⑥ 전화를 끊는다.

· 인사가 끝나면 상대가 끊는 것을 기다려 수화기를 놓는

다.

· 상대가 손윗사람이거나 상위자인 경우는 이쪽에서 걸었
을 때라도 상대가 끊기 전에 이쪽이 먼저 끊어서는 안 된
다.

⑦ 사후 처리를 한다.

· 전화를 끊으면 바로 그 용건에 대한 처리를 한다. 이것을
게을리 하면 전화를 제대로 받지 않은 것과 같다.

♣ 중개역이나 전언의 처리는 정중하게

① 지명된 전화의 중개인 경우

· 누구에게서 누구에게로 걸려왔는가를 확인하고 나서, 지
명인에게 정확하고 정중하게 수화기를 건네준다.

· 지명된 사람이 즉시 전화를 받을 수 없을 때에는 그 이유
를 간결하게 전한다.

"방금 자리를 비우셨는데, 즉시 불러오겠습니다."

"죄송합니다만 잠시만 기다려 주셨으면 합니다. 괜찮으
시겠습니까?"

② 지명인이 부재중인 경우

· 부재중인 이유를 알리고 상대의 형편이나 의향을 확인
한다.

· 대리자라도 좋은지 확인한 다음 대리자에게 바꿔준다.

"죄송합니다만 지금 회의중입니다. 대리자는 어떻겠습
니까?"

· 다시 걸어주도록 부탁할 때에는 지명인이 자리에 있을

시간을 알려준다.

"○○는 ○시에 돌아옵니다. 그때 다시 한번 전화해 주시겠습니까?"

· 지명인에게 전화를 걸도록 할 때에는 상대방의 회사명, 소속, 성명, 전화번호 등을 확인한다.

"공교롭게도 그분(지명인)은 지금 자리에 없습니다. 돌아오는 대로 이쪽에서 전화하도록 할까요?"

"실례합니다만 (지명인)이 전화번호를 알고 있을까요?"

· 상대방의 직장명, 소속, 성명, 전화번호 등을 정확하게 메모하고, 대신 전화를 받은 자기 이름을 확실하게 전한다.

· 지명인에게 건네줄 메모에는 전화를 받은 일시와 받은 사람 본인의 이름을 명기하여 확실하게 건네준다.

③ 지명인에게 전언이 있는 경우

· 전언을 의뢰받을 경우에는 적극적으로 받는다.

"괜찮으시다면 대신해서 용건을 받아 두겠습니다."

"공교롭게도 그분(지명인)은 회의중입니다. 용건을 전해 듣도록 부탁을 받았습니다."

· 전언의 내용이 애매하거나 필요한 사항이 빠져 있다고 판단되었을 때는 분명하게 물어서 확인한다.

· 전언을 받으면 받은 사람은 자신의 이름을 분명하게 상대방에게 전한다.

· 전언의 요점을 정확하게 메모해 두고, 지명인에게는 메모를 건네든가 구두로 확실하게 전한다.

♣ 지명이 없는 전화를 계속 돌리지 말라

특별히 지명이 없는 전화를 받았을 때에는 그 용건의 내용을 정확하게 듣고 자신이 처리할 수 있는지 어떤지, 또는 다른 사람에게 돌릴지 어떨지를 즉각 명확하게 판단해야 한다. 대신할 만한 적절한 사람을 고려하지 않고 안이하게 바꿔주어, 결국 뻥뻥이를 돌리게 되지 않도록 특별히 주의해야 한다.

스스로 처리할 수 없다고 판단했을 때나 용건의 의미를 잘 알수 없을 때는, 그런 사정을 상대방에게 알리고 처리할 수 있는 사람, 그 용건에 대해서 아는 사람에게 바로 바꿔준다.

"담당자를 바꿔 드리겠습니다. 잠시만 기다려 주십시오."

"죄송합니다만, 저의 담당업무가 아니므로 담당자를 바꿔 드리겠습니다."

바꾸기 전에 그때까지 들은 용건의 내용을 이와 같이 정확하고 요령있게 담당자에게 전한다.

7. 외출과 출장

♣ 외출에는 출처를 명확하게 밝힌다

장시간이든 단시간이든 직장의 책상을 비우고 외출할 때에는 반드시 자기의 소재를 명확하게 해 두어야 한다.

직장인이 평소에 소재를 명확하게 하는 것은 그것이 규칙이나 규정이라고 하기 이전에 상식이며 매너라고 할 수 있다. 회사나 직장에 따라서 업무상 외출할 때, 또는 개인용무의 외출일지라도 각각 구체적인 수속이 있을 것이다.

그러나 단순히 행선지만을 동료에게 알려두는 것으로는, 그것이 그 직장에서의 관습이라고 하더라도 경우에 따라서는 무단외출과 같은 결과가 된다. 행선지나 방문처와 함께 반드시 그 전화번호와 만날 사람정도는 알 수 있도록 해두어야 한다. 외출중에 사내로부터 긴급한 용건으로 전화가 걸려왔을 경우를 생각해 보면 잘 알 수 있을 것이다.

이를 위해서도 외출처가 여러 곳에 걸쳐 있을 때는 그 방문순서와 예정시간을 가능한 한 명확하게 해두어야 한다. 또한 특히 처음 가는 방문처인 경우에는 교통기관이나 소요시간, 약도 등을 자세히 조사하고 나서 나가야 함은 당연하다.

♣ 출장 중에 예정된 행동은 명시해 둔다

국내출장이나 국외출장시, 부재중일 직장에 대한 처리는 물론, 담당할 직무에 대해서도 외출의 경우와 마찬가지로 각 직장마다 수속이나 규정이 있다. 단, 단순한 외출의 경우와는 달리 장기에 걸친 경우가 많으므로 그 만큼 엄밀하게 되어 있는 것이 보통이다.

출장의 목적과 내용, 방문처의 소재지와 전화번호, 방문처에서 면회할 상대의 소속과 성명, 또 방문일정이나 예정시간, 숙박지의 호텔명과 전화번호, 그리고 출장중의 긴급연락방법 등 사전에 가능한 한 문서로 해두는 쪽이 좋다.

이런 사항을 직속상사나 특히 그 출장을 지시한 상사에게 명시해 두는 것은 직장인으로서는 당연한 의무이다. 부재중인 직장의 동료에 대해서도 역시 가능한 한 상세히 알려두는 것이 매너이다.

♣ 직장 밖에서의 시간은 자주적 관리를

출장이건 외출이건, 아무튼 직장 밖에서 업무를 수행할 경우, 직장인에게는 시간의 자주적 관리가 필요하게 된다. 그것은 방문처에서 상대와 면회하고 용건을 처리하는 시간은 물론, 다음 방문처로 향하는 이동시간, 또는 다음 약속까지의 기다리는 시간도 포함된다.

외출 중이거나 출장 중인 스케줄은 더욱 능률적으로 짜지 않으면 안 되는 것은 당연하지만 어디까지가 비즈니스 시간이고, 어디까지가 개인적인 시간인가가 구분 짓지 않은 경우가 종종 생긴다.

출장시 숙박하는 호텔방에서 취침 전에 그날 끝낸 거래 등의 서류정리를 하는 수도 있을 것이다. 또한 오랜 시간 외출 중이더라도 다방에서 멍청히 시간을 허비하는 경우도 있다.

그러나 이런 경우 호텔에서 밤에 서류정리를 하는 것은 잔업이고 낮에 다방에서 보낸 시간은 휴식시간이라는 식의 시비는 한 마디로 논하기 어렵다. 잔업이건 휴식이건 명령·지시된 용건을 완수하기만 하면 된다는 사고방식이 적합한지에 대해서도 역시 일률적으로는 정하기 어려운 문제이다.

어느 쪽이든 이런 사항은 가능한 한 신입직원시절에 직장 선배들로부터 그 자주관리의 방법이나 사고방식에 대해서 들어두었으면 한다. 그리고 그것을 참고로 하여 문자 그대로 자주적으로 시간관리를 해야 한다.

♣ 출장시에는 상대방과 사전협의를 한다

방문처인 거래회사나 자사의 지점이라든가 영업소 등에 대해서는 그 출장목적이나 준비해 두어야 할 사항들에 대해서는 사전에 연락을 취하고 충분한 타협을 해두어야 한다.

그것은 출장목적인 업무상의 사항뿐만 아니라, 배차라든가 숙박할 곳이라든가, 끝으로는 밤의 접대까지 상대방에게 폐를 끼치지 않기 위해서도 필요할 것이다.

숙박할 호텔이나 여관에 대해서는 가능한 한 자기 쪽에서 예약하도록 만전의 준비를 해두어야 한다. 어김없이 자사에서 출장여비가 나와 있더라도 상대방과의 입장에서 자기 쪽이 우위에 있거나, 먼 거리로 출장을 간다고 해서, 숙박비나 귀로의 교통비를 상대방에게 부담시키는 일이 있어서는 안 된다.

8. 교통수단을 탈 때와 숙박

♣ 상사와 여성을 우선한다

단독으로 탈 것을 이용할 경우라도 당연히 지켜야 할 매너는 있지만, 특히 상사나 거래처 사람들과 동승할 때의 좌석과 승강 순위에 대해 주의가 요망된다.

원칙적으로 손윗사람이나 상위자, 그리고 여성을 우선함을 염두에 두고 있으면 실수는 그만큼 줄어든다. 더욱이 탈 것에서는 좌석과 승강 순위만 지키면 그것으로 된다는 것은 물론 아니다.

차 속이나 항공기내에서의 사회인으로서의 매너는 비즈니스의 경우에도 하등 다른 점이 없다.

♣ 승용차의 최상위석은 운전자의 옆좌석 뒤

자가용 승용차건 택시이건 운전기사가 타고 있는 경우에는 운전자의 옆자리 바로 뒤 창가의 좌석이 최상위자가 앉아야 할 곳이 된다.

다음 지위의 자리는 운전자 뒷좌석 도어의 창 쪽, 그 다음 지위는 두 사람의 한 가운데, 그리고 운전자의 옆이 말석의 순위이다. 운전자를 제외하고 네 사람이 승차할 때는 위의 순위가 되지만, 세 사람인 경우는 최하위자는 운전석의 옆에 앉는 것이 매너이다.

승차시(乘車時)의 순서는 먼저 상위자가 타고, 다음으로 그 좌측옆에 앉는 제3위의 사람, 그리고 창측에 앉는 제2위자, 마지막으로 운전자의 옆에 최하위자가 타는 것이 순서가 된다.

하차(下車)할 경우는 승차의 경우와 반대의 순서인데, 먼저 내린 하위자는 뒷자리의 문을 열고 서서 최상위자가 내릴 때까지 기다리는 것이 매너이다.

더욱이, 다른 회사의 차를 타게 될 때에는 비록 자사(自社)가 그 회사의 손님입장에 있더라도 상대가 권하지 않는 한 제일 먼저 타는 것은 매너에 위배된다.

또한 여성과 동승할 경우에는 상위·하위를 불문하고 먼저 여성을 승차시키고, 남성은 그 좌측자리에 앉는다. 내릴 때는 당연히 남성이 먼저 내리고 여성이 내릴 때까지 기다리는 것이 매너이다.

♣ 열차 버스 항공기는 창측이 상석

승용차의 경우와 마찬가지로 대형차량이라든가 항공기에서도 창측이 상석으로 되어 있다. 단, 항공기 이외에는 같은 창가라도 차량진행방향으로 오른쪽 뒤의 좌석이 최상위가 된다.

4인용 좌석의 경우에는 최상위자와 마주 향하는 자리가 제2위, 최상위자의 옆 통로 쪽이 제3위, 그 맞은편측이 가장 말석이 된다. 6인용이라면 승용차의 3인용인 경우와 마찬가지로 세 사람중 한 가운데가 하위자, 그 맞은편, 즉 차량의 진행방향과 역방향의 한 가운데가 최하위자의 좌석이 된다.

그러나 창 쪽보다도 통로 쪽이 편하다는 상위자가 있을지도 모르므로, 의향을 물은 다음 통로 쪽에 앉도록 해야 할 것이다. 더욱이 자가용 비행기도 아닌 한 항공기 좌석의 상위·하위는 정하기 어려운데, 가능한 한 상위자를 창측에 앉게 하는 것이 매너이긴 하지만, 역시 상위자의 의향을 물어 가운데나 통로 쪽으로 정하도록 해야 할 것이다.

그 외에 일반적으로는 열차·전차에서는 차량 중앙일수록 상석이며, 버스는 운전자에게 가까울수록 상석이 되고 있음도 알아두어야 한다.

♣ 숙박처는 꼭 예약을 해 둔다

직장인이 업무형편으로 숙박하지 안 되면 안 되는 것은 숙직이나 잔업의 경우도 있지만 출장시의 일을 기록해 둔다. 숙박할 때는 출장지 상대방과의 사전연락과 의논에 병행하여 숙박처의 예약 등을 해두어야 할 것이다.

숙박처로서는 일반 호텔이나 여관, 또는 자사가 갖춘 연수나 휴양시설, 계약시설 등이 이용대상이 될 것이다. 또한 사정에 따라서는 출장처의 상대방에게 적당한 곳을 소개받든가 예약해 두는 수도 있을 것이다.

어느 곳에 숙박하더라도 출장일정이 확정되는 대로 가능한 한 빨리 도착하여 출발, 일자, 식사 등에 대해서 신청해두도록 한다. 당일이 되어서 예약내용을 변경하거나 취소하면 여러 가지 트러블의 원인이 되고, 출장업무 그 자체에도 영향을 미치게 되는 수도 있기 때문이다.

♣ 호텔은 효율적으로 이용하라

출장시 호텔에서 숙박할 때에는 그 호텔을 효율적으로 이용해야 한다. 먼저 예약할 때 싱글베드룸, 트윈베드룸, 더블베드룸의 구별을 확인해 둘 일이다. 방값의 고저는 서비스의 좋고 나쁨과 관계가 없으므로 불필요한 비용을 지출할 필요가 없다.

또한 방을 확인할 때, 목욕탕이 붙어 있는지 어떤지도 확인해 둔다. 목욕탕에 빨래를 말리는 로프가 처져 있는 호텔도 있는데, 손수건이나 양말 따위의 작은 물건정도는 세탁해도 매너에 어긋나는 것은 아니다.

방안에는 방문자가 들어가지 않는 것이 규칙이므로 호텔내의 로비나 커피숍, 식당 등을 이용하여 응접이나 상담의 장소로 하는 것이 좋다.

또한 체크아웃하고 난 후라도 다음 행동으로 옮기기 전에 시간적인 여유가 있으면 로비에서 수첩정리나 서류점검정도는 가능하므로, 약간의 시간으로 추가요금을 지불하지 않아도 된다.

여행지에서는 잔돈준비가 어렵기 마련이므로 호텔 캐셔에서 바꾸면 외출하여 불필요한 쇼핑 따위를 할 필요가 없게 된다.

또한 호텔에 따라서는 항공기나 열차 등의 표를 준비해 주는 곳도 있으므로 이용하면 편리하다. 나라에 따라서는 상황이 다른 곳도 있으므로 해외출장일 때에는 경험있는 상사나 선배에게 물어 출발 전에 충분히 조사해 두어야 한다.

♣ 숙박을 가정적으로 하고 싶다면

여관이 호텔과 다른 것은 건물이나 방의 차이만이 아니라 서비스면에 있다고 할 수 있다. 호텔의 경우는 부탁만 하면 매우 비즈니스적으로 해주지만, 여관의 경우는 부탁하지 않더라도 가정적으로 보살펴 주기 때문이다.

비즈니스상의 출장여행인 경우, 여관에서 머무는 것을 성가시다고 생각하는 사람이나, 식사가 불필요한 잠만 자는 경우에는 오히려 비즈니스 호텔 쪽이 이용하기 좋다.

아무튼 호텔에 머무는 것이 익숙해져 있는 사람에게 있어서는 여관에는 호텔과는 다른 이용방법과 그 매너가 있음을 알아두어야 한다. 일단 방에 안내된 후, 차를 가지고 숙박일지 기입을 부탁하러 온다. 그 방의 관리를 담당하는 여성에게 팁을 건네주는 것이 보통이다. 차를 내어준 후 숙박료의 약 10~20% 정도를 반드시 봉투에 넣어서 건네는 것이 매너이다.

또한 식사를 제공하는 여관도 있으므로, 식사를 하지 않을 때는 사전에 그 뜻을 알려 두어야 한다. 외출할 때는 돌아올 시각과 행선지를 알리고 가야하며, 늦어도 밤 12시까지는 돌아오도록 하고, 그 시간보다 더 늦을 것 같으면 반드시 전화로 연락해 두는 것이 좋다.

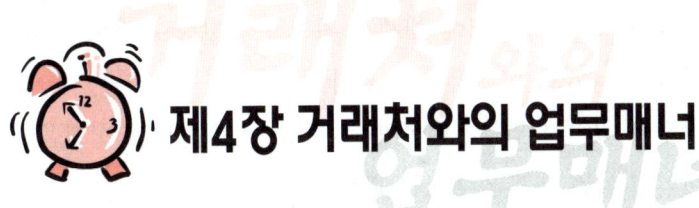

제4장 거래처와의 업무매너

모든 비즈니스는 거래로 이루어지며, 거래가 없다면 기업이나 직장이 존재할 이유조차 없다. 그만큼 거래처와의 업무는 중요한데, 거래를 성사시키느냐 못시키느냐는 오로지 직장의 업무매너에 달려 있다. 그렇다면 거래처를 방문하거나 거래처에서 방문 온 손님을 어떻게 응대해야 할까? 이 장에서는 응대의 요령, 명함 주고받기, 방문준비, 소개를 하거나 받기, 그리고 신용과 트러블 등에 대해서 알아본다.

1. 응대와 응접은 이렇게

♣ 접수는 능률적으로 처리한다

회사나 조직에 있어서는 접수는 전화 교환대와 마찬가지로 그 '최전위(最前衛)에 상당하는 업무' 라고 할 수 있을 만큼 매우 중요한 업무이다.

접수 담당자는 조직구조상으로는 비록 말단에 위치하고 있는

지도 모르지만, 방문객에 대해서 경의를 갖고 능률적으로 처리해야 한다는 것을 잊어서는 안 된다.

접수에 있어서 업무처리상의 유의점으로서는 다음 사항을 명심하고 있으면 대체로 실수는 없을 것이다.

① 정해진 접수시간 중에는 자리를 비우지 말아야 한다. 언제 방문객이 찾아 오더라도 지장이 없도록 대기하고 있는 것이 접수업무의 기본이다.

② 방문객이 있을 때는 곧장 일어서서 응대한다. 단, 방문객이 많고 사내전화로 연락이 급할 경우, 앉은 채로 응대해도 지장은 없다.

③ 응대와 안내순서를 착각하지 말라. 방문객이 많더라도 낯익은 방문객을 우선적으로 응대하거나 안내해서는 먼저 온 손님에게 결례가 된다.

④ 방문객과 피방문자와의 연락을 정확하게 해야 한다. 피방문자를 잘못 알고 연락하거나 방문객의 방문의도를 착각하여 전해서는 안 된다. 또한 부재자에 대한 전언(傳言)도 정확하게 전해야 된다.

⑤ 사전에 내방(來訪)을 알고 있는 경우에는 "기다리고 있었습니다"하고 한 마디 덧붙인다. 방문객에게 주는 호감은 직장에 있어서도 유형무형으로 플러스가 되기 때문이다.

⑥ 방문하는 고객의 이름은 암기해 둔다. 방문객이나 접수담당자의 입장에서도 원만한 응대를 할 수 있기 때문이다.

⑦ 임기응변으로 방문객에게 위로나 감사의 말을 한다. 예컨대 "비가 오는데 일부러 와주셔서 감사합니다" 등 단순히 사교

적인 인사가 아니라 성의를 담은 응대를 하는 것이 좋다.

⑧ 방문객의 외모나 복장에 따라서 응대 태도를 바꾸지 말라. 어디까지나 경의를 담아 응대하는 것이 접수업무이다.

⑨ 방문객을 오래도록 기다리게 할 때는 피방문자에게 다시 한 번 더 연락해야 한다. 그런 다음 방문객에게 더 기다릴 수 있는지 어떤지 그 의향을 묻고, 그에 따른 대응을 해야 한다.

♣ 방문객의 응접에는 경의와 성의를

중요한 용건이 있는 방문객은 물론이지만, 단순한 예방이거나 사전에 약속이 있고 없음에 관계없이 방문객에 대해서는 가능한 한 기다리게 하지 말고 만나도록 하는 것이 원칙이다.

그러나 아무래도 중단할 수 없는 업무에 몰두하고 있거나, 먼저 온 방문객과의 응접이 예정시간 이상으로 길어져, 부득이 하게 기다리게 해야 할 경우도 있을 것이다. 이와 같은 경우에는 그 이유를 전해서, 기다릴 것인지 다시 올 것인지 상대의 의향을 확인한 다음 대처해야 한다.

연락도 하지 않고 장시간 기다리게 하는 것은 용건이 무엇이든 대단히 결례가 된다. 자기가 그와 같은 입장에 처했을 경우를 생각하면 잘 알 수 있을 것이다.

또한 응접에 있어서도 방문객의 용건이 자기가 소속하는 회사나 조직과의 이해관계, 또는 자기가 담당하는 직무에 직접 관계가 없는 경우라도, 이것에 의해서 차별하는 듯한 태도를 삼가지 않으면 안 된다. 이 시점에서는 직접적으로 이해나 관련이 없는 방문객일지라도 서로 매우 광범위하고 다각적인 사회 속에 있는 이상 성의와 경의를 담아 응접해야 할 것이다.

♣ 응대는 성의를 가지고 명확하게 한다

매장이든 응접실이든 그 장소에는 관계없이, 또한 상대가 고객이든 초대면의 방문객이든 신청이나 의뢰, 주문을 받은 경우에는 성의를 담아 응대하지 않으면 안 된다.

그러나 상대의 신청에 대해서 그 내용이 어떻든 인수하거나 승낙해야 할 경우도 있고, 또는 인수받지 않고 거절해야 하는 경우도 있을 것이다. 어떤 경우에도 명확하게 의사를 표시하고 성의있는 응대를 해야 한다.

곤란한 문제일 경우 가부를 분명하게 표시하고 애매한 승낙을 해서는 안 된다. 물론 의뢰를 실행할 수 있는지 충분히 검토한 다음 확실한 판단을 하여 받아들이는 것이 당연하다.

도저히 받아들일 수 없는 의뢰라면, 역시 명확하게 성의를 담아 거절해야 한다. 애매하게 시간을 끌거나 흐지부지한 가운데 중단해 버리는 거절방법은 반드시 피해야 한다.

그리고 충분한 검토도 판단도 하지 않은 채, 자기가 담당하는 업무와 직접 관계가 없기 때문이라든가, 성가신 일을 떠맡는 것이 싫다는 이유에서 거절해 버리는 것도 직장인으로서 취할 만한 태도가 못된다.

더욱이 어떤 의뢰나 신청을 받아들이건 거절하건 자기의 직무 권한에 의한 판단이나 결정에 한계가 있으면 상사의 결재를 받아야 함이 당연한 것이다.

2. 방문준비와 업무이야기

♣ 전화로 처리할 수 없는 용건인가 아닌가

개인적인 경우도 마찬가지겠지만 특히 업무상 방문을 하는 것은 그 필요가 있는지 어떤지를 충분히 고려한 다음이 아니면 안 된다. 전화나 편지로는 목적을 이룰 수 없는 용건이라는 판단에 근거한 방문인 이상, 방문처의 형편이나 시간에 대해서는 특히 배려하지 않으면 안 된다.

따라서 방문하기 전에 전화나 편지 등으로 미리 약속을 해두는 것이 상식이며 매너이기도 하다. 방문 약속을 하기 위해서는 방문목적을 가능한 한 간결하게 전하고, 방문하고 싶은 일시와 소요시간 등에 대해서는 방문 전에 가능한 한 빠른 시기에 양해를 얻어 두어야 한다.

어디까지나 방문처의 상대측 형편을 존중하고 폐가 되지 않을 일시나 소요시간을 정해야 할 것이다. 따라서 상대방의 휴일, 휴식시간, 점심시간, 또는 이른 아침이나 야간의 방문은 특별히 긴급한 용건이 아닌 한 피하도록 한다.

♣ 방문 전에는 재확인의 연락을 한다

아무리 사전에 약속을 취해 두었다고 하더라도 실제로 방문할 때까지 상당한 일수가 있을 경우에는 잊지 않도록 재확인을 해야 할 것이다.

방문예정일 전날쯤에 일시 등을 확인할 겸 방문할 상대의 형편을 한 번 더 물어둘 정도의 배려가 필요하다. 예정을 변경해야 할 사정이 상대측에 발생해 있거나 또는 깜박 잊고 있는 경우도 없다고는 할 수 없기 때문이다.

또한 상대쪽 만이 아니라 본인 쪽에도 급한 부득이한 사정이 발생하여 방문약속을 변경하거나 취소하지 않으면 안 되는 경우가 생길지도 모른다. 이와 같은 사정이 발생했을 때에는 가능한 한 빨리 정중하게 상대측에 연락해 두어야 한다.

약속한 당일이나 약속시간이 다 된 후에 전화를 하거나, 연락 없이 약속시간에 늦게 방문하는 것은 매너에 위배될 뿐만 아니라 직장인으로서도 실격이다.

또한 방문처로 가는데 있어 전철이나 버스, 항공기 등 교통기관을 이용을 때에는 사전에 그것들의 소요시간과 도보시간도 잘 조사해 두어야 한다. 아울러 자동차의 경우에도 도로사정이나 예기치 못한 사고도 일어날 수 있고, 방문처의 위치를 모르거나 주차장이 가까이에 눈에 띄지 않는 경우도 있을 것이다. 이 때문에 쓸데없이 시간을 낭비해 버리는 경우에 처하게도 되므로 미리 충분히 조사해 두어야 한다.

아무튼 약속시간 10분쯤 전에 방문처에 도착할 수 있도록 한다. 약속시간에 늦어서는 안 됨은 당연하지만, 반대로 너무 빨리 도착하는 것도 상대에게 폐를 끼친다는 사실을 알아 두어야 한다.

♣ 방문처에서는 상대가 권한 후에 행동한다

방문처의 사무실을 방문했을 때에는, 일단 접수하고 내방한 이유를 알리고 나서 상대의 안내에 따라 행동해야 한다. 응접실에는 안내자의 안내에 따라 들어가야 하며, 비록 자주 방문하여 사정을 알고 있더라도 함부로 행동해서는 안 된다.

응접실로 안내받으면 아랫자리에 앉는 것이 상식이지만, 안내자가 권할 경우에는 처음부터 상석에 앉아도 상관없다. 만일 먼저 온 손님이 있을 때에는 목례를 하고, 그 아랫자리에 앉는 것이 먼저 온 손님에 대한 예의이다.

응접실에서의 말석은 입구인 문에 가장 가까운 쪽임을 명심해 두어야 한다. 요컨대 난로가 있는 쪽, 또는 입구에서 먼 쪽이 상석이 된다.

상석과 말석을 구분하기 어려운 경우에는 의자를 판단의 기준으로 하여, 아래와 같이 생각하면 된다.

① 등받이가 붙어 있지 않은 의자가 제일 말석
② 다음은 등받이가 붙어 있는 의자
③ 그 다음이 등받이와 팔걸이가 붙어 있는 의자
④ 제일 상석은 등받이와 팔걸이가 붙어 있는 긴 의자

방문상대가 들어올 때까지는 마음을 가라앉히기 위해서도 느긋하게 기다리는 것이 좋다. 그 동안 책꽂이의 책을 끄집어내거나 캐비닛 등에 손을 대거나 돌아다녀서는 안 된다. 단, 테이블 위나 옆에 놓여 있는 잡지를 보거나 벽면의 그림을 앉은 채 바라보는 것은 상관없다.

방문 상대방이 들어오면 곧장 일어나서 인사를 하고, 초대면이면 명함을 교환하고 나서, 상대가 권하는 말을 들은 후에 앉도록 한다. 상대와의 상담 중에 다과가 나올 때에는, 오히려 손을 대지 않는 것이 결례가 된다.

또한 담배는 자기 것을 피워야 하며, 비치되어 있는 것에 손을 대어서는 안된다. 그리고 최근에는 회사가 전체적으로 금연을 하고 있는 곳도 있으므로 주의가 필요하다.

상담 중에 다리를 꼬거나 등받이에 기대어 상체를 뒤로 젖히는 것은 보기 거북할 뿐만 아니라 매너에도 위배되므로, 똑바른 자세와 태도로 일관해야 함은 말할 나위도 없다.

♣ 자택방문에는 가족에게도 신경을 써라

업무상의 방문이라고 해서 반드시 상대방의 사무실을 방문하고 그 응접실로 안내받아 상담을 하는 것만은 아니다. 평소에 자택에서 일을 하는 자유업종의 사람을 방문하는 경우나, 그렇지 않더라도 특별히 상대방의 요청에 따라 그 자택으로 찾아가지 않으면 안 되는 경우도 있다.

이런 경우에는 사무실과 달라서 방문하는 용건에 대해서 직접 관계가 없는 집안사람들에 대한 배려가 있어야 할 것이다.

방문처에 도착하면 먼저 문이나 현관에 붙어 있는 벨이나 인터폰의 버튼을 눌러야 하는데 버튼을 너무 길게 누르거나 난폭하게 눌러서는 안 된다.

그리고 인터폰을 통해서든 직접 집안사람이 나올 경우이든, 자기의 신분과 성명을 알리고, 방문 상대의 이름과 방문이유를 명확히 하고 집안사람의 안내를 기다려 현관 안으로 들어가도록 하는 것이 매너이다.

최근의 방문 세일즈맨들은 상대측의 응답도 기다리지 않고 강제로 현관으로 들어가는 경우가 있는데, 이와 같은 방문은 매너에 위배될 뿐만 아니라 쓸데없는 트러블을 초래하기 쉽다. 처음부터 상대방을 불쾌하게 하는 방문은 성사될 이야기도 깨지는 결과가 되고 만다.

현관에 들어가기 전에는 모자, 머플러, 코트, 그리고 장갑을 벗어야 한다. 단, 현관에서 방문 용건이 해결될 때나 춥고 눈이 쌓여 있는 곳 등에서는 코트정도는 입은 채로라도 허용될 것이다. 또한 비나 눈이 오고 있을 때 방문할 경우에는 현관에 들어가기 전에 우산의 빗방울은 잘 털어내고, 코트의 눈도 잘 털어두도록 한다.

♣ 응접실로 안내받으면 말석에 앉는다

방문처인 자택으로 가서 용건의 내용이나 상대방의 호의 등에 의하여 응접실로 들어가야 할 경우에는, 그것을 예상했더라도 상대방의 안내가 있고나서 들어가야 한다. 자기 쪽에서 들어가고 싶어하는 뜻을 알리거나, 당연한 듯이 들어가는 태도는 예의를 잃은 것이 된다.

벗은 구두는 스스로 똑바르게 정리해두어야 하며, 벗은 코트나 모자는 상대방 권유에 따라서 걸든지 놓든지 해야 한다. 상담에 즈음하여 필요한 서류 등을 넣어온 가방이나 핸드백은 별도이지만, 코트나 모자를 실내로 가져가는 것은 매너에 위배된다.

안내받은 응접실에서는 말석에 서서 주인을 기다리도록 한다. 주인으로부터 상석을 권유받았을 때는 반드시 그 다음 자리에 앉아야겠지만, 동행자와 함께 있을 때나 먼저 온 손님이 있을 때에는 주인의 권유에 따르는 것이 좋다.

주인이 들어오거나 집안사람이 왔을 때에는 반드시 일어서서 인사해야 한다. 또한 먼저 온 손님에 대한 인사는 주인의 소개를 기다려서 하도록 한다. 그리고 인사가 끝났다고 해서 바로 편히 앉아서는 안 된다. 주인의 권유가 있고나서나 자기 쪽에서 양해를 구하고 나서 그렇게 해야 할 것이다.

상담 중에 다과를 내어왔을 때는 손을 대지 않고 두는 것이 오히려 결례가 된다. 또한 방문은 본래 술과 음식이 나오는 시각에는 피해야 하지만, 예정 이상으로 상담이 길어지거나 상대방의 호의로 술이나 음식을 대접받는 수도 있다. 그러나 이런 것들은 사양하고 정중히 물리치는 것이 현명하다.

3. 소개를 하거나 받는 법

♣ 소개에는 책임이 수반됨을 알라

직장에 있어서의 소개를 예를 들자면, 거래처와의 관계에서는 상사나 부하, 동료의 소개, 신임담당자나 후임자의 소개 등을 들 수 있다. 또한 이중에서도 이쪽이 소개하는 경우와 반대로 소개받는 경우가 있다.

소개의 방법에도 직접 면접으로 하는 소개, 명함이나 서면으로 하는 소개, 전화소개 등이 있다. 그리고 소개하는 목적도 위에 서술한 이외의 다양한 목적이 있을 것이다.

어떤 관계, 어떤 목적이든 소개에는 반드시 책임이 따름을 잊어서는 안 된다. 특히 비즈니스의 경우 그 기업이나 조직으로서의 책임이 더욱 무겁다. 단순히 의례적인 소개가 아닌 한, 소개하는 쪽도, 소개받는 쪽도 이 점을 충분히 인식해 두어야 한다.

♣ 하위자를 상위자에게 소개해야 된다

직접 면접하고 소개하는 경우는, 대체로 사회적 지위가 낮은 사람을 높은 쪽 사람에게 하는 것이 원칙이다. 단 지위의 높고 낮음을 판단하기 어려운 때에는 연하의 사람을 연장자에게 소개하면 좋을 것이다.

또한 자사와 타사의 관계에서 말하면, 자사의 사람을 타사의 사람에게 소개하는 것이 원칙이다.

한 사람을 다수의 사람에게 소개할 때에는 먼저 그 다수의 사람들 중에서 지위가 가장 높은 사람에게 하는 것이 당연하다. 다음은 다른 사람에게는 동시에 소개해도 상관없다. 그러나 달리 한 사람 한 사람에게 소개하는 것이 좋은지 어떤지는 그때의 상황이나 용건의 내용에 따라서 판단해야 할 것이다.

남녀간의 소개에서는 나이 어린 사람을 연장자에게 하는 것이 원칙인데, 서양에서는 보통 남성을 여성에게 소개하는 것으로 되어 있는 것이 원칙이므로 이 점 역시 유의해 둘 필요가 있다.

또한 남녀간에 지위나 연령에 상당한 격차가 있고, 여성이 젊을 경우에는 일단 여성을 남성에게 소개해도 상관이 없다.

더욱이 동성간의 경우에는 연소자를 연장자에게 소개하는데,

거의 동년배로 연령의 상하가 판단하기 어려울 때는 자기와 가까운 관계의 사람을 먼저 소개하면 좋다.

소개말로써는 비즈니스상의 소개이므로 회사명 또는 조직명, 그리고 사장이라든가 부장, 과장 따위의 직위, 그 위에 학위나 공적인 자격 등 사회적인 직함도 붙여서 이름을 알리도록 해야 한다.

비록 그것을 기재한 명함을 본인이 제시하더라도, 단순히 이름만을 말하는 것보다는 설명을 붙이는 것이 소개후의 비즈니스를 진척시키는데 있어서 효과적으로 작용할 것이다.

♣ 명함으로 소개해야 할 경우

직접 만나지 않고 간접적으로 소개할 때에는 흔히 명함이 이용되고 있다. 그러나 이 방법은 약식이므로 자기와 동등한 지위 이하의 사람에게 소개할 경우에만 한정해야 한다. 따라서 손윗사람에 대한 소개에는 이용할 만한 방법이 못된다.

자기의 명함을 소개장으로 이용하려면 먼저 명함 왼편에 수신인을 쓰고 오른쪽에는 소개문으로써 소개하고 싶은 인물이나 용건에 대해서 기재하면 된다.

따라서 소개하는 인물의 회사명 또는 직업, 회사에서의 직위 또는 사회적 지위, 성명, 자기와의 관계, 소개하는 이유나 용건을 가능한 한 간결하게 기재해야 한다. 그리고 명함의 자기이름 아래에 날인 또는 사인을 하는 것이 보통 사용법이다.

소개하는 용건을 명함 뒷면에까지 걸쳐 기입하지 않는 편이 좋다. 상대가 뒷면까지 읽어주지 않을 수도 있고, 긴 소개문이 필요하면 오히려 소개장으로 정식소개를 해야 할 것이다.

♣ 소개장으로 하는 소개가 정석이다

명함에 의한 소개와는 달리, 소개장에 의한 소개가 정석이며, 지극히 정중한 방법이 된다. 따라서 손윗사람에 대해서 소개할 경우에는 반드시 소개장을 써야 한다.

쓰는 내용으로써는 소개하고 싶은 사람의 성명, 직업, 회사명, 직함, 기능, 경력, 자기와의 관계, 인품 등 그리고 소개하는 목적을 간결하게 표현해서 편지지 한 장정도로 정리한다. 따라서 상기한 이외의 사항은 가능한 한 생략해야 한다.

그리고 봉투 겉에는 수신인을 쓰는 것은 물론이지만, 그 왼쪽 아래에 소개장을 지참하는 본인의 이름을 넣어서 '씨 지참'이라고 덧붙여 써두면 좋다.

소개장은 봉하지 않고 본인에게 건네는 것이 보통이다. 봉하지 않는 것은 소개장을 지참하는 본인에게 불필요한 말이나 불리한 사항을 쓰지 않았음을 일단 살펴보도록 한다는 의미로 소개자로서의 매너이다.

그러나 특별히 봉투 속을 살펴보도록 지시받지 않는 한 소개받는 본인은 그것을 읽지 말고, 소개장을 써준 사람 면전에서 봉해야 한다. 이것은 또한 본인이 받은 소개장에 제멋대로 첨서(添書)하지 않음을 의미한다. 소개받는 사람으로서의 매너이기도 하다.

♣ 전화소개는 비즈니스답게 하라

비즈니스상의 소개로는 전화에 의한 방법이 가장 비즈니스답게 처리할 수 있고, 매우 능률적으로 원만하게 일을 진행할 수 있다고 하겠다.

이 방법에 의한 소개는 소개하는 당사자끼리가 지극히 친밀한 관계가 아니면 안 된다. 따라서 지극히 비즈니스답게 소개하는 것이지만, 결코 예의를 벗어난 방법은 아니다.

전화를 이용한 소개방법은 소개장이나 명함에 의한 방법보다 소개하는 목적이나 내용을 직접 상세하게 상대에게 전할 수 있고, 소개한 결과에 대해서도 소개한 시점에서 어느 정도 예측이 가능하다. 또한 소개하는 본인을 방문토록 하는 일시에 대해서도 동시에 약속할 수 있다.

더욱이 전화로 소개받은 본인은 상대방을 방문할 약속을 확정지어 받았더라도, 일단은 스스로 직접 전화를 하고 상대방의 사정을 확인해 두어야 함을 잊어서는 안 된다.

♣ 소개자에 대한 보고를 잊지 말라

소개장이든 명함이든 전화든 아무튼 소개를 받고 상대방을 방문했다면, 그 결과가 어떻든 가능한 한 신속하게 소개자에게 보고해야 한다. 그리고 소개해준 것에 대해서 정중하게 감사를 표하는 것이 매너이다.

그러나 소개받은 결과가 좋지 못했을 경우에는 보고도 인사도 하기 거북해지기 마련이다. 소개받은 결과가 좋았을 때는 물론이지만, 그렇지 못한 때라도 인사를 소홀히 해서는 안 된다. 얼마 후에 다시금 특별한 소개를 의뢰해야 하는 경우가 있을 것이므로 결과여하에 관계없이 반드시 사후보고를 잊어서는 안 된다.

또한 어떤 사정으로 부득이 하게 상대방을 방문하지 않거나 소개장이나 명함을 사용하지 않는 경우도 있을 것이다. 이런 경우에라도 그 이유나 사정을 서술하고, 애써 소개한 노고에 대해 사의를 표명해야 한다.

4. 명함 주고받기와 관리

♣ 명함은 먼저 윗사람에게 건넨다

처음으로 사람을 만났을 때는, 그것이 소개에 의한 경우이건 또는 직접 만난 경우이건 일단 먼저 인사를 하고, 서로 명함을 교환하는 것이 보통이다.

그러나 서양에서는 초대면일 때에는 명함교환보다도 서로 자기의 이름을 밝히는 것이 중시됨도 명심해 두었으면 한다.

초대면인 경우, 먼저 명함을 내미는 것은 지위가 낮은 쪽에서 높은 쪽으로, 연소자가 연장자에게 건네는 것이 매너이다. 만일 손윗사람 쪽에서 먼저 제시하게 되더라도 상대방에게 명함을 갖고 있게 한 채로 당황하여 자기명함을 끄집어낼 때까지 기다리게 하는 것은 오히려 실례가 된다. 이런 때에는 당황하지 말고, 일단 상대방의 명함을 곧장 받아두고 나서 그 다음에 자기명함을 내밀면 된다.

♣ 받은 명함은 소중하게 다룬다

자기명함을 건넬 때는 상대방이 읽을 수 있는 방향, 받아들기 쉬운 방향으로 제시해야 한다. 그리고 한쪽 손의 손가락 끝에 끼우지 말고, 두 손으로 잡고 내밀면서 자기성명을 정확하게 말해야 한다. 상대로부터 받을 경우에도 두 손으로 받는 것이 당연하다.

그리고 받아들었다면 즉각 묵독하고, 번지나 전화번호 따위의 수자는 별도로 하더라도, 적어도 상대방의 이름만큼은 정확하게 암기하고 나서 명함집에 넣도록 한다.

만일 상대의 성명에 어려운 문자가 있으면 정확하게 읽는 방법을 물어서 확인하는 것이 매너이다.

제대로 보지도 않고 주머니에 아무렇게나 넣어버리거나, 언제까지나 테이블위에 놓아둔 채로 이야기를 진행하는 것은 결례가 된다. 상대방 당사자를 대하는 것과 마찬가지로 명함에 대해서도 정중하게 다루어야 한다.

♣ 단순명쾌한 명함을 만들어라

명함을 주고받는 것만이 초대면시의 예의로써 중요한 것은 아니다. 중요한 것은, 일단 평소에 자기 명함을 준비하는 데서부터 대인관계나 비즈니스가 시작됨을 인식하는 것이다.

회사에 따라서는 그 회사의 트레이드마크나 로고를 넣거나 때로는 색깔있는 용지를 사용토록 하여 사원의 명함을 통일하고 있는 곳도 흔히 있다. 이와 같은 규정이 있는 경우는 별도지만 보통은 하얀 종이에 검정색으로 일반적인 사이즈와 서식에 따라서 작성하는 편이 좋을 것이다.

직장인이 사용하는 명함에는 소속하는 기업 또는 조직의 명칭, 직함, 신분(거기에 박사학위라든가 공적인 자격명칭), 회사(또는 조직)의 소재지, 전화번호를 넣는 것이 보통이다. 이른바 자유업이나 개인영업의 직업용, 또는 사적인 사교용이 아닌 한 자택의 주소나 전화번호는 넣을 필요가 없다.

또한 국제적인 비즈니스시대인 오늘날, 업종에 따라서는 영문자의 명함도 빠뜨릴 수 없을 것이다. 명함 양면에 각각 한글과 영문으로 박아넣는 것이 일반적인데, 영문만을 쓸 경우에도 성명만큼은 한글로 별기해 두면 좋다.

상대가 외국인이면 흥미나 관심을 끄는 경우도 있을 수 있으며, 자기를 인상적으로 만드는 계기가 될 수도 있다.

♣ 넉넉하게 준비, 그러나 남용하지 말라

명함의 용도는 초대면시의 교환만이 아니라, 사람을 소개할 때, 용건을 의뢰할 때, 경조사나 문안할 때, 또는 방문한 상대가 부재중일 경우 전갈용으로 쓰이는 등 참으로 다양하고 광범위하다.

물질적으로는 종이 한 조각에 지나지 않지만 이렇게 용도가 넓고 사용방법에 따라서는 지극히 편리하고 유효한 비즈니스의 소도구라고 할만 하다. 따라서 명함은 떨어지지 않게 평소부터 넉넉히 준비해 가지고 다니도록 한다.

그러나 마구 명함을 뿌리는 것은 물질적인 낭비일 뿐만 아니라 경박하게 보일 수도 있다. 때와 장소, 상대에 따라서 잘 생각하고 제시해야 할 것이다. 만일 상대가 마음만 먹는다면 악용될 수도 있으므로, 명함의 사용과 보관에는 충분히 유의해야 한다.

♣ 받은 명함을 재산으로 삼는다

받은 명함을 막연히 모아 두거나, 소홀히 방치해 둔다면 그저 종이조각에 지나지 않게 된다. 정리하고 활용하기에 따라서 그 명함을 자신의 재산목록으로 할 수도 있을 것이다.

정리하는 방법은, 자신의 업무내용이나 교제범위 등을 생각하고 나름대로의 방법을 택하면 좋다.

예를 들어 명함을 받은 상대와 헤어진 후, 또는 방문처에서 직장으로 돌아오면 적어도 다음 사항만큼은 즉각 실행하도록 습관들이면 반드시 도움이 될 것이다.

그 명함에 다음과 같은 사항을 메모한다. 면회한 일시·장소, 가능하면 그날의 기후, 소개자 또는 면회한 경위, 면담테마나 목적 등, 그밖에 그때에 특별히 화제가 된 사항이나, 만일 알 수 있다면 상대의 생일이나 출신학교, 취미나 가족사항 등 개인적인 사항 등을 될수록 상세하게 기재해 두면 좋다.

위에서 말한 대로 받은 명함에 그 사람의 개인테마나 면접·면담에 대한 메모를 끝냈다면, 이어서 그 명함을 보관하기 전에 해야 할 일이 있다.

그 상대와 앞으로 자주 만나야 할 것 같으면 전화번호 메모장이나 주소록에 필요사항을 옮겨 적는다. 만일 그 시점에서는 필요도나 빈도가 적다고 판단하여 옮겨 적지 않더라도, 다음과 같이 명함을 보관만 해두면 후일 그것이 필요해지더라도 용이하게 찾아낼 수 있다.

명함을 일정한 법칙을 토대로 분류하여 보관해 둔다. 우선 일정한 테마별로 나눈 다음, 성명순서대로 정리하든가, 또는 다른 방법으로 정리하든가 자기 나름대로 궁리하면 된다. 자기에게 있어서 가장 검색하기 쉬워야 한다는 것이 포인트이다.

5. 거래 신용과 트러블

♣ 신용이 거래업무의 제일조건

'손님은 왕'이라는 모토로 거래상대가 말하는 대로 무조건 승낙한 다음, 그 거래를 성립시키는 것이 거래의 매너는 아니다. 시기와 장소에 따라서는 무리한 거래에도 응하지 않으면 안 되는 경우도 있을 것이다.

그러나 상대의 의향이나 주장만을 수렴한 채, 자사의 생산계획이나 판매계획, 그 위에 자금 융통에까지 파급될 위험한 거래를 할 수는 없을 것이다. 그와 같은 방법으로는 거래처의 신용을 얻을 수 없으며, 그것은 거래처에 이용당하고 있는 것에 지나지 않는다.

진정한 신용을 얻기 위해서는 먼저 사원으로서의 비즈니스 매너를 몸에 익혀서 담당업무를 완수하지 않으면 안 된다. 이를 위해서는 매일 매일의 근무가 담당하는 업무에 대한 공부와 연구의 축적이어야 한다.

상대방 기업의 의향을 충분히 헤아려서 그것에 대응할 수 있는 대책을 세우고 실행하는 것이다. 그 위에 쌓이는 것이 거래에 있어서의 신용이 될 것이다.

♣ 확실하게 거래절차를 밟는다

거래처와의 트러블에는 여러 가지 사례가 있고 또 그 원인이나 이유도 다양할 것이다. 그러나 예컨대 거래를 시작하고 얼마 안 되어, 새로이 그 거래처 담당자가 된 당초에는 별문제가 안 되지만, 오랜 거래 관계에 있는 경우에는 특히 트러블이 발생하기 쉽다.

기업간의 거래는 어디까지나 기업끼리의 일이며, 실제 거래 업무를 담당하고 있다고 해서 결코 담당자 개인간의 거래가 아님을 잊어서는 안 된다. 어느 정도 오랜 기간, 동일한 담당자가 그 거래업무에 종사하고 있을 때, 담당자는 서로 업무에 익숙해져 매너리즘에 빠져 버려서, 당연히 밟아야 할 거래절차를 생략하거나 적당히 처리하기 쉬워진다.

이와 같은 담당자간에 암암리의 양해를 토대로 하는 업무처리가 거래에서의 신용이고 매너라고 착각해서는 안 된다. 이런 업무처리의 습관이나 절차의 생략에서 생각지 못한 실수를 범하고 트러블을 발생시키게 된다는 것을 잘 인식해야 한다.

♣ 트러블에는 즉각 대처를 한다

업무수행상 발생하는 트러블에는 매우 다양한 경우가 있다.

그러나 대략적으로 다음과 같이 나눌 수 있을 것이다.

① 잘못 말하고 잘못 들음에 기인하는 트러블

② 빠뜨려 말하고 빠뜨려 들음에 기인하는 트러블

③ 잘못 쓰고 잘못 읽음에 의한 트러블

④ 빠뜨려 쓰고 빠뜨려 읽음에 의한 트러블

이런 이유나 원인으로서는 오해나 부주의, 경험부족 등을 들 수 있게 된다. 또한 자기과시욕에서 나온 빈 약속이라든가, 허언 따위에 의한 경우나 지레짐작이라든가, 독단에 근거하는 경우도 있다.

아무튼 업무처리상 실수가 발생하고 그것이 트러블이 되어 버린 경우에는 즉각 그것에 대응한 처리를 해야 한다. 이를 위해서는 그 트러블의 사실을 파악한 다음 곧바로 상사에게 보고하고 그것에 대응하는 방침과 처리방법에 대한 지시나 명령을 받들어야 한다.

자기의 실수로 자기만의 단계나 범위 내에서 처리할 수 있는 경우가 아닌 한, 트러블의 사실을 파악하고 상사에게나 관련부서에 연락해 두지 않으면 사태는 수습이 불가능한 국면으로 발전하는 경우도 있음을 인식해야만 한다.

♣ 트러블 방지를 위해서는 확실하게

작은 실수를 방지하는 것이 먼저 큰 트러블 발생을 불러일으키지 않기 위한 직장인으로서의 유의사항이 된다. 이를 위해서는 다음 사항을 충분히 유의하여 확실하게 실행하기만 하면, 매우 정확한 일상업무를 수행할 수 있을 것이다.

앞항에서 든 ① · ②와 같은 트러블의 경우에는 지시나 명령, 연락을 제시한 상사나 관련부서, 그것을 받은 부하 관련부서와의 사이에서 반드시 내용에 대한 복창과 확인을 한다.

마찬가지로 앞항에서 든 ③ · ④와 같은 트러블인 경우에는 예컨대 서류나 전표를 쓴 사람은 반드시 다시 읽고 그 내용을 확인해야 하며, 또 그것을 읽은 사람도 반드시 그것을 쓴 사람에게 그 내용을 확인한다.

위의 사항을 일상적으로 확실하고 정확하게 실행하면 실수나 트러블의 발생을 미연에 방지하는 것이 가능해질 것이다.

♣ 처리방법에 따라 클레임도 신용이 된다

아무리 세심하게 주의를 기울여 업무를 처리하더라도, 실수나 잘못에서 완전하게 벗어나는 것은 불가능한지도 모른다. 그러나 부득이하게 실수를 저지르고 거래처와의 사이에서 클레임을 발생시켰을 때에는, 비록 어떤 사정이 있더라도 성의있고 동시에 신속한 대응으로 그 처치를 하는 것이 필요하다.

실수나 클레임을 방치해 두더라도 그것은 결코 시간이 해결해 주지는 않는다. 일단 발생해 버린 이상은 어떻게 호소해 보아도 그 사실은 완전히 감출 수 없으며, 더구나 사태의 호전을 바랄 수도 없다. 따라서 자기 쪽에 잘못이 있는 것으로 판명되면 곧바로 그것을 인정하고 거래상대에게 사죄의 뜻을 표명해야 된다. 그리고 즉각 사후대책을 세워야 함은 물론이다.

그러나 그 실수나 클레임이 담당자 개인의 책임이었다고 하더라도 단순히 상대회사의 담당자 사이의 거래만은 아니다. 책임전가나 발뺌을 하는 것은 논할 거리도 못되며, 반드시 성의를 담아 신속하게 사후처리를 진행할 일이다.

실수나 트러블에 대한 대응여하로 담당자만이 아니라 회사로서의 신용을 회복하고, 동시에 종전의 신용을 보다 배가하는 것도 결코 불가능하지 않다.

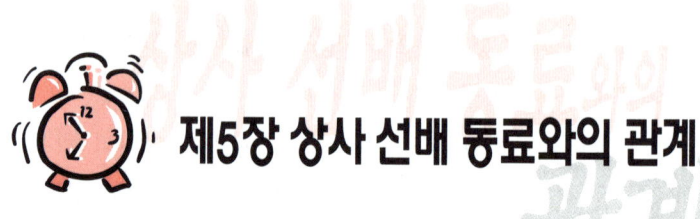

제5장 상사 선배 동료와의 관계

직장의 인간관계는 상사와 부하라는 종적관계와 동료라는 횡적관계로 나뉘어진다. 이것은 자기를 중심으로 상하좌우의 관계인데, 여기서 특히 신경쓰이는 문제가 상사와의 관계이다. 상사를 어떻게 대하느냐가 직장생활의 성패를 좌우한다고 해도 과언이 아니다. 또한 동료와의 관계도 무시할 수는 없다. 그렇다면 직장안에서의 인간관계를 어떻게 하는 것이 좋을까? 이 장에서는 상사 선배 동료와의 관계에 있어서 매너를 알아본다.

1. 상사, 선배와 나

♣ 상사는 경의의 대상이다

회사에는 다양한 타입의 상사가 있다. 십인십색이라고 하듯이 수완가타입, 신경질타입, 포용가타입 등. 마음이 맞는 타입의 상사 밑에 배속되는 수도 있는가 하면, 대하기 벅찬 상사를 모시지 않으면 안 되는 경우도 있을 것이다.

예를 들어, 아무리 노력을 해도 사이가 원만해지지 못하는 상사의 경우 어떻게 하면 좋을까?

당신은 상사를 대할 경우에 '벅찬 상대구나' 하는 기색을 얼굴에 드러내고 있지는 않은지. 그럴 생각이 없더라도 마음은 반드시 얼굴에 나타나는 법이다.

이런 때는 찬찬히 상사를 관찰해보기 바란다. 당신보다 몇 배의 경험을 쌓아온 상사의 얼굴에는 풍부한 지혜의 주름살이 새겨져 있다. 또한 인생의 선배로서 자연히 존경의 마음이 솟아날 것이다.

어떤 사람이라도 상대로부터 존경을 받고 있다고 느끼면 호의적인 태도를 취하기 마련이다.

"어딘지 모르게 싫어."

이런 투의 애매함으로 매일 얼굴을 맞대고 같이 일해야 할 직장의 인간관계가 어색해지는 것은 매우 한심한 일이다.

어디까지나 기분좋은 인간관계를 유지하고 업무를 스무드하게 진행해가도록 한다.

♣ 직속상사는 상담창구이다

신입직원인 당신에게 일에 문제가 생겨, 어떻게 하면 좋을지 알 수가 없는 경우가 생긴다. 또한 일 뿐만 아니라 휴가를 내고 싶은데 언제로 하면 주위 사람들에게 폐를 끼치지 않을까라든가, 직장 내에서의 인간관계 등 당신 혼자서는 해결할 수 없는 문제도 있다.

그런 때 혼자서 생각에 골몰하거나 상식에 벗어난 행동을 하지 않기 위해서도 직속상사에게 먼저 상담하는 것이 좋다.

상사는 업무상의 지시를 하는 것만이 주된 일이 아니다. 부하가 일하기 쉽도록 하기 위해서 여러모로 고심하고 있다. 미숙한 당신이 상상하는 이상의 경험과 지혜와 판단력으로, 당신이 안고 있는 문제나 곤란한 상황을 좋은 방향으로 전환해 줄 것이다.

부하로부터 상담을 받은 상사는 자기의 애로사항처럼 들어주고 적절한 어드바이스를 해줄 것이다. 망설이지 말고 상사에게 다가 가라.

♣ 선배를 보고 업무와 인생을 배운다

업무를 빨리 익히는 데는 먼저 선배가 일하는 모습을 보고 배우고, 선배의 지시와 조언에 따라야 할 것이다. 예를 들어 스키를 처음으로 타러 갔을 때 자기방식으로 아무렇게나 타는 것보다 먼저 스키강습 시간에 스키를 신는 기초부터 배우는 쪽이 진보가 빠르다는 것과 같다.

'신입직원은 선배의 뒷모습에서 배운다'고 일컬어진다. '흉내내는 것'에서 시작하여 무엇이든 대략적인 동작을 몸에 익히는 때부터 스스로 배우는 것의 즐거움을 느끼는 법이다.

먼저 '해보고 나서' 그때부터 해설서를 읽으면 실로 잘 이해할 수 있고 일에 의욕도 솟아난다. 일은 몸으로 익히는 것이 제일이다. 몸으로 익힌 것은 잊어버리지 않는다. 적극적으로 몸을 움직여서 익혀야 한다.

또한 직장의 선배는 인생에 관해서도 깊은 경험을 갖고 있다. 그런 선배와 이야기할 수 있는 기회가 있다면 그것은 귀중한 시간이다. 아무런 생각없이 하는 이야기속에도 동료와는 다른 뉘앙스가 있을 것이다.

미숙한 당신이 앞으로 경험할 인생의 다양한 국면에서나 결혼에 관해서도 선배라면 일가견이 있을 것이다.

특히 선배의 젊은 시절의 성공담이나 실패담은 산 역사이다. 분명히 당신에게 참고가 될 귀중한 체험도 있을 것이다. 그 말이 당신의 사고방식에 크게 영향을 미치고 인생을 변화시킬지도 모른다.

이야기를 끌어내는 능숙한 듣는 이가 되라. 금과옥조같은 말을 들었다면 바로 메모를 해 두라.

♣ 선배에게 대접을 받을 때

일상 커뮤니케이션의 부족 해소를 위해서 선배로부터 식사 등을 권유받는 경우가 있다. 그런 경우는 당신에게 있어서도 선배의 풍부한 경험담 등을 들을 수 있는 절호의 기회이다. 기꺼이 받아들이도록 한다.

선배에게 대접받는 경우에는 제멋대로 함부로 비싼 것을 주문하는 것은 실례지만, 반대로 지나친 사양도 생각해 볼 문제이다. 선배에게 맡기는 것이 무난할 것이다.

물론 선배가 먼저 요리에 수저를 대고 난 후에 "잘 먹겠습니다" 하고 먹는 것이 매너이다. 돌아올 때에는 아무리 취했더라도 "잘 먹었습니다"하는 인사는 꼭 해야 한다. 다음날은 반드시 "어제는 고마웠습니다"라는 인사도 잊지 않아야 한다.

대접하는 것도 능숙해야 하지만 대접받는 것에도 능숙해져야 한다. 직장안에서는 물론 밖에서의 수업도 인생공부이다.

♣ 상사를 전화기 앞으로 불러내지 않는다

직장 밖에서 용건을 끝냈을 때나 연락사항이 있을 때 등, 직장으로 연락을 할 경우가 있는데 용건은 전화를 받은 부서의 그 사람에게 전한다. 그리고 상사나 그 밖의 사람들로부터 뭔가 전언이 없는지를 확인한다.

긴급할 때나 도저히 어쩔 도리가 없을 때 이외에는 상사를 전화기 앞으로 불러내지 않는 것이 매너이다. 전화라고 하는 것은 어쨌든 거는 측의 형편을 우선으로 하기 일쑤이다.

그러나 전화를 받는 측은 한창 업무가 바쁠 때 일수도 있다. 그 점을 배려하여 걸게 되면 제 구실을 다한 것이 된다. 자연히 전화거는 매너도 몸에 익혀진다.

2. 회사와 나, 동료와 나

♣ 상호간에 말로써 상처주지 않는다

'친구를 얻거나 잃는 것은 말 한 마디로 충분하다.'

말은 사용여하에 따라 양약이 될 수도 있고, 독약이 될 수도 있다. 자기가 생각하는 이상으로 말은 상대의 마음에 상처를 입히는 수가 있다. 특히 다감한 젊은 사람들의 마음은 대수롭지 않은 말에도 동요한다. 그 상처는 타인에게는 상상도 할 수 없을 정도로 큰 법이다.

당신이 상처줄 말을 입 밖에 내는 것은 물론 누군가가 그런 이야기를 하고 있을 때도 모르는 체 하지 말고 충고를 해 줄 정도의 아량을 지녀야 한다.

말은 사람에게 심한 상처를 입히는 경우가 있는가 하면, 반대로 분발하게 하는 힘도 있다. 상사나 선배는 매일 일을 함께 하는 사이므로 더욱 주의해야 한다.

인형의 가슴 속에 박은 못은 빼면 그만이지만, 사람의 마음에 박은 못자국은 영원히 남는다.

말을 한 사람은 쉽게 잊어버릴 수 있다. 그러나 그 말을 들은 사람은 평생 상처로 남는 수가 있음을 알아야 한다.

♣ 외부 연락에는 노고를 치하한다

외근을 하는 직원이나 직장 밖에서 회합을 하는 사람으로부터는 반드시 보고의 전화가 걸려온다. 그 때 전화를 받은 사람은 먼저 "수고하십니다"하고 노고를 치하하는 말을 해주어야 한다. 남의 처지를 헤아려 주는 인정의 매너인 것이다.

직장 밖에서의 일에는 직장 안의 책상에 앉아서는 예측할 수 없는 여러 가지 스트레스가 가해진다. 교통정체로 안절부절하거나 거래처에서 기다리게 되거나 호통을 맞는 수도 있다. 그런 때에도 직장 밖에서 일하는 사람은 그 회사의 간판을 지고 분발하고 있는 것이다.

이러한 사람들에게 직장 안의 사람이 할 수 있는 가장 우선되는 지원은 "수고하십니다"라는 따뜻한 말이다. 이 말을 들으면 누구라도 마음이 안정될 것이다. 좋은 인간관계란 그런 한 사람 한 사람의 작은 배려에서 발전되기 마련이다.

♣ 자기의견을 표현하고 싶을 때

가정이나 학교에서는 망설임 없이 자기의견을 관철해 온 당신, 의견이 충돌되면 화가 난 나머지 도중에 자리에 주저앉거나 침묵해버리지는 않는지 생각해 볼일이다.

특히 직장에서는 의견충돌이 흔히 일어난다. 이러한 직장에서 신입이기도 한 당신이 스스로 옳다고 생각하는 의견을 피력했을 경우 어떻게 하는 것이 최선일까.

일단 숨을 돌리고 정면에서 당당히 자기의견을 서술한다. 바로 정공법으로 임하는 것이 중요하다.

"저는 ～라고 생각합니다."

"저도 한 말씀드리겠습니다만…."

정중한 어조로 그러나 확실하게 자기의견을 주장한다. 결코 감정적으로 되어서는 안 된다.

움츠려들지 않고 솔직하게 자기의 의견을 피력하는 모습은 대단히 호감을 주고, 또한 상대에게 경청할 마음을 불러일으키게 된다.

♣ 실수했을 때는 변명하지 말라

사람은 누구나 실수가 있게 마련이다. 실수를 해놓고서도 자기 변명을 늘어놓는 사람이 있다. 그러나 실수의 변명은 그 변명 때문에 또 다른 실수를 범하게 된다.

상대가 상사, 선배, 동료, 누구이든 간에 자기의 잘못을 깨달 았다면 즉시 그 자리에서 사과를 해야 한다.

시간이 지나면 지날수록 사과하기 어려워진다.

상대가 누구이든 잘못은 잘못이다. 속이거나 흐지부지하게 하 는 것은 탐탁치 못하다. 잘못했을 때 그 잘못을 솔직하게 인정할 수 있어야 성숙한 사회인이라고 할 수 있다.

머리만 감추고 엉덩이는 내어 놓는 새끼꿩처럼, 자기는 잘못 을 숨기려고 해도 주위사람들은 이미 다 알고 있는 법이다.

실수를 했을 때는 발뺌하지 않는다. 책임회피, 책임전가로 '타 인의 탓'으로 돌리는 것은 직장에서 신뢰를 잃게 만든다.

"○○○씨에게 배운 대로 했을 뿐입니다."

"나는 모릅니다. ○○○씨가 했습니다."

이러한 발뺌은 비록 상사가 그 말을 진실이라고 받아들이더라 도 반격을 받기 쉽다.

"그렇지만 이상하다고 생각하지 못했나? 그대로 하기만 하면 되는 일이 아니지 않나?"

비록 모든 책임이 자신에게만 있는 것은 아니라고 하더라도 질책은 그대로 받아들여야 한다.

자기만 옳다고 우기는 것은 통용되지 않는다. 잘못을 인정하 는 것은 한 때의 수치일 뿐이다.

♣ 상대의 말에 귀를 기울인다

사람은 누구나 장단점이 있다. 직장의 인간관계에서 중요한 것은 상대의 좋은 점과 적극적으로 교제해야 한다는 것이다. 자기와 맞지 않는 사람이더라도 피하고 지낼 수만은 없다. 일단 상대가 하는 말에 귀를 기울여본다.

예컨대 그 사람이 아무리 당신의 의견에 반대하는 사람이더라도 무언가 한 가지쯤은 좋은 말을 할지도 모른다. 그것을 당신 쪽에서 "저 녀석이 하는 말이니까"하고 미리 단정지고 있는 것은 아닐까.

그러한 말을 겸허하게 받아들이고 반성함으로써 그것이 상대방에게 전해지면 분위기가 달라지기 마련이다.

맞지 않는 사람과 어떻게든 맞추도록 노력함으로써 자신을 컨트롤하고 사회인으로서 성장해가는 법이다. 상대방의 좋은 점을 한 가지만이라도 발견할 수 있다면 잘된 일, 그 좋은 점과 적극적으로 사귀도록 하라.

♣ 특정인에 대한 친절은 금기

이성간에는 친근심리가 있다. 특히 남성은 대부분 여성에게 친절하다. 이런 남자의 마음을 직장여성은 오해하지 않기를 바란다.

"저 사람이 나에게만"하는 생각은 대단한 오해일 수 있다.

또한 사회에 발을 내디딘지 얼마 안 되는 신인에게는 직장에서 대하는 상사나 선배가 믿음직스럽게 보일 것이다.

그래서 자주 일어나는 것이 일방적인 착각이다.

"○○○씨가 내게 친절하게 대해주었어."

"△△△씨는 나에게만 일을 부탁해"

흔히 있는 이러한 단정으로 그 사람은 자신에게만 친절하다고 오해하기 십상이다.

상대에게 착각을 일으킬 만한 특별한 친절을 베푸는 사람에게도 문제는 있으나 직장내에 사적인 감정을 끌어들이는 사람도 곤란한 사람이다.

어디까지나 일을 전제로 한 친절임을 염두에 두어야 한다. 이러한 친절을 냉철하게 받아들이는 지혜가 필요하다.

또한 좋아하기 때문에 친절하게 대하는 것은 누구든지 할 수 있다. 더구나 신입직원으로서 특히 주의해야 할 것은 특정한 사람에 대한 불평등한 친절이다.

"K에게는 적극적으로 협력하겠지만, B에게는 다가서는 것도 싫다."

이렇게까지 극단적인 경우는 없겠지만, 좋아하는 사람에게 더욱 친절하게 대하게 되는 것이 사람의 심리이다.

당신의 '상냥함' '배려'가 이런 형태로 표현되어서는 직장생활은 엉망이 되어버린다. 한결같은 마음으로 모든 사람에게 친절하게 대해 주는 것이 직장인으로서의 중요한 요소이다.

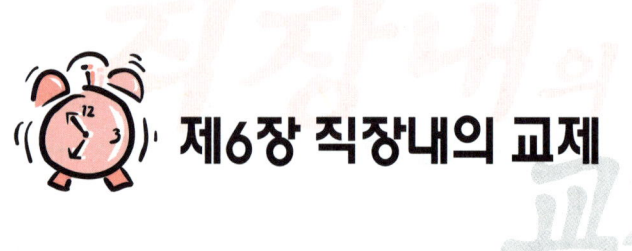

제6장 직장내의 교제

인간관계는 교제의 연속이며, 직장생활에 있어서도 중요한 것은 직장내 사람들과의 교제이다. 외부사람은 어쩌다 보거나 싫은 경우에는 안 봐도 그만이지만, 직장내의 사람은 매일같이 얼굴을 맞대어야 하기 때문이다. 그렇다면 직장내의 교제를 어떻게 해야 원만한 인간관계를 형성할 수 있을까? 이 장에서는 직장교제의 포인트, 퇴근후의 교제, 남녀교제, 선물과 답례 그리고 결혼과 조의 등에 있어서 매너를 알아본다.

1. 직장교제의 포인트

♣ 직장행사에는 적극적으로 참가한다

직장 내에는 공부모임, 운동모임 등 동호회 활동이 있어서 자기계발을 위한 원조를 받을 수 있다. 예를 들어 '컴맹탈출'이나 '영어회화 스터디 클럽'으로부터 시작해서 높은 레벨의 충실한 내용을 자랑하는 모임도 많다.

또한 취미나 스포츠 클럽 등 자기에게 맞는 것을 찾아서 여가 시간을 즐길 수도 있다.

이러한 활동에 적극적으로 참가함으로써 새로운 친구를 사귀거나 업무 중에는 알 수 없었던 인품을 접하거나 자기의 몰랐던 재능을 발견할 수도 있다.

직장은 일과 더불어 자기의 숨겨진 능력과 개성을 발전시키는 장소이므로 매사에 적극적으로 참여하는 것이 좋다.

직원연수나 체육대회, 단체여행 등을 실시하고 있는 직장은 많다. 이것은 직원 모두가 친목을 도모하는 자리이다. 이러한 자리는 평소에 성실한 얼굴을 하고 책상에 앉아 있는 사람의 또 다른 좋은 면을 볼 수 있는 계기이기도 하다.

또한 여행에서 돌아오고 나서도 사진을 보고 추억거리 등을 화제로 하면서 새로운 인간관계의 폭을 넓힐 수 있다.

이렇게 해서 동료와의 일체감이 자연히 깊어지면, 다음 번 행사가 무척 기다려지게 될 것이다.

직장내의 행사에 좋고 싫고를 따지지 말고, 적극적으로 참가하여 인간관계의 테두리를 넓히도록 하자.

♣ 빌려주고 받는 일은 쌍방이 신중하게

같은 직장에서 일하는 사람끼리의 빌려주고 돌려받는 행위는 그것이 동료간이건 상사와 선배와의 사이이건, 또 부하나 후배와의 사이일지라도 가능하면 하지 않는 것이 상책이다.

그러나 부득이한 경우에는 쌍방이 모두 신중해야 한다. 그것은 비록 연필 한 자루, 지우개 한 개의 일상적인 물건일지라도,

또한 금전의 경우라도 마찬가지다.

빌려주는 쪽의 입장에서는 대단히 귀중한 것인데, 빌리는 쪽은 그렇게 생각지 않고 있는 경우도 있다. 그렇지만 빌려주는 것의 대소나 다소에 관계없이 빌리는 쪽은 확실하게 약속기일까지 되돌려주어야 한다.

또한 예를 들어 책을 빌렸을 때는 자기 마음대로 그것에 첨서를 하거나 페이지를 절취하거나 해서는 안 됨은 당연하다. 의류 따위를 빌렸을 경우에는 반드시 세탁을 하고나서 되돌려 주는 것도 빌리는 측이 지켜야할 매너라고 할 수 있다.

금전에 대해서는 특히 신중해야 하겠지만, 부득이한 사정이 생겼다면 개인보다는 오히려 회사나 조직의 경리부에서 소정의 절차를 밟아서 빌리는 편이 좋을 것이다. 개인간의 대차는 만일 예측하지 못한 사태가 발생했을 때, 유형무형으로 서로에게 있어서 마이너스가 되는 수가 많기 때문이다.

2.퇴근 후의 교제

♣ 동료끼리의 교제는 각자부담으로

직장에서의 일을 끝내고 귀가하기 전에 잠깐 한 잔하는 것은 극히 일상화한 교제의 하나이다. 오늘날에는 술교제가 남성사원끼리로 한정되지 않고, 여성사원끼리 또는 남녀를 불문하는 것이 보통이다.

멤버는 어떻든 동료끼리 서로 업무에서 벗어난 입장에서 인간 관계를 보다 친밀하게 하고, 오늘의 스트레스를 해소하며 내일의 활력을 위해 술잔을 서로 주고받는다는 것은 썩 괜찮은 것이다. 또한 그것은 매일 근무에 시달리는 직장인에게 있어서의 작은 즐거움이기도 하다.

그러나 모처럼 일을 떠나 한때인데도 자신이 담당하는 업무문제나 회사의 경영방침, 상사에 대한 불만, 특정 개인비평 등으로 화제가 기울어지기 십상이다.

회사나 업무에 관한 문제로 화제가 집중되는 것은 어쩌면 부득이할지도 모르겠지만 가능한 한 피하고, 정치나 종교에 관한 의견이나 주장에 관련되는 화제도 역시 피하는 것이 좋다.

오히려 스포츠나 취미, TV프로그램 등을 안주로 삼는 쪽이 훨씬 마음 편하지 않은가?

아울러 이러한 교제에서의 지불은 각자부담을 원칙으로 해야 한다. 서로 용돈액수에 그리 차이가 없을 동료끼리, 한턱을 낸다거나 내게 되는 것은 불편한 마음이 되기 쉽고, 또 이러한 교제가 오히려 거북스럽게 느껴질 수 있기 때문이다.

♣ 상사와의 교제에 신분은 없겠지만

직장인의 입장에서, 직장을 떠나기만 하면 상사와의 접촉이 없어진다고 생각하는 것은 무리다. 그러나 업무 이외의 장소에서는 일대일의 인간으로서, 인생의 선후배로서의 관계는 엄연히 존재하고 있음을 잊어서는 안 된다. 퇴근 후의 상사와의 교제는 이와 같은 사고방식에 입각하여 해야 한다.

예를 들어, 바둑을 좋아하는 상사의 집으로 그 상대를 해주러 자주 방문하는 경우, 그것이 순수하게 바둑애호자로서의 교제라면 누구도 이의를 제기할 관계는 아닐 것이다.

그러나 바둑을 구실로 삼은 상사의 문안이나 비위를 맞추기 위한 의도가 있다면 문제가 된다. 직장에서의 업무를 자신과 긍지를 갖고 수행하고 있다면, 이와 같은 방문은 일체 필요하지 않다.

또한 퇴근 후에 상사로부터 권함을 받았을 때에는, 쓸데없는 사양이나 염려하지 말고 대접받는 것이 좋다. 그리고 이런 경우에 계산은 상사에게 맡기는 것이 예의이다.

그러나 반대로 상사에게 술과 음식을 강청(强請)하는 것은 물론 해서는 안 된다. 상사는 부하에게 베푸는 것이 당연하다고 생각하는 것도 잘못이다.

또는 흥에 겨워 상사에 대해서 난폭한 언행을 하는 것도, 아무리 상사가 웃고 보아 넘겨주더라도 엄중히 삼가야 한다. 퇴근 후의 개인적인 교제라고 해도 상사는 인간으로서의 선배임을 잊어서는 안 된다.

♣ 사택에서는 개인이지만 개인이 아니다

직장의 사택이나 기숙사에 사는 사람들 사이에 있어서는 그곳이 한 개인으로서의 사적인 생활의 장(場)이라고는 하지만 완전히 직장관계에서 분리되어 있지 않음을 잘 인식해야 한다.

독신자이든 기혼자이든, 개인적인 생활 속으로 직장에서의 각자의 입장에 선 교제를 끌어들이는 것은 곤란하다.

직장에서의 입장이야 어떻든 간에 사생활의 교제에까지 상사의 위치를 내세우거나 부하라고 해서 염려하거나 비굴한 행동을 해서는 안 된다.

이를 위해서는 본인도 직장에서의 일을 필요 이상으로 가족에게 이야기하거나, 또는 가족도 다른 사람의 급여나 인사에 대해서 관심을 갖지 않도록 해야 한다. 그밖에 자녀끼리의 교제에 부모가 개입하지 않도록 충분히 유의하고 경계해야 한다.

아무튼 사택이나 직원기숙사에 사는 이상 인근사람들과의 교제에는, 일반 주택단지나 아파트에서 생활하는 것보다도 평소의 배려가 중요함을 인식해야 할 것이다.

3. 남녀의 교제

♣ 오해를 초래하는 교제는 피한다

남녀간의 교제는 그것이 일대일이면, 특히 직장에서는 화제가 되고 문제시되기 일쑤이다. 결혼을 전제로 한 성실한 남녀끼리의 교제는 괜찮지만, 남성이 유부남이고 여성이 독신자이거나, 게다가 그것이 상사와 부하라는 입장에 있는 사람들끼리라면 더욱 문제가 된다.

이처럼 화제가 될만한 교제나, 불필요한 오해를 받을 교제는 특히 유의해야 한다. 당사자들에게 있어서나 화제로 삼는 주위 사람들에게 있어서도 결코 바람직한 일은 아니다.

따라서 쓸데없는 오해를 피하기 위해서라도 커피숍이나 맥주집 또는 영화관이나 음악회에 갈 때에는 일대일을 피하고 다수가 함께하는 것이 좋다.

교제는 개인의 자유이긴 하지만 이성간에는 생리적 육체적인 차이가 있다는 사실을 당사자들은 잘 인식하고 교제를 해야 한다.

♣ 사내연애에는 자기편을 만든다

기업활동이란 본래 조직의 팀플레이임을 생각하면, 사내연애나 결혼이라는 것은 지극히 미묘한 문제라고 할 수 있을 것이다.

또한 당사자들은 결혼하면 한쪽이, 그것도 대개는 여성쪽이 퇴직하지 않으면 안 되는 회사도 있었던 과거와는 시대가 달라졌다고 하더라도, 아직 연애에 대해서 예전의 사고방식을 가진 연장자가 없다고는 할 수 없는 것이 현실이다.

따라서 같은 직장의 남녀가 결혼을 전제로 사귀게 되었을 때에는 당사자들 자신도 주위에 대해서 여러모로 신경을 써야 하고, 주위사람도 또한 마찬가지일 수 있다. 그럴 때에는 주위에 한 사람이라도 자기편을 만들어 두면, 두 사람 관계는 보다 원만하게 될 것이 틀림없다.

이를 위해서는, 가능하다면 차라리 직속상사에게 밝혀두는 것이 쓸데없는 신경을 쓰거나 불필요한 오해를 받는 일을 상당히 줄일 수 있다. 상사는 젊은 두 사람에게 있어서 직무상으로나 인생면에서 선배이며, 좋은 이해자, 조언자가 되어 줄 것이다.

그러나 당사자들의 개인적인 관계가 업무상의 관계나 같은 직장 내의 인간관계에 영향을 미치지 않도록 해야 한다. 직장에서의 행동과 사적인 교제에는 보다 한층 신중해야 함은 말할 나위도 없다.

4. 선물과 답례

♣ 선물은 정성을 담아 분수에 맞게

선물을 할 때는 그 시기가 중요하고, 진심이 담겨있어야 함은 물론, 자기신분에 맞는 선물을 준비해야 한다.

직장인이 선물을 할 때는, 직장에서의 지위나 대우를 유리하게 받고 싶은 의도가 포함된 선물은 옳지 않다.

받는 쪽으로서도 그런 의도가 포함된 선물은 고맙지 않을 뿐만 아니라 부담스러우며 께름칙할 것이다.

그렇지 않고 쌍방에게 마음의 커뮤니케이션이 생기고 신뢰감이 증진되는 것이야말로 보내는 사람의 진심이 받는 측에 전달되고, 모처럼의 선물이 보람이 있다고 할 것이다.

보내는 측의 진심에서 나온 선물일지라도 그것은 신분에 맞는 물건이 아니면 안 된다. 선물은 고가품일수록 좋다고 하는 것은 잘못된 사고방식이다.

급료가 많지 않은 직장인이 고가(高價)의 선물을 한다면, 받은 상사로서는 무리했을 부하의 형편이 걱정되거나 뭔가 특별한 의미가 있는 것은 아닐까 하고 의심하지 않는다고 장담할 수 없다.

젊은 직장인이라면 그 나름대로 진심을 담은, 신분에 맞는 성의표시 방법이 있을 것이다. 비록 그것이 말뿐인 인사인 경우에도 말이다.

♣ 선물은 본인이 직접 전달한다

선물을 할 때는 선물하는 사람 본인이 직접 상대방에게 전달해야 하는 것이 매너이다. 손윗사람을 대할 때에는 특히 이것을 명심해야 한다.

그러나 부득이하게 백화점이나 전문점에서 배달하게 할 경우에는, 인사장을 그 물건에 첨가하든가 따로 우편으로 보내도록 해야 한다. 따로 우편을 이용할 때에는 물건이 도착하는 날과 인사장이 닿는 날이 어긋나지 않도록 배려해 둘 일이다. 거기에 물건만 보내 두고 선물을 한 취지의 인사장을 보내지 않는 것도 예의에 어긋나는 일이다.

또한 선물은 직접 지참해야 한다고 하지만, 방문 도중에 상대방의 인근 가게에서 사서 가져가는 것도 문제가 있다. 받은 측에서는 대충 인사치레를 하려는 것 같아서 어쩐지 경시당한 기분이 느껴질 것이다.

선물로 받은 물건을 다시 보낼 때에는 특히 신중해야 한다. 보내기 전에 그 선물의 내용을 잘 살펴보고, 자신이나 타인의 이름이 써있지 않는지, 관계없는 서신이 들어있지 않는지 따위를 확인한 다음, 그것이 선물로 받은 물건임을 상대방에게 양해를 구하고 보내도록 해야 할 것이다.

♣ 선물에는 반드시 답례를 한다

선물을 받았을 때에는 그 보내는 사람의 후의를 고맙게 받들어야 하며, 그리고 반드시 답례의 물품을 보내든지 답례의 서신을 내는 것이 매너이다. 단, 답례의 서신 만큼은 선물을 받으면 곧장 내도록 한다. 보내는 사람이 지참했을 때에는 그 자리에서 답례를 하면 좋다.

그러나 그 자리에서 어색하게, 마침 있는 물건을 때우듯이 답례로써 건네거나 또는 보내 온 선물이 당도하자마자 바로 되돌리듯이 답례의 물품을 보내는 것도 어쩐지 유쾌한 일은 아니다. 답례로서 물품을 보내는 데도 역시 그 시기에 대해서 배려를 해야 한다.

어떤 경우에라도 선물에 대해서는 답례의 물품을 보내는 것이 당연하다고 하더라도, 보내온 물건 이상의 답례를 하는 것은 매너에 어긋난다.

경사인가 조사인가 또는 손윗사람인가 아랫사람인가에 따라서 일반적으로는 다음과 같은 기준으로 반례하면 되는 것으로 되어 있다.

● 경사인 경우에 답례

① 손윗사람 또는 동료로부터의 선물에 대해서는 보내온 물품이나 금전의 약 2분의 1 가량 되는 것으로 답례한다.

② 손아랫사람으로부터의 선물에 대해서는 거의 같은 액수의 물품이나 금전으로 답례한다.

● 조사인 경우의 답례
　① 손윗사람에 대해서는 받은 것 이하로 답례한다.
　② 손아랫사람에 대해서는 받은 것 이상으로 답례한다.

　그 밖에 다음과 같은 경우의 선물에 대해서는 답례의 물품을 보낼 필요가 없는 것이 상식이므로 참고하도록 한다.
　· 중추절, 세모
　· 남을 방문할 때 들고 가는 간단한 선물, 격무에 시달리고 있는 사람을 위문하는 일
　· 회사, 단체, 관청으로부터의 선물
　· 결혼축하 · 신축축하 – 단, 축하연에 참석을 요청받고 그 자리에서 받은 경우에만
　· 특정한 일에 대한 답례
　· 순수한 후의의 선물
　· 재해를 당한 후의 문안
　· 승진, 입학, 졸업축하

5. 결혼과 조의

♣ 축복하는 마음이 제일이다
　같은 직장의 사람들로서 결혼피로연에 초대하거나 초대되는

것은 결코 한두 번으로 그치지 않을 것이다. 이와 같을 때 어떻게 대처하는 것이 옳은가?

결혼식이나 그 피로연에서의 매너에 대해서는 서점에 가면 다양한 참고서 중에서 적절히 선택할 수 있다. 또한 부모나 직장의 동료·선배들로부터 배울 수도 있다.

그러나 형식적인 한두 가지 매너를 익히는 것보다 오히려 서로 축하하고 받는 사람들끼리 그 마음을 교류하는 쪽이 중요하다. 따라서 그 마음의 표현을 선물이나 축의금으로 대신하는 것도 그 하나이다.

결혼축하에는 어떤 물건을 주어야 하며, 어느 정도의 축의금을 내면 마음의 표현으로써, 또 매너에도 합당할 것인가 하는 것이 직장인에게 있어서의 고민거리인지도 모른다.

♣ 지나쳐서 상대에게 부담이 되지 않도록

결혼축하의 선물로는 어떤 것을 해야 기뻐할지 고민스러울 것이다. 어느 은행이 종합한 최근의 데이터에서 뽑아보면 다음과 같은 것이 있다.

· 대단히 도움이 되는 것 : 시계, 식기, 토스트기, 오븐, 밥솥,
　　　　　　　　　　　　다리미, 냄비류, 청소기, 전기포
　　　　　　　　　　　　트, 세탁기, 기타
· 별 도움이 되지 않는 것 : 장식물, 꽃병, 찻잔, 인형, 전기스
　　　　　　　　　　　　탠드, 식기, 냄비류, 믹서, 시계,
　　　　　　　　　　　　토스트기, 오븐, 기타

이런 순으로 결과가 나와 있다. 이 데이터에서 재미있는 것은,

같은 물건일지라도 답변자에 따라서 도움이 된다는 물건과 도움이 되지 않는다는 물건으로 분류됨을 알 수 있다.

이렇게 되면 보내는 측으로서는 어지간히 고려하지 않으면 모처럼의 선물도 상대의 입장에서는 오히려 부담스럽게만 되기 쉽다. 역시 이것은 일률적으로 정하기는 어려운 일이다.

따라서 보내는 쪽은 그 예산을 상대에게 제시하고, 상대가 희망하는 물건으로 정하는 편이 좋다. 최근에는 이러한 방법이 정착되어 가고 있는데, 결코 매너없는 행위가 되지 않으며 오히려 합리적이라고 할 수 있을 것이다.

♣ 축의금이나 조의금은 형편에 맞게

결혼 축의금도 한결같이 정하기는 어려울 것이다. 물론 보내는 쪽의 신분에 맞게 한다는 것이 원칙이다. 하지만 결혼하는 측과의 친분정도라든가, 상하의 관계라든가 하는 것을 고려해야 한다.

어쨌든 너무 많으면 받는 측에서는 무언가 의도하고 있는 것이 아닐까 하고 의심할 수도 있다. 또한 반대로 너무 적을 경우도 상대를 경시하고 있는 듯이 느껴질지도 모른다. 역시 형편에 맞게 하는 것이 좋다.

직장상사나 동료, 또는 그 근친의 장례에 참석해야 하는 경우가 결코 적지 않다. 이러한 자리에서의 조의(弔意)를 표시하는 방법에는 고인에 대한 조사나 유족들에의 문상 또는 장례준비나 장례식장에서의 접수 따위를 돕는 경우도 흔히 있다.

이러한 장례 그 자체에 관련되는 매너나 수칙에 대하여 부모나 집안어른, 상사로부터 듣고 익히는 것도 가능하다. 아무튼 조의를 나타내는 방법이란 고인에 대한 자신의 마음의 표현일 수밖에 없다.

또한 부의(賻儀), 요컨대 조의금을 낸다는 것도 역시 조의의 한 표현방법이 된다. 물론 부의는 고인에 대한 조의, 경의의 표현이지만 현실적으로는 유족을 돕는 것이다. 이러한 점도 미리 생각하여 부의금액은 어느 정도가 적당한가 역시 고려해 두어야 할 사항의 하나임에 틀림없다.

♣ 좋은 일에는 적게, 궂은 일에는 많이

축하할 일에는 듬뿍이라든가, 불행한 일에는 어떻게 한다는 것, 즉 매너가 이러니저러니 하는 것과는 별개로 그 사람의 품격에도 관계되는 것이다.

물론 신분에 맞지 않는 거액을 할 필요는 없으며, 또한 '경사스런 일에는 적게, 조사(弔事)에는 많이 한다'는 말도 있다. 따라서 부의금액으로써는 약간 많은 듯이 하도록 명심할 일이다. 이렇게 함으로써 애도의 마음은 충분히 전달될 것이다.

그렇다고 하더라도 일단 유사시 예의를 잃지 않고, 그 위에 조의를 충분히 표현할 수 있으려면 어느 정도의 금액을 타당하다고 해야 할 것인지가 고민이다.

그러나 정답은 없다. 고인과의 친분이라든가, 자신의 사회적 지위 등을 감안하여 금액을 정하면 좋을 것이다.

♣ 사망시의 여러가지 절차를 알아둔다

결혼의 경우라면 일단은 혼인신고만 끝마쳐 두면 되지만, 사람이 사망하게 되면 그에 수반되는 신고나 절차는 각각에 정해진 기간이 있는 만큼 방치해 둘 수 없다. 또한 유족에게 알리지 않고 있던 보험 등이 있을지도 모른다.

대부분의 경우, 이러한 신고나 절차는 유족이 해야 할 것이다. 그러나 장례에 쫓기거나 슬픔 속에서 그만 깜박 잊어버리거나 또는 이러한 일에 익숙하지 않은 까닭에 방치해 버리는 경우도 있을 수 있다.

아무튼 고인이나 유족과의 친분의 정도가 전제가 되겠지만, 경우에 따라서는 조언하거나 실제의 신고나 절차를 대행하거나 하는 경우도 있을 수 있다.

이러한 일을 하는 것도 고인에 대한 조의의 표현의 하나라고 할 수 있다. 따라서 사망신고나 수속절차 등도 직장인으로서 사회인으로서 미리 알아두면 유사시 도움이 될 것이다.

III
직장인의 화법

제1장 직장대화의 TPO

올바른 대화법이란 TPO, 즉 적절한 시간(time) 안배와 적절한 장소(place)에서 그 상황(occasion)에 맞는 언어를 사용하는 데에 있다. 갖가지 생활장면에서 이루어지는 것이 대화이므로, 그때그때의 상황과 상대에 알맞는 화제라든가, 의견 교환을 할 줄 알게 되면 대인관계의 폭은 그만큼 넓어지고 생활자체도 다양해질 수 있다. 이 장에서는 상대에 따라 달라질 수 있는 응대방법을 예로 하여 잘못된 예와 적절한 예를 비교함으로써 실증적인 효과를 얻게 하는 방법에 대해 알아보기로 하자.

1. 경어의 사용법

♣ 바른 언어사용은 인간관계의 필수

우리는 이제까지 경어(敬語)라고 하면, 사회생활 속의 하나의 규정으로서 '손윗사람에게 경어를 사용하지 않으면 안 된다'는 의례적인 것으로 생각해왔다. 경어는 신분의 상하가 까다로웠던 시대에 주로 상하관계에서 발달해 온 것이다.

그러나 현대사회에서는 각각의 개인이 대등한 관계를 유지하고 있다. 이 대등한 인간관계를 무시하고 윗사람이라고 해서 아랫사람에게 무조건 해라 식으로 말을 해도 안 되고, 대등하다고 해서 아랫사람이 윗사람에게 함부로 말을 해서도 안 된다.

현실사회는 인간으로서는 대등해도 연령, 지위, 직위 등 여러 가지 차이가 있다. 그 차이를 의식하면서 대등한 관계를 유지하기 위해 사용하는 것이 경어이다. 따라서 경어는 인간관계의 차이를 메우고 조화시키는 '조화어(調和語)'이고, 또 대등한 관계를 유지할 수 있는 '대등어(對等語)'라고도 할 수 있다.

여하튼 경어(敬語)는 인간관계에 있어서 상대에 대한 존경의 의미와 공손한 태도를 보일 수 있게 만드는 효과가 있다.

가족관계에 있어서나 직장사회에서 윗사람에 대한 예의와 마음가짐이 구체적으로 드러나고 평가받는 것이 경어의 사용이므로, 바른 경어의 사용은 인간관계에서 필수적인 요소라고 하겠다.

경어에는 상대를 높여주는 존경어와 자기를 낮춤으로써 경어의 효과를 꾀하는 겸손어의 두 가지가 있는데, 실제 비즈니스 사회에서 실제로 잘못 쓰이는 존경어의 경우와 겸손어의 경우에 대해 살펴보기로 한다.

♣ 존경어 사용의 실제

A. 잘못 쓰인 경우

여 : "과장님! 사장이 부릅니다."

남 : "뭐라고?"

여 : "사장이 부른다니까요."

남 : "미스 김, 경어를 써야지. '부른다' 가 뭔가?"

여 : "그렇다면 '사장이 부르시고 계십니다' 하면 되나요?

남 : "경칭을 써야지."

여 : "네, '사장님이 부르시고 계십니다' 하면 되겠군요."

남 : "그래도 뭔가 이상한데…."

이 경우의 문제점은 두 가지다. 하나는 호칭에 대한 문제이며, 다른 하나는 상사의 행위에 대한 존경어의 사용이다. '사장' 은 그 자체로도 존경어지만, 우리 사회의 통념상 '님' 자를 붙이는 편이 좋다. '부르시고 계십니다' 는 '부르십니다' 로 고쳐야 할 것이다.

B. 잘 고쳐진 경우

여 : "과장님! 사장님께서 곧 오라고 하던데요."

남 : "또, 경어를 써야지."

여 : "그럼, '사장님이 곧 오셔야 한다고 말했어요' 라고 해야 하나요?"

남 : "그것도 이상하지 않나? 존경어를 써야지."

여 : "네, 사장님이 곧 오시라고 말씀하셨습니다.

남 : "아니야, '사장님이 곧 오라고 말씀하셨습니다' 라고 해야지."

이 경우 '오시라' 고 했다는 것을 '오라' 고로 고치는 것은 비중이 높게 쓰여야 하는 쪽에 대한 존경의 의미 때문이다. 존경하는 주체와 제삼자를 혼동해서는 안 된다. '말했습니다' 는 당연히 '말씀' 으로 고쳐야 한다.

♣ 겸손어 사용의 실제

A. 잘못 쓰인 경우

여 : "손님, 물건은 내일 가져가죠."

남 : "미스 김, 손님에게 '가져간다'는 말은 안돼."

여 : "물건을 가져가는 것은 전데요?"

남 : "상대에 대해서 자기를 낮춰야지."

여 : "그럼, 자기가 하는 일에도 경어를 써야 하나요?"

남 : "그렇지. '물건은 내일 가져다 드리겠습니다'가 맞아."

자신을 낮추고 상대를 높여주는 것이 겸손어이다. 이 경우에는 '가져간다'와 '가져다 드린다'의 쓰임이 혼동된 예이다. 때로 자기의 동작에 대해서 존경어를 쓴다는 것이 어색한 것이 아닌가 하는 의문이 생기겠지만 '말하겠습니다.'와 '말씀드리겠습니다'처럼 자기의 '말'을 '말씀'이라고 높여 말하는 것은 곧 상대를 높여주고 자기를 낮추는 뜻이 되므로 겸손어의 바른 쓰임이 된다.

B. 잘 고쳐진 경우

여 : "물건은 내일 가져가도 되죠?"

남 : "미스 김, 손님한테 말씀드릴 때는 겸손하게 말해야지."

여 : "아, 그렇군요. '손님, 이 물건을 내일 가져다 드려도 됩니까?' 이렇게 하면 되겠군요."

간단한 예지만 겸손어의 사용은, 가급적 상대에 대한 존경어의 사용과 상대를 위해 자기가 해야 될 행동까지도 높임말을 씀으로써 겸손한 뜻을 나타내야 하는 것이다.

이밖에도 경어의 사용에는 더 높은 상급자 앞에서 덜 높은 상급자를 부르는 용례에 대한 주의가 필요하다. 예컨대, "사장님! 이거 김부장에게 가져다줄까요?" 하는 바른 경어의 사용이, 흔히 "사장님! 이거 김부장에게 가져다드릴까요?"로 쓰이는 경우이다.

이런 경우에는 더 높은 상급자를 위해 '드릴까요'가 아닌 '가져다줄까요'가 올바른 쓰임이다.

2. 전화의 대화법

♣ 문명의 총아인 전화의 올바른 사용법

전화를 통한 커뮤니케이션이 가장 중요한 비즈니스의 요소로 대두되고 있다. 공간적인 편리와 언어만을 사용한다는 속성 때문에 궁벽한 상황의 처리가 쉽고 커뮤니케이션의 메시지 집중력이 높기 때문이다.

그럼 먼저 전화의 특성에 대해서 알아보자.

전화는 상대가 아무리 멀리 떨어져 있어도 버튼만 몇 번 누르면 용무가 끝난다. 전화의 최대 장점은 여기에 있다. 그런데 항상 통화중이어서는 아무리 편리한 전화라도 무용지물이다. 한마디로 전화는 나만의 것이 아닌 '공공의 것'이라는 사실을 자각

했으면 한다.

또한 전화는 상대가 어떤 상태인지 상관하지 않고, 언제 어디서나 뛰어든다. 손님과 상담중이라도, 손을 놓을 수 없는 일을 하고 있는 중이라도, 목욕중이나 취침중이라도 상관하지 않고 걸려온다. '지금 하고 있는 일을 중단하고 빨리 수화기를 들어라' 하고 강요하듯이, 전화는 일방적으로 강요하는 힘이 있다. 일종의 폭력이라고 해도 과언이 아니다.

어디 그뿐인가. 전화를 받거나 걸 때도 요령이 부족하여 오해를 사거나 논쟁을 벌일 때가 비일비재 한 것도 사실이다. 전화대화는 기계를 통한다는 매체의 속성 때문에 메시지가 부정확할 수도 있으며, 감정의 전달이 충분하지 못한 단점도 있다.

따라서 전화대화에 있어서는 보이지 않는 상대라도 보이는 것 이상의 정중한 마음가짐을 필요로 한다.

여기에서는 전화를 받는 법과 전화로 내용을 전달하는 법의 실제에 대해 살펴보기로 한다.

♣ 전화받기의 실제

A. 잘못 쓰인 경우

남 : "여보세요. 서울상사죠?"

여 : "그런데요, 어디시죠?"

남 : "네, 과장님 좀 부탁합니다."

여 : "무슨 일이시죠?"

남 : "글쎄, 일이 있으니까 바꿔줘요!"

여 : "저, 총무과장님 말씀인가요?"

남 : "뭐요? 거기 경리과 아니요?"

이 경우에는 먼저 받는 법이 서툴러서 언성이 높아지게 된 예이다. 전화벨이 울리면 "네, ○○상사 ○○과입니다"하고 받는 곳을 정확히 밝혀야 한다. "○○과의 ○○○입니다"라고 받는 이의 신분까지 밝히는 것이 바람직하다.

이렇게 되면 "누구신가요?"하는 질문을 던지기도 전에 상대 역시 자기의 신분을 확실히 밝히지 않으면 안 될 의무감을 갖게 된다.

B. 잘 받은 경우

여 : "네, ○○상사 총무과 ○○○입니다."

남 : "총무과죠? 여기 ○○인데요, 과장님 계십니까?"

여 : "○○라고 하셨죠? 무슨 일로 전화하셨다고 할까요?"

남 : "결재건을 확인하려고 합니다."

여 : "네, 잠시 기다려 주십시오."

먼저의 경우와 다른 것은 이쪽의 신분을 밝힘으로써 상대도 자신의 신분을 밝히게 되었고, 용건의 확인도 가능하게 되었다는 점이다.

다만 상대방이 과장을 찾을 때 "과장님 말씀인가요?"하고 재차 확인을 해 두는 것이 바람직하다.

♣ 내용전달의 실제

A. 잘못 전달된 경우

여 : "과장님, 좀 전에 ○○기획의 강(姜)씨로부터 전화가

왔었는데, 급히 뵙고 말씀드릴 게 있다던데요."

남 : "음, 그래 어디서 보자던가?"

여 : "내일 여덟시 반에 호텔 커피숍에서 뵙자고 합니다."

남 : "아침인가, 저녁인가?"

여 : "어머 내 정신 좀 봐, 그게 확실히……."

남 : "아니 무슨 전화를 그렇게 받나! 또, 그 시간에 내가
시간이 없으면 어떻게 하려고 약속을 했어!"

이 경우는 잠시 자리를 비웠던 상사에게 전화내용을 전달한 케이스인데 잘못된 부분이 너무 많다. 첫째는 여덟시 반이 아침인지 저녁인지 확인을 하지 않았고, 다음으로는 상사가 과연 그 시간에 나갈 수 있는지 없는지의 여부를 듣지도 않고 멋대로 결정했다.

상사의 대답을 들어야 될 성격의 전화였다면 당연히 "그 약속을 전하기는 하겠지만, 과장님의 사정을 제가 모르니 다시 한번 전화를 주시지요."하는 부탁을 했어야 했다.

B. 잘 전달된 경우

여 : "○○상사 홍보실입니다."

남 : "○○기획의 ○○인데, 과장님 좀 부탁합니다."

여 : "아, 마침 자리를 비우셨는데요. 오후 4시 중 오신다고
했습니다."

남 : "그럼 말씀 좀 메모해 주시죠. 내일 여덟시 반에 ○○
호텔 커피숍에서 광고 기획건으로 만나 뵙고 싶다고
말입니다."

여 : "○○기획의 ○○씨가 ○○호텔 커피숍에서 내일 여덟 시 반에 광고건으로 만나뵙자고 하셨지요? 오후 여덟 시 반인가요?"

남 : "그렇습니다."

여 : "네, 잘 알겠습니다. 그렇지만 혹시 과장님 사정이 어 떠실 지 모르니까, 이따 4시 넘어 다시 전화주실 수는 없겠습니까?"

남 : "아, 네. 그러지요."

먼저의 경우에 비해 통화내용이 상당히 길어졌지만 그만큼 요령있게 전화를 받았다는 증거이다. 이렇게 받은 전화 내용을 육하원칙에 의거해서 상세히 메모하여 전달하면 당사자는 상황을 확실하게 짐작하므로 당황하지 않게 되는 것이다.

3. 초면의 인사와 자기소개

♣ 자기소개는 어떻게 해야 할까

우리의 사회생활은 매일 같이 만남의 연속이다. 그중에는 낯익은 얼굴도 있고 낯선 초면의 사람도 있다.

특히 학교를 마치고 사회에 첫발을 딛게 된 신입직원들의 경우에 가장 당황하게 되는 것은 초면의 사람에게 '어떤 인사로 시작할 것인가' 와 '어떻게 자기를 소개할 것인가' 하는 점일 것이다.

한 직장내에서라면 '신입직원'이라는 명분으로 대접을 받게 마련이다. 그러나 그런 특혜도 오래가지 않는다. 사회인으로서 자기를 남에게 알리지 못하는 사람이나 인사가 서툰 사람을 이 사회는 낙오자로 만들고 만다.

그렇다면 어떤 방법으로 자기소개를 하면 좋을까? 일대일로 마주하는 경우, 회의식의 모임인 경우, 파티형식의 모임인 경우 등, 각각에 다소의 차이는 있지만, 기본적인 것은 다음의 방법으로 하면 좋다.

    ① 인사로 시작한다.

    ② 이름을 말한다.

    ③ 내용을 이야기한다.

    ④ 다시 한 번 이름을 밝힌다.

    ⑤ 인사로 끝맺는다.

이상의 다섯 가지가 ③의 내용을 중심으로 좌우대칭이 되기 때문에 기억하기 쉽다. 구체적으로는 이런 식으로 해도 좋을 것이다.

"여러분, 안녕하십니까? (첫인사)

저는 이번에 새로 입회한 최상관(崔上官)입니다. 우리 할아버지께서 최고의 큰 인물이 되라고 '상관'으로 이름을 지었다고 합니다." (이름 소개)

그런 다음에 자기의 나이, 출신지, 출신교, 특기, 취미 등을 말하면 좋을 것이다. 이것이 내용으로 그 안에서 자기를 알린다. 이렇게 끝내도 좋으나 마지막에 다시 한 번 이름을 밝히고 인사말로 끝맺으면 좋다.

"최고를 지향하는 사나이, 최상관을 기억해주시기 바랍니다. (이름 강조)

앞으로 잘 부탁합니다." (끝인사)

이렇게 말하면 절도가 있는 아주 산뜻한 자기소개가 된다. 이 것이 자기소개의 기본형이다.

다음에서는 직장내에서 자기를 소개하는 법과 직장 밖에서 초면의 상대에게 인사를 나누는 법에 대한 화법의 실제를 살펴보기로 한다.

♣ 자기소개의 실제

A. 잘못된 경우

사회자 : "이번에 신입사원으로 ○○과에서 함께 일하게 된 김철웅 씨를 여러분에게 소개합니다."

사　원 : "김철웅이라고 합니다. 열심히 일하겠습니다. 이상입니다."

사회자 : "여보게 태생이 어딘지, 학교는 어딜 나왔는지, 뭐 그런 것을 밝혀야 되는 게 아닌가?"

사　원 : "아참, 그렇군요. 저는 부산태생에 K대 경영과를 나왔습니다."

사회자 : "취미라든가 특기 같은 것도 말하는 편이 좋지 않겠나?"

사　원 : "네. 취미는 바둑이고, 특기라고 할 만한 것은 없습니다."

신입사원으로 소개된 사람은 시종일관 사회자의 요구에 의해서 자기를 소개한 셈이다. 이래 가지고는 자기를 강하게 부각시킬 수 없음은 물론이다. 신입사원은 대체적으로 몇 단계의 자기소개를 해야 한다.

첫 번째는 여러 사람 앞에서 공개적으로 하는 '공개형 소개', 두 번째는 부서를 돌면서 일대 일로 소개하는 '대인형 소개', 세 번째는 각과의 상사나 부서장에게 자기의 존재를 알리는 '광고형 소개' 가 있다.

따라서 신입사원의 자기소개는 무엇보다도 짧은 스피치로써 상대에게 강한 인상을 주면서 많은 것을 알게 해 주는 화법을 써야 한다.

B. 잘 쓰인 경우

사회자 : "이번에 새로 여러분과 함께 일하게 된 김철웅씨를 소개합니다."

사 원 : "방금 소개받은 김철웅입니다. 부산 출신으로 보시다시피 바닷바람을 많이 쏘여서 피부가 검습니다. 그러나 체력에는 자신이 있습니다. K대 경영과를 나왔는데, 학교시절에는 테니스 선수로 활약하기도 했습니다. 잘 부탁드리겠습니다."

이 소개는 미지의 사람들에게 출신과 취미와 개인적 특징을 한 마디로 잘 소개한 예이다. 피부가 검다는 것을 개인적 특징으로 말하면서 "그러나 체력에는 강하다"라는 것을 덧붙인 점이 성공적이다.

♣ 초면 인사말의 실제

A. 잘못된 경우

사 원 : "안녕하십니까? 처음 뵙겠습니다."

거래선 : "아, 처음 보는 얼굴인데…."

사 원 : "네, 이번에 새로 입사해서 이곳을 맡게 되었습니다."

거래선 : "그래요? 어느 회산가요?"

사 원 : "아참, S제약입니다."

거래선 : "그렇군. 그래, 성함은 어떻게…."

사 원 : "아, 아직 제 이름을 말씀 못 드렸군요. 김철웅이라고 합니다."

아무리 신입사원이라지만 이런 자기소개로는 초면의 인간관계가 원만할 리 없다. 상대의 궁금증을 문답식으로 대꾸하기보다 먼저 기초적인 신상소개를 말해야 하는 것이다.

"○○회사에 새로 입사한 ○○○입니다. 출신은 ○○이고, 학교는 ○○대학 ○○과를 나왔습니다."

이것이 바른 인사법이다.

B. 잘 쓰인 경우

사 원 : "안녕하십니까? 처음 뵙겠습니다."

거래선 : "누구시더라?"

사 원 : "네, 이번에 S제약 영업부에 입사한 김철웅이라고 합니다. 저의 소장님이 소개를 시켜 주시기로 했는데, 마침 출장중이어서 저 혼자 나왔습니다."

거래선 : "아, 그랬군요."

사 원 : "네, 저는 ○○대 ○○과를 나왔고, 부산 출신입니다. 잘 부탁드립니다."

거래선 : "음, 그런데 체격이 좋군요."

사 원 : "네, 대학 시절에 테니스 선수를 했습니다."

거래선 : "호오, 그래요. 그럼 언제 나하고 한 게임 하겠소?"

이 장면에서는 충분한 자기소개와 더불어 장차 테니스를 한 게임하자는 정도의 인간관계로 발전시킨, 초면의 인사로 잘 쓰인 예이다. 초면의 인사 때는 이렇게 상대에게 자기의 특징을 한 가지라도 분명히 인식시키는 것이 좋다.

4. 상사와 동료간의 대화

♣ 상사나 동료간의 대화는 어떻게 해야 할까

직장이라는 곳은 동료간의 수평 커뮤니케이션과 상하간의 수직 커뮤니케이션이 다반사로 행해지는 곳이다. 따라서 업무수행이 원활하고 능력발휘를 제대로 하기 위해서는 커뮤니케이션의 상황을 가져오는 상대와의 사회적 관계에 걸맞는 대화가 요구된다.

상사라는 존재는 대부분이 복잡한 난문제를 안고 있어서, 절차나 격식이 없이 곧바로 자기의 용건만을 말하거나 구체적인 설명없이 결론만을 말한다.

그렇다고 그것을 탓할 수도 없는 것이 부하의 입장이다. '척하면 3천리'라고 유능한 부하는 상사가 변죽만 울려도, 그 속마음을 헤아려 대처하는 화법을 사용한다.

동료와의 대화에서도 마찬가지다. 자기가 바쁘다고 해서, 동료의 입장이나 상황은 고려하지 않고 불쑥 부탁하기 십상이다. 그 결과 협조를 받지 못할 뿐만 아니라, 자기의 잘못은 깨닫지 못하고 동료만을 탓하기도 한다.

기계는 스위치만 누르면 곧바로 작동을 하지만, 사람은 지시나 부탁만으로 곧바로 움직이지 않는다. 또 기계는 지시한 것만 곧이곧대로 하지만, 사람은 부탁한 것뿐만 아니라, 보충까지도 해준다. 이것이 기계보다 사람이 우월한 이유이다.

그렇다면 상사나 동료간의 대화는 어떻게 해야 할까? 그 경우는 여러 가지겠지만, 여기서는 직장에서 가장 신경이 쓰이는 상사와의 대화와 업무협조와 같은 동료와의 대화, 이 두 가지의 상황을 보기로 하자.

♣ 상사와 대화의 실제

A. 잘못된 경우

남 : "김부장 있는가?"

여 : "네, 그런데 김부장님은 지금 회의실에서 회의중이십니다."

남 : "잠시 나 좀 보자고 전해주게."

여 : "나라니요? 실례지만 누구신가요?"

남 : "응? 허어, 자네. 날 아직도 모르고 있나? 나, 전무야!"

여 : "어머, 전무님! 죄송합니다. 입사한 지 얼마 되지 않아서…."

　회사의 조직은 계급에 의한 커뮤니케이션이 주류를 이룬다. 이 경우에 자기를 밝히지 않은 전무의 대화에도 문제가 있지만, 경칭 없이 "김과장 있나?"하고 물을 정도의 사내인사라면 곧 과장급 이상의 상사인 것이 분명한 이상 재빨리 상황을 파악하는 것이 순서일 것이다. 그런 다음 "알겠습니다. 곧 전해드리겠습니다"하는 것이 바른 응대이다.

B. 잘 쓰인 경우

남 : "김부장 여기 있나?"

여 : "네, 전무님! 지금 회의실에서 회의중이십니다."

남 : "그래, 그럼 회의 끝나고 나 좀 보자고 하게."

여 : "네, 알겠습니다. 회의가 세 시에 끝날 예정이니까, 즉시 말씀드리겠습니다."

남 : "세 시라? 너무 늦는데."

여 : "그럼 제가 회의실에 메모를 넣도록 할까요?"

남 : "그래 주겠나? 그래주면 고맙겠네."

　이 예화는 회사내에서 상하관계가 뚜렷이 드러난 좁은 대화의 장면으로 전무의 사정을 배려해 주려는 부하의 자세가 여실히 나타나 있다.

　"메모를 넣을까요?" 하는 물음은 상사가 하고 싶었던 말을 재빨리 간파한 것으로 좋은 인상을 남기게 된다.

♣ 업무상 대화의 실제

A. 잘못된 경우

남 : "미안합니다. 이 서류를 급히 타이핑해야겠는데요."

여 : "어머, 지금 바빠서 안돼요."

남 : "부탁합니다. 우리 과장이 급히 쳐오라고 해서…."

여 : "그래요? 그런데 댁은 무슨 과죠?"

남 : "홍보과에 새로 들어온 ○○○입니다."

여 : "아무튼 지금은 바빠서 안 되겠어요."

타이핑을 부탁하는데 무슨 과에 근무하는 누구라는 소개도 없이 불쑥 서류만 내민 것이 실수의 하나였다. 다음으로는 자기 과장이 어떤 용도로 쓰기 때문에 급하다는 사정 설명이 없어 부탁받은 직원이 긴박감을 갖지 않게 되었다.

이 경우에서는 홍보과에 근무하는 ○○○인데, 회의시간에 볼 바쁜 서류라서 과장이 급히 쳐오라고 했다는 상황설명이 필수적인 것이다.

B. 잘 쓰여진 경우

남 : "홍보과 ○○○입니다. 지금 바쁘시죠?"

여 : "네, 지금 무척 바빠요."

남 : "아하, 그럼 이걸 어쩌나. 급히 타이핑을 해야 할 서류가 있는데."

여 : "무슨 서류인데요?"

남 : "네, 저의 과장님이 중역회의에 보고 드릴 내용인데, 시간이 없다고 급히 쳐오라고 해서…."

여 : "어머, 그건 급히 쳐야 되겠군요. 알겠습니다. 지금 바로 시작하죠."

남 : "고맙습니다. 잘 부탁합니다."

이렇게 되면 상대의 기분도 상하지 않고 "중역회의에 보고할 사항이다"라는 말로써 긴박성을 강조하여 목적도 달성한 일거양득의 대화가 이뤄졌다.

아무리 수평간의 대화라고 하더라도 상대의 형편과 자존심을 배려해야 하는 것이 수평 커뮤니케이션에서 성공하는 대화법이다.

5. 알기 쉬운 설명법

♣ 설명은 자기능력을 평가받는 기준

설명이라는 것은 인간관계는 물론, 직장생활 특히 비즈니스에서 가장 기초를 이루는 커뮤니케이션의 한 방법이다.

정보를 전한다거나 사정을 알려준다거나 해야 할 일을 지시한다거나 상황을 보고할 때 설명의 요령이 부족해서는 상대의 이해를 얻기가 어렵고 설득도 불가능하다.

비즈니스 사회에서 이뤄지는 모든 지시나 명령, 보고나 프레젠테이션 등에서 행해지는 설명은 그런 의미에서 자기의 능력은 물론, 그 직장의 이미지를 평가받는 직접적 기준이 된다.

그렇다면 설명을 효과적으로 하기 위해서는 어떻게 해야 할까? 다음의 네 가지 요소를 선행해야 한다.

첫번째는 말의 내용이 '바르게' 전달되도록 말해야 한다.

둘째는 듣는 사람의 입장에서 '알기 쉽게' 말해야 한다.

셋째는 생생한 느낌을 주게 '뚜렷하게' 말해야 한다.

넷째는 같은 말이라도 '느낌이 좋게' 말해야 한다.

이상과 같은 네 가지 요소를 전화를 통한 예화로써 구분하여 살펴보기로 한다.

♣ 바른 설명의 실제

A. 잘못된 경우

남 : "K상사죠? 여기는 ○○앞입니다. 그런데 아까 설명해 주신대로 걸어 왔는데, 도저히 찾을 수가 없군요."

여 : "그럴 리가 있나요. 그럼, 지금 어디서 전화하신 거죠?"

남 : "○○제과점 앞입니다."

여 : "어머 그럼, 반대편으로 가셨잖아요?"

남 : "아니, 역 앞에서 오른쪽으로 가라고 하지 않았습니까?"

여 : "아니에요, 역을 바라보고 오른쪽으로 오셔야죠."

이 경우는 설명이 바르지 못해 빚어진 촌극이었다. 오른쪽으로 가라는 말을 설명하는 이와 듣는 이가 서로 자기편에서 해석해버렸기 때문이다. 이런 경우에는 듣는 사람의 입장에서 설명하는 것이 바람직한 설명의 자세이다.

B. 잘 설명된 경우

남 : "K상사죠? 좀 전에 전화를 드린 사람입니다. 설명해
주신대로 왔는데도 찾기가 어렵군요."

여 : "아, 그러세요. 지금 계신 곳이 어딘가요?"

남 : "D다방 앞입니다."

여 : "그럼, 그곳에서 건너편에 꽃집이 보이지요?"

남 : "네, 그렇습니다."

여 : "그 꽃집을 바라볼 때 오른쪽으로 3분정도만 걸어오시
면 5층 건물이 있는데, 아랫층에 상회가 있습니다."

남 : "네. 감사합니다. 꽃집에서 오른편으로 말이죠?"

앞의 경우와 달리 이번에는 듣는 이의 입장에서 위치를 설명
했으므로 설명이 바르게 전달되었다. 이처럼 설명은 제대로 전
달되도록 듣는 이의 입장에서 설명하는 것이 효과적이다.

♣ 알기 쉬운 설명의 실제

A. 잘못된 경우

남 : "○○씨 댁입니까?"

여 : "네, 그런데요."

남 : "조금 전에 주문하신 물건을 가져다 드려야겠는데, 찾
기가 어렵군요."

여 : "지금 계신 곳이 어디죠?"

남 : "○○약국 앞입니다."

여 : "아, 그럼 가까운 데 와 있군요. 그럼, 그쪽에서 ○○
제과점이 보이죠? 그 제과점을 지나 두 블럭만 오면

빨간 기와집이 한 채 있어요."

    남 : "네? 두 블럭이요? 그게 뭔가요?"

    여 : "저런! 블럭도 모르세요."

설명을 해야 되는 사람은 잘 알고 있는 용어라도 상대는 모를 때가 많다. 이 경우도 '블럭'이라는 단어의 뜻을 제대로 알지 못해 설명이 막혀버린 케이스이다. '블럭' 대신 알기 쉬운 표현을 사용하는 것이 좋다.

B. 잘 설명된 경우

    남 : "○○씨 댁이죠? 주문하신 물건을 배달해 드리려고 하는데, 위치를 알려 주십시오."

    여 : "지금 계신 곳은 어딘가요?"

    남 : "약국 앞입니다."

    여 : "네, 그럼 그 곳에서 제과점이 보이죠? 그 제과점을 지나 신호등을 두 번 건너면 빨간 기와집이 한 채밖에 없어요. 바로 그 집입니다."

    남 : "그렇군요. 감사합니다."

이처럼 자신에게는 익숙한 말이라도 상대의 이해 여부를 살피려는 배려가 알기 쉽게 설명을 해주는 요령이 된다.

♣ 뚜렷한 설명의 실제

A. 잘못된 경우

    여 : "C상사죠? 여긴 전철역인데요, 여기서 어떻게 가야 할까요?"

남 : "전철을 타고 오셨군요. 아하, 어쩌나. 그럼 다시 되돌아와야 할 텐데."

여 : "되돌아오다니요?"

남 : "다시 시내 쪽으로 말이죠. 아무튼 그쪽에서 맨션아파트가 보입니까?"

여 : "네."

남 : "그 맨션을 지나면 가게가 여럿 있어요. 요즘엔 제과점도 생겼던데."

여 : "아, 그 제과점 건물로 가면 되는군요."

남 : "아닙니다. 그 제과점 옆에 보면 부동산이 있고, 골목이 있습니다."

여 : "그럼, 그 골목 안에 있군요."

남 : "아닙니다. 그 골목을 가다보면 다시 큰 길이 나와요. 그 큰길에 나서면 일식집이 하나 있을 거여요."

여 : "알겠습니다. 그 일식집 건물이군요."

남 : "아, 여보세요. 그런데 그렇게 걸어오시려면 상당히 먼 거린데요. 버스를 타시면 두 정거장이지만…."

여 : "아이, 그럼 진작 그렇게 말씀하셔야죠."

설명은 결코 장황해서는 안 된다. 궁금한 상대에게 한 마디로 납득시키기는 어렵지만, 이 경우에는 길게 설명할 것 없이 버스를 타고 두 정거장만 오면 된다는 설명이면 족하다.

B. 잘 설명된 경우

여 : "거기 C상사죠? 길을 잘 몰라서 그러는데요, 좀 알려

주십시오.”

남 : “거기가 어디신가요?”

여 : “전철역입니다.”

남 : “네, 버스를 타고오실 건데 그러셨군요. 그럼 그곳에서 ○○번버스를 타고 시내 쪽으로 두 정거장만 오시면 일식집이 보일 겁니다. 그 건물 ○○○호입니다.”

여 : “네, 잘 알겠습니다. 감사합니다.”

앞의 장황한 설명에 비해 요점이 간단히 정리되어 듣는 이가 뚜렷하게 알아듣게 만들었다. 뚜렷하게 설명하면 상대가 말을 듣는 가운데 자기가 해야 될 행동을 쉽게 결정하도록 만들어 준다.

♣ 느낌이 좋은 설명의 실제

A. 잘못된 경우

남 : “여보세요, K상사죠? 그곳을 찾아가려고 합니다만….”

여 : “지금 계신 데가 어디신가요?”

남 : “역 앞인데요.”

여 : “그럼, 그쪽에서 택시를 타셔야 되겠군요.”

남 : “걸어서는 갈 수 없는 거리인가요?”

여 : “그렇진 않지만….”

남 : “그럼, 설명해주시죠.”

여 : “그게 좀 어려워요. 만약 걸어오시겠다면 그쪽에 관광안내소가 있죠? 그곳에서 물어보세요.”

남 : "뭐라구요?"

이런 경우가 흔하지는 않을 것이다. 그러나 설명하기가 어렵다고 해서 아무렇게나 말해 버리는 태도는 좋은 기분을 갖게 할 수 없다. 이 경우라도 다음과 같이 말하면 훨씬 어감이 좋을 것이다.

B. 잘 설명된 경우

남 : "K상사죠? 그곳을 찾아가려고 합니다만…."

여 : "지금 계신 곳이 어디신가요?"

남 : "역 앞입니다."

여 : "교통편을 이용하실 건가요, 걸어서 오실 건가요?"

남 : "거리상으로는 어떻습니까?"

여 : "거리는 가깝습니다만 지리를 잘 모르실 것 같아서 택시를 이용하라고 권하고 싶군요."

남 : "아닙니다. 걸어서 가보겠습니다."

여 : "그럼 죄송하지만, 역 앞에 관광 안내소가 보이시죠? 그곳에 가서서 K빌딩을 물어 보시면 쉽게 가르쳐 드릴 겁니다."

남 : "네, 고맙습니다. 그렇게 하죠."

같은 내용의 말이라도 이처럼 정중한 어조로 설명하면 어감이 훨씬 부드러워 좋은 느낌을 주는 것이다.

제2장 논쟁과 토론에서 이기는 법

사회생활이나 직장생활, 특히 비즈니스에서 논쟁과 협상은 불가피하다. 논쟁은 단순한 말싸움이 아니라, 보다 나은 결과를 얻기 위한 밑거름이다. 그런데도 대부분의 사람은 논쟁이나 마찰을 피하려고 든다. 그 결과 권리 위에 잠자는 사람, 무사안일의 적당주의자가 되어 비즈니스에서 손해를 보는 경우도 허다하다. 이 장에서는 논쟁에 대처하는 자세와 논쟁 승리의 요령에 대해서 살펴본다.

1. 논쟁을 두려워하지 말라

♣ 핑퐁처럼 되받아치는 말펀치

신사의 나라 영국인들은 말에도 멋과 재치가 넘친다.

영국을 빛낸 두 사람의 세계적인 문호 체스터톤과 버나드 쇼. 이들은 친구였는데, 체스터톤은 상당히 살이 쪘고, 버나드 쇼는 대단히 말랐었다. 두 사람이 어느 날 주고 받은 말이다.

체스터톤이 먼저 입을 열었다.

"자네를 보면 누구나 영국에 기근이 들었다고 생각하겠군."

그러자 버나드 쇼가 즉시 받아넘겼다.

"그 원인은 자네에게 있다고 생각하지 않는가?"

체스터톤이 버나드 쇼의 몫까지 먹어서 그렇다는 것이다.

또 이런 말도 있다. 이번에는 버나드 쇼가 공격을 하였다.

"자네같이 살이 찌면 목매달아 죽고 싶을 걸세."

그러나 체스터톤이 가만히 있을 리가 없다.

"그때는 자네를 로프대신으로 사용해주지."

뚱뚱이와 홀쭉이에게 썩 잘 어울리는 위트이다.

그런가하면 수상이었던 윈스턴 처칠도 비꼼의 명수였다. 처칠과 버나드 쇼 사이에 이런 일이 있었다고 한다.

버나드 쇼가 처칠에게 자기작품의 연극 첫날 입장권을 2장 보내면서 편지를 첨부했다.

"친구와 함께 와 주십시오. 만약 있다면."

어차피 친구같은 건 없을 거라는 말투였다. 그러나 처칠에게서 이런 답장이 왔다.

"유감스럽게도 첫날은 용무가 바빠서 못 갔습니다. 둘째날의 입장권을 보내주십시오. 만약 있다면."

어차피 관객없는 연극은 첫날뿐, 둘째날의 입장권은 없을 것이라는 것이다.

'만약 있다면(if any)'을 그대로 되받아친 처칠은 빙그레 웃으며, 특유의 V사인을 또 한 번 치켜들지 않았을까?

♣ 인생이란 문제해결의 연속이다

문제의 연속이 인생이며, 직장생활이다. 삶에 있어 아무리 사소한 일이라도 문제가 없는 것은 없다.

"죽느냐 사느냐? 그것이 문제로다."

햄릿의 독백과 같은 인생사가 달린 큰 문제로부터,

"담배를 끊을 것이냐, 말 것이냐?"

개인적인 작은 문제에 이르기까지 문제, 문제 그저 문제로 시작해서 문제로 끝나는 것이 우리의 생활이다.

그렇다면 '문제'란 무엇인가? 문제란 '그래야만 할 상태'와 '실제의 상태'와의 사이에 존재하는 어떤 거리를 말한다.

그런데 이 '거리'라고 하는 것이 참 묘하다. 사람마다 이 거리를 모두 다르게 느낀다. 심지어 어떤 사람은 이 거리를 메워야겠다고 생각을 하고, 또 어떤 사람은 별것이 아니라고 판단한다.

여기서 생기는 인식의 차이, 생각이 다르고 행동이 다른 데서 오는 서로의 판단을 하나로 집약시키기 위해서는 토론과 협상의 자리에서 어쩔 수 없이 '논쟁'이 뒤따르게 마련이다.

서로 옳다고 주장하고 자기의 판단을 하나의 '사실'로 관철시키기 위해서는 '논쟁'을 피할 수가 없다. 우리가 살아간다는 것을 문제해결의 활동이라고 한다면 논쟁과 토론의 자리는 도처에 존재한다고 각오해야만 한다.

재벌기업인 K물산의 김(金)사장은 불과 15년 만에 말단 사원에서 정상까지 뛰어오른 그야말로 입지전적인 인물이다. 그와 함께 공개채용시험에 합격했던 동료들은 이제 겨우 부장급인데도 유독 김사장만은 승진에 승진을 거듭하여 대표이사가 되었다.

그의 주위에 있는 사람들은 다음과 같이 이야기한다.

"김 사장님은 이사였을 때도 마찰을 두려워하지 않았습니다. 그는 마찰, 즉 논쟁을 통해서 자신의 적극성을 나타냈고, 거기서 마침내 성공의 기회를 잡았습니다."

상사가 지시하는 대로 따라다닌다는 것은 결국 어떤 굴레에 얽매여 있다는 것을 의미한다. 그것은 현실안주이며 무기력한 겁쟁이의 행동이다. 더구나 마찰을 두려워한다는 것은 소극적인 자세이다. 이렇게 된다면 성장이 있을 리가 없고 발전이 있을 수가 없다.

상사에게 제안을 하고 자기의 판단을 통과시키기 위해 논쟁하는 중에 인정도 받고 자기 자신을 보다 굳세게 단련할 수도 있는 아주 좋은 계기가 되는 것이다.

"잠시 대화를 나눠보면 그의 능력을 100% 판단할 수 있습니다. 더구나 격렬한 논쟁이나 중요한 토론의 자리에서는 상대의 능력이 그대로 드러납니다."

이렇게 말하는 김사장의 능력 판단법은 우리에게 퍽 깊은 의미를 시사하고 있다.

♣ 논쟁과 토론이 없는 집단은 퇴보

부하에게 무엇이든지 명령만 하면 된다는 식의 사고방식이 통하던 시대는 지났다. 지금은 윗사람의 뜻이 일사천리로 전달되어 획일적으로 업무가 처리되는 시대가 아니다.

격의없는 토론과 논쟁을 거쳐서 결정된 결론이라면 설사 그 결과가 예상과 어긋났다고 해도 개선의 여지가 있지만, 토의를 무시하고 독단적으로 결정된 일이 잘못되면 그 일을 개선하기란 여간 어려운 노릇이 아니다.

논쟁과 토론을 무시하는 집단에 발전이란 있을 수 없다. 반대로 논쟁과 토론을 선택하는 집단에는 반드시 향상과 진보가 존재한다.

개인에게 있어서도 마찬가지다. 요즈음은 '목석같은 그 사내'가 예전처럼 그다지 매력적으로 보이지 않는다. 말없이 자기의 할 일만 해치우는 사람은 어떤 의미에선 지극히 능력이 없는 사람인지도 모른다.

그런 사람일수록 새로운 도전을 두려워한다. 주어진 일, 기왕에 설정된 규칙에 충실함으로써 자기는 할 일을 다 했다고 느낄지 모르지만, 새로운 일이 주어지면 금방 그의 한계는 드러나고 만다. 능력의 한계인 것이다.

그러나 진짜 능력있는 사람은 어떤가? 다른 사람과의 대화를 통해서, 때로는 격렬한 논쟁을 통해서 은연중에 자신의 능력을 내보인다. 그렇게 되면 상대방은 당신의 판단에 수긍하게 되고 반대의 입장에서 협상도 하게 된다.

여하튼 마찰을 통해서 발전적인 합일점을 찾아 머리를 맞대게 되면, 머리라도 한 번 맞댄 사람과 친하게 되지, 구석에 앉아 주어진 일만 하는 소극적인 사람과는 친해질 수 없게 된다.

♣ 논쟁의 목적은 상대의 설득

우리가 논쟁하는 이유는 듣는 사람을 설득하기 위해서이다. 듣는 사람의 마음을 움직이기 위해서는 인정받고자 원하는 욕망을 자극하고 충족시켜주는 것이 필요하다.

영국의 조지(George) 왕에게 어떤 사람이 새 식민지를 건설하자고 건의했다. 그러자 조지 왕은 반대를 했다.

"우린 충분한 식민지를 갖고 있지 않은가? 더 이상 식민지를 가질 필요가 없다고 보오."

그러나 그 사람은 다음과 같이 말했다.

"폐하! 영국이 식민지를 많이 보유하고 있는 건 사실입니다. 그러나 폐하의 이름을 딴 식민지는 하나도 없지 않습니까? 폐하를 기념하여 새 식민지를 '조지아'로 명명하려는 것입니다."

그러자 조지 왕은 쾌히 승낙을 했다고 한다. 이와 같은 이야기는 미국인의 비즈니스 세계에서도 찾아볼 수 있다.

강철왕 앤드류 카네기의 성공비결은 사람 다루는 재주가 뛰어난 데 있었다. 펜실베이니아 철도회사에 자기의 회사에서 제조한 철로를 판매할 때도 인정을 받고자 하는 욕망에 호소했던 유명한 일화가 있다.

"존경하는 톰슨 사장님. 당신네 철도회사에 우리 회사 제품인 철로를 납품하고 싶은데 잘 좀 부탁합니다."

"죄송합니다만, 이미 다른 회사와 선약이 되어있습니다."

오랫동안 협상과 논쟁을 벌였으나 톰슨 사장의 태도는 확고부동이었다. 그러나 카네기는 한 가지 묘책을 생각해냈다. 피츠버그 시에 큰 공장을 건설하여 '애드가 톰슨 제철소'라고 이름을 붙인 것이다. 말할 나위없이 톰슨은 몹시 기뻐하며, 자기의 이름이 붙어있는 제철소에서 납품신청이 들어오자 쾌히 승낙을 하였다.

이렇듯 사람은 누구나 지위고하, 빈부귀천할 것 없이 자기의 존재 가치를 인정받으려는 심리가 있다. 이 인정의 심리를 자극하는 것이 논쟁에서 승리하는 길이다.

2. 논쟁에도 방법이 있다

♣ 논쟁의 방법을 모르면 싸움이 된다

영화를 통해서 서양사람들의 말하는 모습을 관찰해 보자. 그들은 뭔가 논쟁을 할 때면 마치 원수를 대하듯이 격돌한다. 죽고 사는 문제가 거기에 달린 듯이 핏대를 올리고 다툰다. 상대가 누구건 관계없이 자기가 믿는 바를 관철시키기 위해 팔을 걷어붙이고 대든다.

그러나 논쟁이 끝나면 언제 그랬냐는 듯이 악수하고 격의없이 담소를 나누지 않던가. 어떤 때는 이상하게 보일 정도로 한계가 분명하다.

이와는 반대로 우리는 원수를 대하듯이 논쟁을 하게 되면 진짜 원수가 되어버린다. 완전히 등을 돌리고 적이 되기 일쑤고 설령 좀 좋아진다고 해도 쑥스러운 사이, 서먹서먹한 사이가 된다. 서로의 생각은 다를지라도 결론은 같은 것이 아닌가? 좀더 잘해 보자는 것이다. 논쟁은 그래서 필요한 것이다.

어떤 학자는 이러한 우리의 사고방식을 '흑백논리'라고 하고, 또 어떤 사람은 '지적(知的)으로 성숙되지 않아서' 그렇다고도 한다. 그래서인지 우리나라 사람들은 예로부터 논쟁이나 토론을 싫어했던 것 같다. 유교적 생활관습에서 연유된 고정관념이라고나 할까? 묵묵히 앉아서 하는 양반식 대화법이 칭찬을 받아왔다.

"음, 그래요?"

"그러는 게 좋겠죠?"

논쟁을 두려워하는 게 아니라 아예 논쟁 자체를 무시하는 것이다. 무시한다는 것은 어떤 의미에서는 방법을 모른다는 뜻도 된다. 논쟁의 방법을 모르니 어쩌다가 논쟁의 자리가 되면 쓸데없이 언성이나 높이게 되고, 대화가 끝나면 '죽일 놈 살릴 놈' 하며 영원히 등을 돌리게 되는 것이다. 논쟁의 방법을 배워야 하는 이유도 바로 여기에 있다.

사회가 점차 복잡해지고 다양해지면서 사물을 합리적으로 생각할 수 있는 능력의 소유자가 성공하게 되어 있다. 작은 사업을 하나 해도 주먹구구식으로 하던 시대는 지난 것이다.

"이렇게 저렇게 하면 어떻게 되겠지."

구체적이고 합리적으로 판단하고 행동해도 시행착오가 있게 마련인데, 그저 막연히 어림짐작으로 시작했다가는 금방 절단이 나고 만다.

여기서 합리적이라는 것은, '누구나 인정하는 사실과 올바른 근거에 바탕을 두고 결론을 내린다'는 뜻이다. 이것은 문제 해결의 키포인트이기도 하다.

문제의 연속인 직장생활에서 합리적인 사고능력은 무엇보다 필요한 것인데 이 능력은 바로 논쟁을 통해서 얻을 수 있다.

♣ 합리적 사고를 요하는 청백토의

　요즈음은 어느 기업을 막론하고 사원교육을 철저히 하고 있다. 정신자세에서 다양한 기법까지, 그중에서도 합리적인 사고능력을 배양시키기 위해 '청백토의(靑白討議)'라는 교육을 실시하는데, 그 진행방법이 특이하다.

　먼저 주제를 정한다. 다음에 청군과 백군으로 팀을 나누어 각 팀에게 긍정, 부정의 입장을 부여한다. 긍정하는 측은 긍정하는 근거를, 부정하는 측은 부정하는 주장을 상대에게 전한다. 그다음 질의와 응답이 계속되고 곧이어 쌍방으로부터 반론이 제기된다. 끝으로 마무리 스피치를 한 다음 토의는 막을 내린다.

　이렇게 토론이 끝나면 판정자가 강평을 하고 판단을 내린다. 평가 방법으로는 분석의 방법 · 근거 · 논쟁의 진행 · 반론 · 설득력 등이다. 바로 이러한 토론을 통해서 합리적인 사고능력을 기르고 나아가 합리적인 업무처리 능력도 배양하는 것이다.

　우리는 일반적으로 이렇게 까다로운 대립, 논쟁, 토의를 기피하는 경향이 있다.

　"바쁜 세상에 뭘 그렇게 따지고 사느냐? 그럭저럭 되는 대로 살지…."

　이런 태도는 논쟁의 필요성을 잘 모르기 때문이기도 하거니와 왜 논쟁을 하는가 하는 점을 잘 모르기 때문이다.

　논쟁이란 '누가 옳고 그른가를 추궁하는 것이 아니라, 무엇이 옳고 그른가를 가려내는' 분위기를 마련하는 것이다. 발전하는 기업, 성장하는 회사를 보면 하나같이 그와 같은 분위기가 있다. 그런 회사에서는 사람들의 역량이 분명히 발휘될 것이다.

♣ 주장 · 사실 · 논거는 논쟁의 3요소

논쟁이 합리적인 사고능력을 배양하기 위해서 꼭 필요한 것이라면 기왕에 하는 논쟁, 꼭 이길 필요가 있다. 지려고 논쟁을 시작하는 사람은 없을 것이다. 다만 논쟁의 방법을 잘 모르기 때문에 지는 것뿐이다.

논쟁에 이기기 위해서는 '주장', '사실', '논거'의 3요소를 제대로 갖추어야만 한다.

예를 들어, 어떤 사람이 살인사건의 용의자로 잡혀왔다고 하자. 형사가 묻는다.

"당신이 이번 살인사건의 범인이지? 확실한 증거가 있으니 빨리 자백하시오!"

"나는 범인이 아니오!"

"그럼, 지난 토요일 밤 11시, 어디서 무엇을 하고 있었습니까?"

"호텔 커피숍에서 커피를 마시고 있었소!"

"증인이 있습니까?"

"커피숍의 웨이터가 나를 알아볼 거요….."

이상의 대화에서 나타난 용의자의 주장 · 사실 · 논거는 다음과 같다.

· 나는 범인이 아니다(주장).
· 나는 그 시간에 호텔의 커피숍에 있었다(사실).

· 내가 동시에 두 장소에 있을 수 없다(논거).

이처럼 논쟁에서는 자기의 주장을 확실하게 뒷받침할 만한 사실과 그 사실을 반증할 만한 정확한 논거가 있어야만 한다. 이것은 곧 합리적인 사고능력과 올바른 스피치능력이 우선되어야만 하는 것이다.

3. 논쟁에 대처하는 자세

♣ 삼단논법의 사고를 생활화한다

논쟁의 방법을 터득하기 위해 좀더 구체적으로 논쟁에 대처하는 몇 가지 방법을 알아보자.

첫째는 삼단논법(三段論法)이 있다. 삼단논법하면 중·고등학교 시절에 배운 기억이 있을 것이다. '대전제-소전제-결론' 의 세 가지 단계로 성립된다.

· 사람은 죽는다(대전제).
· 철수는 사람이다(소전제).
· 그러므로 철수는 언젠가 죽는다(결론).

이런 삼단논법을 배우면서 우리는 대부분 당연한 것을 가지고 삼단논법이니 뭐니 하며 거창하게 떠든다고 생각할 때가 있다. 그러나 그거야 '알고보니' 당연한 것이다. 그만큼 우리에겐 논리적 사고의 바탕이 없다는 얘기다. 서양사람들과 대화를 나누다

보면 그들의 사고방식 속에 이러한 논리적 바탕이 확고하게 자리잡고 있음을 알 수가 있다.

비즈니스 사회에서 이와 같은 논리적 사고방식은 필수적이다. 논리정연하게 자기가 생각하는 바를 남에게 전달할 수 있는 사람은 어떤 어려움에서도 극복과 해결의 기회를 잡을 수 있다.

논리적이란 말은 곧 합리적이라는 말이다. 구태여 여기서 연역법이니 귀납법이니 하는 어려운 말을 쓸 필요조차 없이 우리에겐 문제를 보다 논리적으로, 구체적으로 따져 생각하는 습관이 필요하다.

그러기 위해서는 문제가 발생하게 된 원인과 그 문제를 극복할 대책 등을 나름대로 심사숙고해 보는 버릇이 우선 앞서야 한다. 이렇게 해서 세워진 결론을 하나의 주장으로 펼치기 위해서는 다시 '화술'의 필요성이 대두되지만, 굳이 화술을 따질 것도 없이 조금만 더 생각하고 머리를 쓰면 논쟁에 대처하는 방안이 모색될 것이다.

무슨 일에든지 준비가 필요한 일이지만 특히 논쟁을 하는 자리에 준비가 없다면, 전쟁에 나가는 장수가 창칼을 가지지 않고 가는 것과 다를 바 없다. 생활 속에서 사소한 일에도 삼단논법에 맞춰 생각해보는 습관만 들인다면, 이 논리적 사고방식이 당신의 토론능력을 키워준다.

♣ 상대의 기를 꺾는 궤변을 활용한다

둘째는 궤변(詭辯)의 논법이다. 궤변하면 우리는 무슨 속임수의 말이 아닌가 생각하지만 꼭 그런 것은 아니다. 궤변이란 다름 아닌 '언어의 마술'이다.

현대를 감각적 언어의 시대라고 한다. 광고나 선전문구의 언어는 무척 감각적인데 바로 여기에 궤변술의 손길이 숨어있다. 텔레비전의 CF를 보면 교묘하게 상품의 구입을 강요하는 메시지가 포함되어 있는 것을 알 수 있다.

'현대 여성이라면 꼭 필요한 화장품', '건강하고 밝은 여성의 필수품' 등이 좋은 예이다. 별로 아름답지 못한 여성도 그 필수품을 사용하면서 자기도 건강하고 밝은 여성이라는 자부심을 가질테니 그야말로 누이 좋고 매부 좋은 궤변이 아닐 수 없다.

어느 부부의 대화를 한 번 들어보자.

　　아내 : "여보, 나 밍크코트를 하나 사주세요."
　　남편 : "할부 값으로 나가는 돈만 해도 월급의 반이 넘는데, 나중에 사줄께."
　　아내 : "하지만 옆집 철이 엄마도 입었는데요, 뭘."
　　남편 : "다른 사람과 비교하지 말자구. 형편에 따라 사는거지, 안 그래?"
　　아내 : "그러니까 당신은 날 사랑하지 않는 군요, 그렇죠?"

아내의 감각적 언어가 남편의 애정의 농도를 평가절하하는 순간이다. 아내의 궤변이 남편을 자극하는 것이다. 남편은 아내에 대한 사랑을 확인시켜주기 위해서라도 밍크 코트를 사지 않을 수 없게 된다.

이처럼 궤변에는 상대의 의중을 꿰뚫을 수 있는 비수가 숨어 있다. 궤변을 적절히 이용하면 논쟁에서 상대보다 한 계단 위에 설 수가 있다.

♣ 말에 앞서 심리적 우위가 중요하다

셋째로 논쟁에 이기기 위해서는 먼저 심리적으로 우위에 서야 한다. 심리적으로 이기기 위해서는 어떻게 해야 할까?

먼저 상대의 입장을 필요 이상으로 의식하지 말아야 한다.

물론 사회생활을 원만하게 이끌기 위해서는 상대의 입장에 서서 생각해주는 자세도 필요하다. 그러나 논쟁에 약한 사람들을 보면 대개 상대의 입장을 필요 이상으로 염려한 나머지 강력한 주장을 펼치지 못한다. 상대는 이쪽의 사정도 개의치 않고 가차 없이 공격을 해오니, 당하는 것은 오히려 이쪽이다. 상대가 강하게 나오면 이쪽도 서슴없이 강하게 반론을 가해야 한다.

다음은 상대에게 관심과 이해심을 보여야 한다.

처음부터 대립적 자세를 취하면 그것은 토론이 아니라 말 그대로 싸움이다. 사람은 자기에게 관심을 가져주길 바라는 마음이 있는데 논쟁의 자리에서도 이 점은 마찬가지다. 상대를 이해하고 관심을 베푼다는 것은 상대로 하여금 마음의 여유를 갖게 할뿐더러 경계심도 풀게 하는 등 이득이 많다. 더구나 그것은 이쪽의 여유만만함을 보여주는 자세이기도 하니 상대는 한풀꺾인 태도로 나올 것이 확실하다.

또 심리적으로 우위에 서려면 이론적인 무장을 해야 한다.

귀를 기울여 상대의 말을 듣다보면 분명히 어느 한구석이라도 허점이 보이게 된다. 허를 찌르기 위해서는 우선 자기 자신부터 이론적인 무장이 되어있어야 할 것이다.

자신의 허점은 생각하지 않고 상대의 허점만 물고 늘어진다면 그것은 논쟁을 통해 보다 나은 결과를 모색하려는 자세가 아니라, 일을 그르치게 하려는 공허한 말장난에 불과하고 인간관계도 나빠질 것이다.

이론적으로 무장되어 있으면 상대를 자기가 원하는 대로 유도할 수 있다. 그렇게 되면 백보전진을 위한 일보의 후퇴도 할 수 있고, 설령 십보쯤 양보를 했다고 해도 안심하고 자기 페이스를 잃지 않게 되는 것이다.

♣ 지고도 이기는 고등기술이 있다

넷째로 지고도 이기는 기술적 화법을 익혀야 한다. 상대가 강자이고 자기가 약자의 입장에서 교섭을 해야 될 경우라면, 유도(柔道)의 낙법처럼 진 것처럼 보이고도 자기의 목표대로 성과를 거두는 기술도 필요하다.

세상살이의 인간관계가 대개 이런 강자와 약자의 입장에서 협상과 설득의 세계가 펼쳐지는데, 다음과 같은 '지고도 이기는 고등기술'을 익혀두면 효과적으로 관계를 맺어갈 수 있다.

우선 곧 사과하고 머리를 조아림으로써 상대의 공격력을 약화시킨다.

다음은 상대로부터 가르침을 받는 자세로 돌아가면 지면서도 이기는 효과를 얻을 수 있다.

또한 상대를 칭찬해서 심리적으로 냉정을 잃게 하는 작전을 사용하는 것이다. 누구나 칭찬을 받고 싶은 법, 상대는 의외의 칭찬에 어안이 벙벙해 진다.

그 다음은 감정에 호소하는 작전이다.

이론을 따질 것 없이 상대의 인간적인 감정에 호소함으로써 어떤 결정을 자기에게 유리하게 끌어올릴 수 있다.

이상과 같은 논쟁의 방법을 터득하기 위한 구체적인 테크닉을 몸에 익히면 어떤 토론의 자리에서도 손해보지 않고 자기의 주장을 관철할 수 있을 것이다.

무엇보다 중요한 것은 논쟁이나 토론의 자리를 피하지 말고 적극적으로 나서서 말하는 자세이다.

"그때 이렇게 했더라면 좋았을 걸."

이런 안타까운 생각에 젖는 경우가 우리에겐 참으로 많다. 심지어 상대방의 격렬한 공격을 받고 대꾸 한 마디 못한 채, 기회를 잃고는 심한 열등감에 시달리는 사람도 있다.

논쟁에서 번번이 실패하는 사람은 우유부단하다든지 소심하다든지 하는 이유 때문이라고만 할 수는 없을 것이다. 논쟁에서 승리하기 위한 '화술'이 부족하기 때문이라고 하는 편이 훨씬 더 적절할 것이다.

사회생활에서 자기 자신의 입장을 굳건하게 지킨다는 것은 무엇보다 중요하다. 그리고 상대의 입장을 돌볼 수 있는 여유를 갖는다는 것 또한 매우 중요하다.

논쟁에 이긴다는 것이 꼭 인생의 승리를 의미하지는 않지만 성공을 위한 중요한 동기는 될 수 있다. 그리고 그것은 자기의 입장만을 고집하는 것이 아니라 상대의 입장도 세워줄 줄 아는 지혜를 동반하는 것이다.

자기의 의욕을 관철하려고 애를 쓰면 상대와 충돌하는 일은 불가피하다. 이 충돌을 인간관계의 폭을 넓히는 기회로 삼고 자기의 능력을 더욱 키울 수 있는 계기로 역전시킬 수 있다면, 논쟁의 중요성은 더 이상 강조할 필요가 없을 것이다.

논쟁을 피하지 말자! 논쟁이 격렬하면 할수록 상대와의 사이는 깊어진다. 그렇게 되도록 만들어야 한다.

4. 논쟁에서 이기는 방법

♣ 상대의 약점을 공격한다

논쟁의 승리는 대화의 승리이다. 대화의 실패는 결국 인간관계의 실패이며, 인간관계의 실패는 곧 비즈니스의 실패를 뜻하기도 한다. 어떤 논쟁에서건 꼭 이겨야 한다는 정신자세로 임하고, 또 반드시 이길 수 있는 화술을 지녀야 비즈니스에서 승리할 수 있다.

그렇다면 논쟁에서 이기는 화술을 익히려면 과연 어떤 방법을 선택해야 할까?

첫째는 상대로부터 공격을 받을 만한 자신의 약점을 노출해서는 안 된다.

약점이 있는 사람은 언제나 한풀 꺾이게 마련이다. 그리고 그 핸디캡 때문에 자신감도 없어질 것이다.

그러나 상대로부터 공격을 받을 만한 약점이 전혀 없으면 자신감도 생길뿐더러 어떠한 문제에도 논리적으로 완벽성을 갖기도 한다. 그와 함께 모든 일에 자신감도 생긴다.

조선 말기에 있었던 일이다. 한 미술 발표회장에서 이등박문을 비롯한 일본의 고관들과 매국노 몇 명이 월남 이상재 선생과 마주치게 되었다.

"여보시오! 대감님네들, 당신들 모두 동경으로 가는 게 어떠실지."

"월남 선생, 그건 또 무슨 말씀이시오?"

"그건 대감님들의 천재적 소질을 아껴서 하는 말이오."

"천재적 소질이라니요?"

"우리 조선을 망치게 하는데 대감님들이 천재적 소질을 발휘했으니, 동경으로 건너가면 일본을 곧 망칠 수 있지 않겠소?"

이상재 선생의 도전적인 말에도 불구하고 매국노들은 아무 소리도 못하고 꽁무니를 뺐다고 한다. 스스로 자기의 약점을 알기 때문이다. 논쟁에서 이기기 위해서는 이처럼 상대의 약점을 강타하여 공격하는 방법도 효과적이다.

♣ 임기응변의 화술로 대응한다

둘째는 임기응변의 화술을 익혀야 한다.

논쟁이 심각해질수록 상대에게서 무슨 말이 튀어나올지 전혀 예측할 수 없다. 극도로 흥분된 상태가 되면 이쪽에서도 실수를 할 수 있다. 이럴 때 필요한 것이 임기응변이다.

어느 회사에서 신규사업을 벌이면서 사업 본부장으로 박(朴)부장을 발령했다. 박부장은 무척 영향력있는 간부로 인정받아 왔기 때문에 회사의 기대는 컸다.

그러나 개척사업이었기 때문에 준비와 계몽 등에 시간을 빼앗기고, 불황에 타이밍도 안 좋아서 박부장의 전력투구에도 불구하고 사업자체가 부진해지자, 회사측에서는 마침내 사업의 보류를 결정하고 말았다.

박부장은 회사의 일방적인 조급한 결정에 항의를 했다.

"사장님, 아직도 희망은 있습니다. 얼마든지 성공할 수 있는 여건이 있지 않습니까?"

그러나 사장의 반응은 냉정하기만 했다.

"자네는 변명을 하고 있군. 패장은 말이 없어야 돼!"

이 말에 박부장은 조용히, 그러나 진지하게 말을 꺼냈다.

"사장님! 호박과 참나무에 관한 이야기를 알고 계시겠죠?"

"호박과 참나무?"

"호박은 씨를 뿌리고 3개월만 있으면 호박을 따 먹을 수 있죠. 그러나 한 두끼 먹어버리면 그만 아닙니까? 참나무는 30년을 기다려야 재목다운 재목이 되지만 집을 지으면 백년은 가죠.

사장님은 호박같은 사업을 원하십니까? 참나무같은 사업을 원하십니까? 이 사업의 패배는 저 자신만의 패배가 아니라 회사 전체의 패배요, 바로 사장님의 패배가 됩니다. 패자가 되기를 원하지 않으신다면 저에게 다시 한 번 기회를 주십시오!"

박부장의 이와 같은 말은 사장의 마음을 움직이기에 충분했다. 사장은 박부장의 임기응변에 사업의 강행을 결심하고 박부장에게 최대의 지원을 아끼지 않았다. 결국 사업은 박부장의 말대로 대성공을 거두게 되었다.

이렇듯 임기응변의 대처는 평소에 내용을 준비해두는 것이 필요하다. 임기응변이란 없는 상태에서 새롭게, 그리고 급하게 말을 하는 것이 아니라 있는 것을 적절히 보여주는 것이다. 온고지신(溫故知新)의 지혜라고 할까?

♣ 냉정을 잃지 않는 여유있는 자세

셋째로 논쟁의 자리에서는 절대로 냉정을 잃지 말고 자신의 페이스를 지켜야 한다.

'애정없는 비판은 비방'이란 말처럼 감정으로 맞서는 논쟁은 공허한 말싸움일 뿐이다.

「삼국지」에 등장하는 수많은 인물 중에 오나라의 주유(周瑜)라는 사람은 조조의 100만 대군을 적벽대전에서 격멸시킨 막강한 군사력을 가진 인물이다.

그러나 이 사람의 한 가지 단점은 성질이 매우 급하다는 것이다. 조금만 비위가 상해도 다이너마이트가 폭발하듯 화를 내고 자기 성질에 못 이겨서 이성을 잃는 그런 사람이 심리전에 강할 리가 있겠는가?

제갈공명의 군사가 약을 올리며 놀리자, 성질이 급한 주유는 그만 자기 분에 못 이겨서 등창이 터져 죽고 만다.

이런 사람이 논쟁의 자리에 서게 되면 조금만 위급한 일을 당해도 쉽게 냉정을 잃고 현실을 보는 정확한 눈을 잃어버린다. 경쟁자가 본다면 정말 힘 안 들이고 이길 수 있는 만만한 상대가 아니겠는가?

그러나 논쟁을 하다보면 절대로 냉정을 잃지 않을 수 없는 때가 있다. 사람은 감정의 동물이기 때문이다. 따라서 최소한 상대보다는 냉정해야겠다고 다짐하는 일이 중요하다. 속으로는 화가 나더라도 겉으로는 여유만만하게 자기의 페이스를 잃지 않아야 논쟁에서 승리하게 된다.

5. 상대에 따른 적절한 테크닉

♣ 열등감을 가진 사람과 논쟁할 때

인간은 십인십색이다. 생각이 다르고, 문화적 배경도 다르고, 얼굴의 생김새도 다르지 않은가? 그러므로 상대에 따라서 대화의 방법도 그때그때 달라져야 함은 당연한 일이다.

상대에 따른 논쟁의 방법에 대해서 알아보겠다.

먼저 열등감이 심한 사람이 있다. 열등감이 있는 사람은 확정적인 단언을 내리지 못하고, 무엇이든지 방어적인 태도를 보인다. 매사에 자신이 없는 반면 고집불통인 경우도 많다. 자존심이 강하고 유난히 체면을 지키려 하기 때문이다.

이런 사람은 잘못 건드리면 억지를 부리고 나가자빠진다.

"당신의 주장은 순전히 엉터리요. 이런 식이라면 차라리 난 기권을 하겠소."

"나 같은 사람은 어차피 소용이 없으니까."

열등감이 심한 사람과 대화를 나눌 때는 될 수 있는 한 마음의 상처가 될 만한 화제는 조심스럽게 피하고, 특히 인신공격 같은 것은 하지 않는 것이 상책이다.

　반대로 우월감에 넘친 사람도 있다. 이런 사람은 자부심이 대단하다. 무턱대고 자기선전에 열중하는 이런 사람을 대할 때는 약점을 건드리는 말이나, 함부로 말하는 가벼운 태도를 보이지 말고, 적당히 맞장구를 쳐주며 체면을 살려주어야 한다. 형식보다는 실리를 추구하는 쪽으로, 말하기보다는 경청으로 나가면 상대는 스스로 자만심에 빠져버리고 만다.

♣ 우월감이 강한 사람을 설득하는 법

　또한 상대의 논리의 허점을 파고드는 방법도 우월감이 있는 사람을 설득하는 방법이 될 수 있다.

　옛날, 백성들의 사소한 일에 신경을 쓰는 것은 귀중한 시간의 낭비라고 생각하는 왕이 있었다. 어느 날, 못된 놈에게 사기를 당한 노파가 왕을 찾아와 호소를 하였다.

　"현명하신 국왕폐하, 저의 억울한 호소를 들어주세요."

　"나는 나라의 일이 바빠서, 그런 사소한 일까지 일일이 관심을 가질 수가 없다."

　"그렇지만 이와 같이 억울한 일이 다시는 없게 폐하의 현명한 재판을 바랍니다."

　"내가 바빠서 그대의 개인사정을 들어줄 수 없다는데, 왜 이리 극성인가?"

　"국왕폐하! 그러면 국왕폐하께서는 바빠서 국왕노릇도 하실 수가 없겠군요?"

　상대의 허점을 교묘하게 파고드는 이 한 마디에 국왕은 크게 반성하고 그후 선정을 베풀었다고 한다.

♣ 상사나 부하와 논쟁을 벌일 때

그런가 하면 윗사람과 논쟁을 벌일 때도 있다. 윗사람과 논쟁을 벌일 때는 먼저 상사의 체면을 존중해야 한다. 상사도 사람인 이상 실수도 있고 빈틈도 있을 수 있다.

그렇다고 해서 상사의 권위에 도전한다거나 예의없이 대한다면 뜻밖의 난처한 일이 생길지도 모른다.

어느 직장에서 창립기념일을 맞이하여 전직원이 한 자리에 모여 회식을 가졌다.

"오늘은 업무와 관계없이 마음껏 마시고, 하고 싶은 말을 서슴없이 다하라구."

사장이 이렇게 얘기했다. 이 말이 떨어지기가 무섭게 한 젊은 이가 벌떡 일어나더니, 회사의 운영방침과 처우개선을 요청하며 버릇없는 말을 마구 지껄였다.

아무리 무슨 말이든지 다 허락된 자리이기는 하지만, 최소한의 예의와 법도는 지키는 것이 현명한 처사가 아닌가?

윗사람과 대화를 나눌 때는 대립적인 자세를 피하고, 시종 상사를 보필하여 문제해결에 협력한다는 자세를 유지하는 것이 필요하다. 상사에게 고립된 느낌을 주어서는 절대로 안 된다.

이와는 반대로 부하직원과 논쟁을 벌일 때는 부하의 발언을 장려하고 격려하는 쪽으로 말을 해야 한다.

"올 여름의 휴가계획은 이렇게 세웠는데, 다른 의견들이 있으면 말해 보세요."

이렇게 명령형이 되어버리면 반대의견이 나오기 어렵다. 이것은 가정에서도 마찬가지다.

"얘야! 네 일일생활표를 세워놓았다. 앞으로 규칙적인 생활을 위해서 이렇게 해야 돼!"

이와 같이 명령하듯이 말하면 아무리 어린아이라도 반발심이 생긴다.

"얘야! 엄마하고 같이 일일생활표를 짜 볼까?"

이렇게 의논형으로 말한다면 어린아이도 기꺼이 자기의견을 말하며 엄마와의 토론을 즐거워 할 것이다.

따라서 상사는 객관적인 상황을 냉정히 설명한 후, 부하의 격의없는 발표를 들으면서 부하의 아이디어가 아무런 장애없이 표현되도록 힘쓰고, 잘못된 점이나 오류를 지적해준다. 바로 이러한 화술이 훌륭한 관계를 이어갈 수 있게 해주는 기틀이 된다.

♣ 고객과 논쟁을 벌여야 할 때

모백화점의 판매원인 김(金)양은 용모가 단정하고 판매술도 뛰어나 인기가 대단하다. 그녀의 말을 들어보자.

"싸게는 사고 싶어도 질이 나쁜 물건은 사고 싶지 않다는 것이 고객의 심리죠. 손님이 자꾸 에누리를 해 달라고 요청해올 때, 에누리가 문제가 아니라 상품의 질이 문제라며 정중하게 설명을 하면 대개는 수긍을 한답니다."

최대한의 친절과 상대가 겪을지도 모를 손해를 염려하는 김양의 화술에서 많은 것을 배울 수 있지 않은가?

고객과의 논쟁은 주로 가격문제에서 생기기 쉬운데, 무조건 고객의 의사를 무시하거나 내 이익만을 내세운다면 결국 고객의 발길이 끊기는 결과가 온다. 친절하게 고객의 자부심을 일깨워주면서도 혹시 생길지도 모를 불이익을 설명하는 화술이 필요한 것도 바로 이 때문이다.

♣ 상대의 심리를 제압하는 방법

로마의 영웅 케사르를 살해한 부루터스가 군중 앞에 나와서 살해동기를 설명한다.

"여러분! 케사르가 살아있음으로 해서 로마사람이 노예가 되는 것을 원하십니까? 케사르가 죽음으로써 자유시민이 되는 것을 원하십니까?"

케사르가 황제가 된다고 해서 로마시민이 모두 노예가 될 리는 없겠지만, 공화국 옹호라는 명제 앞에서 노예가 될 지도 모른다는 과장된 표현은 그 당시 사람들의 마음을 충분히 움직였던 것이다. 이처럼 과장법으로 상대의 심리를 교란시킬 수도 있다.

"전 직원의 70% 이상이 근무의욕이 없다는 통계가 있습니다. 이것이 사실이라면 보통 문제가 아닙니다."

이렇게 과장된 표현으로 근무의욕을 교묘하게 재촉하는 스피치도 있다.

"이번 일은 예삿일이 아닙니다. 뭔가 불길한 징조입니다."

이렇게 경계심을 갖도록 유도하는 표현도 있다. 이런 과장된 표현으로 상대의 페이스를 잃게 하는 심리작전과 함께 집요한 질문공세로 상대의 기를 꺾는 방법도 있다.

처음 몇 마디 질문에는 누구나 기꺼이 응하지만 대답거리가 바닥이 나면 감정적인 상태가 되기 쉽다. 이렇게 되면 상대를 다루기가 훨씬 쉬워지게 마련이다. 어떤 경우가 있을까?

"그 말씀은 어떤 의도에서 하셨나요? 당신 말대로 실행했을 경우, 어떤 결과가 나올까요? 그 말에 책임질 수 있습니까?"

이렇게 캐묻다보면 상대는 당신의 질문공세에 못 이겨 두손 번쩍 들고 만다. 논쟁은 심리전이다. 아무리 유능한 사람이거나 화술이 풍부한 사람이라도 심리적 컨트롤을 하지 못하면 논쟁에서 이길 수 없다. 논쟁은 상대의 감정에 호소하는 말, 특히 상대를 인정하는 화술일 때 성공할 수 있다.

논쟁의 자리는 자기의 능력을 발휘하는 대화의 광장이며 자기 연출의 무대이다. 당신은 이 무대에서 주연배우가 되기를 원하는가? 아니면 엑스트라로 만족하는가?

논쟁이라는 인간관계의 무대에서 영향력있는 주연배우가 되기 위해 더욱 노력하자. 화술은 곧 당신을 주연배우로 만들어 줄 것이다. 논쟁의 승리는 인생의 승리이다.

제3장 상대를 압도하는 궤변술

궤변이란 언어의 마술이다. 멋진 궤변은 야구에서 9회말 투아웃 후의 역전 홈런만큼이나 매력있는 화술이다. 직장생활이나 비즈니스의 상황에서 벽에 부딪쳤을 때, 그 상황을 역이용하는 궤변화술은 상대를 압도하고 자신을 유리한 고지에 올라서게 만든다. 현대생활의 복잡다단한 비즈니스의 난문제를 옛 사람들의 지혜를 통해서 해결할 수 있다. 이 장에서는 궤변의 여러 유형과 다양한 테크닉에 대해서 알아보자.

1. 궤변이 춤을 추고 있다

♣ 신사답게 질서만은 지킵시다

영국 런던의 하이드파크에서 있었던 이야기.

정치지망생인듯 싶은 한 이름없는 한 연사가 정치와 사회에 대하여 비분강개한 열변을 토하고 있다. 실업률이 늘어나고 국민의 생활이 곤궁한 책임은 정치를 하는 지배계급에 있다는 내용으로써 상당히 신랄한 비판이었다.

흥미로운 연설에 한 사람 두 사람 모여들기 시작한 청중은 어느덧 대군중이 되었다.

"……그런고로 그들의 각성을 촉구하기 위해서라도, 우리들은 하원 및 버킹검궁전을 불태우지 않으면 안 됩니다. 자! 우리 모두 불태우러 갑시다!"

이 격렬한 선동연설에 수많은 청중이 흥분하여 웅성거리기 시작했다.

그때 한 경찰관이 달려와 군중을 향해서 이렇게 소리쳤다.

"영국을 사랑하시는 여러분!

불태우는 건 여러분의 자유지만, 영국의 신사답게 먼저 질서만은 지킵시다. 하원을 불태우는데 찬성하시는 분은 오른쪽에, 버킹검을 불태울 분은 왼쪽으로 서주십시오!"

경찰관의 이 말에 잠시 흥분했던 사람들은 제 정신을 차리고 그만 웃음을 터뜨렸다. 그리고는 모두 그 자리를 떠났다. 혼란했던 군중은 곧 해산이 되고 만 것이다.

이 얼마나 멋진 경찰관의 태도이며, 이 얼마나 멋진 화술의 묘미인가?

♣ 궤변은 위기극복의 화술이다

인류의 역사는 궤변으로 점철되어 왔다. 흔히 궤변을 순간적인 재치로 여긴다거나 권모술수로만 알고있는 사람이 많다.

그러나 궤변은 인간관계의 위기를 극복하는 자기표현의 지혜이며 상대를 압도하는 임기응변술이다. 한마디로 변칙화법이라고 할 수 있는 이 궤변을 어떻게 하면 비즈니스 상황에서 적절하고도 효과적으로 사용할 수 있을까?

프랑스의 드골 대통령과 미국의 존슨 대통령이 백악관에서 만났다. 콧대가 높기로 유명한 드골이 존슨의 야코를 죽이려고 한 말이다.

"나는 프랑스는 물론이고 세계를 이끌 지도자로서, 신의 계시를 받은 몸이라오."

이 말에 가소롭다는 듯이 쏘아보던 존슨 왈.

"그래요? 내가 언제 그런 계시를 주었던가요?"

궤변도 이쯤 되면 차원높은 유머가 된다.

그런데 궤변이란 말을 이해하자면 먼저 모순(矛盾)이란 말을 살펴볼 필요가 있다.

중국 전국시대의 명저인 「한비자(韓非子)」에 이런 이야기가 나온다.

한 장사꾼이 방패를 들고 나와 팔고 있었다.

"자, 이 방패는 세상에서 가장 튼튼한 방패입니다. 제 아무리 날카로운 창이라도 이것만은 뚫을 수가 없죠."

그런데 잠시 후 이번엔 창을 내놓고 소리쳤다.

"자, 여러분! 날카로운 창입니다. 이 창은 세상에서 가장 날카로운 창으로, 아무리 튼튼한 방패라도 뚫어버릴 수 있습니다."

이때 구경꾼 하나가 물었다.

"여보시오! 그럼 그 창으로 그 방패를 찌르면 어떻게 되오?"

그러자 상인은 한마디 대꾸도 못하고 줄행랑을 쳤다고 한다.

이 에피소드에서 나온 말이 창 '모' 자, 방패 '순' 자, 즉 '모순

(矛盾)'이라는 말이다. 궤변은 곧 모순의 논리이다. 모순된 말을 유효적절하게 사용함으로써 위기의 상황을 극복하자는 것이다.

또 이런 에피소드도 있다.

한 거지가 고급 식당에 들어오더니 불갈비를 시켰다. 그 모습을 본 식당주인은 눈을 둥그렇게 뜨고 소리를 질렀다.

"아니? 불갈비를 시키다니, 그걸 먹고 어쩔 셈이야?"

이 말에 거지는 조금도 동요하지 않고 천연덕스럽게 대꾸하는 것이었다.

"아니, 주인장! 돈이 없을 때는 없어서 못 먹고, 돈이 있으면 팔지 않아 못 먹고, 그럼 나는 언제 불갈비를 먹어본단 말이오?"

이런 궤변이라면 빙그레 웃을 수 있는 여유까지도 생기니, 실로 궤변의 역할은 비즈니스의 승부에서 뿐만 아니라 인간관계까지도 깊게 해주는 조건이 된다고 하겠다.

♣ 궤변이란 무엇인가

고대 그리스에서는 이미 '소피스트(Sophist)'라고 하여, 궤변 철학을 전문적으로 연구하는 사람들이 있었다.

소피스트란 본래 '지자(智者)'라는 뜻으로 뛰어난 재능과 학덕을 갖추어 정신적·사회적인 활동을 하는 사람들을 가리키는 명예로운 말이었다. 그러다가 요즈음처럼 학교에서 돈을 받고 학생을 가르치듯이, 보수를 받으며 사회의 공인(公人)으로서 필요한 변론술, 수사학(修辭學) 등을 가르쳤다고 하여 빈축을 사기 시작하였다.

그 대표적인 인물로 우리가 잘 아는 프로타고라스, 고르기아스, 하비아스 등이 있으며, 이를 비난했던 소크라테스까지 이러한 소피즘(Sophism)과 관련된 철학을 갖고 있었다.

또 영국의 케임브리지 대학교에서는 2~3학년을 '소피스터'라고 하여 궤변가, 또는 억지이론가로 부른다는 재미있는 이야기도 있다.

사실 궤변의 어원은 Sophisticated라고 하여 '세련된', '교양 있는' 이라는 뜻도 있고, '세상 물정을 아는', '굴러먹은', '억지로 둘러댄' 등의 뜻도 있다.

이렇게 본다면 궤변이란 상대편을 이론으로 이기기 위하여, 상대방의 사고(思考)의 혼란이나 불확정 또는 감정의 격앙을 이용하여, 진실이 아닌 것을 진실인 것처럼 꾸며대는 논법이라고 정의할 수 있다.

철학자 소크라테스의 에피소드를 하나 살펴보자.

어느 날, 제자들과 함께 길을 가던 중에 한 점쟁이로부터 관상을 보게 되었다. 이 점쟁이가 소크라테스의 얼굴을 보고 다음과 같이 말했다.

"양식이 없고, 욕심이 많은 상이오."

이런 혹평에 제자들이 깜짝 놀라 어찌된 일이냐고 소크라테스에게 묻자, 그는 얼굴색 하나 변하지 않고 대답하였다.

"점쟁이의 말이 옳다. 내게는 원래 그런 성질이 있지. 그래서 그걸 고치려고 철학을 공부하고 있는 것이 아닌가!"

이쯤 되면 대단한 궤변이다. 그리고 설득력 있는 궤변이기도 하다. 소크라테스는 자신의 인상이 좋지 않은 것을 철학으로 교묘히 은폐하고 있다. 이처럼 궤변은 교묘하게 즉시 위장하여야 한다.

그렇다면 궤변에는 어떤 것이 있을까? 그 종류에 대해서 알아 보기로 한다.

2. 궤변에는 어떤 것이 있나

♣ 둘러치기식 궤변술

철학자 아리스토텔레스가 문하생을 모집한다는 소식을 듣고, 한 시골 청년이 제자가 되기를 간청하면서 이렇게 물었다.

"저의 어머니께서는 제가 선생님의 제자가 되겠다고 하자, 네가 바깥 세상에 나가서 정직했을 때는 세상사람들이 싫어하고, 부정직했을 때는 하느님이 노하시니 안 된다고 말립니다. 어떻게 설득하면 좋을까요?"

이 말에 아리스토텔레스가 말했다.

"그래? 자네가 정직하다면 하느님이 좋아할 것이고, 부정직하다면 세상 사람들이 좋아할 게 아닌가!"

상대의 집요한 논리를 교묘하게 뒤집어 역습하는 이런 궤변이라면 얼마든지 상대를 압도할 수 있을 것이다. 이것이 둘러치기식 궤변의 묘미이다.

점심 식사에 외식을 한답시고 몇 시간이고 늑장을 피우는 사원이 늘자, 사장이 엄명을 내렸다.

"내일부터는 전사원이 도시락을 지참하도록 하게. 물론 나도 솔선수범할 테니까."

사장의 생각으로는 도시락을 지참하면 식사시간을 지킬 줄 알았는데, 웬일인지 점심시간이 훨씬 지나도록 도시락을 다 먹은 눈치가 보이지 않았다.

"아니, 자네들은 어떻게 해서 내가 10분이면 먹는 도시락을 1시간이 넘도록 먹고 있나?"

이 호통에 사원 하나가 능청을 떨었다.

"원 사장님도. 사장님은 벌써 50년 동안이나 식사하는 연습을 해오셨잖습니까. 저희들이야 이제 겨우 30년밖에 안 됐는데요, 뭘."

이런 궤변이라면 분위기도 부드러워질 수 있고 절로 웃음이 나올 수 있는 상황이 된다. 궤변이 언어의 마술이 된다는 사실은 바로 이런 데서 나오는 것이다.

둘러치기식 궤변이 다르게 쓰일 때도 있다. 회의나 기업경영에서 결론이 쉽게 나면 불리하다는 판단이 설 때, 즉 지연작전을 위해서 둘러치기식 궤변이 사용되는 경우이다. 문제의 핵심이 비약되어 너도 나도 한마디씩 하게 되면 위기를 모면할 수 있는 기회를 포착할 수도 있다.

몇 년 전 일본에서 일어난 일이다.

외무성의 국가기밀이 한 신문기자에 의해서 누설되고 말았다. 사회 분위기가 소란스러워지자 당국은 비밀기사를 빼낸 신문기자를 속죄양으로 만들기로 계획하고 순식간에 헛소문을 퍼뜨리기 시작했다.

"Y기자는 출세에 눈이 먼 사람이다."

당면한 문제와는 조금도 관련없는 문제를 퍼뜨림으로써 논쟁의 포인트를 산만하게 만든 것이다.

"Y란 작자는 속물이다. 기사를 써 놓고 흥정을 일삼는 망나니다."

이렇게 되자 여론은 빗발쳤다.

"Y기자, 그놈이 죽일 놈이다."

토론에 이기려면 때로는 둘러치기식 궤변화법이 필요한 때가 있다.

♣ 확대경식 궤변술

이것은 어떤 사실을 열배, 백배로 확대하여 상대로 하여금 상황판단을 그르치게 만드는 화법이다.

사람은 고정관념의 노예가 되기 쉽다. 이 고정관념이 깨지면 당황하게 되고 누구나 정확한 판단능력을 잃게 되고 만다. "나무는 보되 숲은 보지 못 한다"는 말도 있지만, 이런 궤변에 상대는 눈에 비친 현상에만 도취된 나머지 정작 중요한 초점을 잃고 마는 것이다.

맹모삼천지교(孟母三遷之敎)의 주인공인 맹자(孟子)의 어머니가 '치맛바람의 원조'라는 궤변도 확대경식 궤변에 속할 것이다.

알다시피 맹자는 어렸을 때 집이 공동묘지 근처였다. 틈만 나면 묘지를 파는 장난만 하기에 맹자 어머니는 시장 근처로 이사를 갔다. 아들을 장래 큰 인물로 키우고 싶은 욕심으로 이사를 갔지만 이번엔 장사꾼의 흉내만 내고 공부할 생각을 안 하니, 맹자어머니는 결국 서당 근처로 이사를 갔다. 그제서야 맹자는 공부하는 흉내를 내며 학문에 취미를 가져서 나중에 대성을 하게 되었다는 것이다.

생활환경이 어린이 교육에 막대한 영향을 끼치게 된다는 사실은 교육학적으로 당연한 일이니 맹자 어머니의 행동이 나빴다고 할 수는 없다. 그러나 '세 번씩이나 이사할 필요가 과연 있었을까' 하는 생각이 든다.

조금만 더 신중을 기했더라면 공동묘지에서 곧바로 서당 근처로 이사했을 게 아니겠는가? 세 번째에 우연히 서당 근처로 가게 됐으니 망정이지, 만약에 의원 근처로 갔더라면 이번엔 맹자가 침을 들고 사람을 찌르는 흉내만 내서 또 이사를 했을지도 모를 일이다.

실패의 원인을 신중하게 규명하여 대책을 세우지 않고, 단지 현실에만 불만을 갖고 히스테릭한 맹자 어머니의 육아법은 꽤나 궤변적이다. 그리고 더욱 가관인 것은 맹자의 어머니가 오늘날 우리 학부모들의 충동교육의 모델이 되어 '학군이다', '일류다' 하며 이사를 다니는 교육풍조를 만들었다고 하니 그야말로 확대경식 궤변이 아니겠는가?

확대경식 궤변은 이처럼 극히 일부분뿐인 사실 하나를 크게 확대시켜서 상대방으로 하여금 착각에 빠지게 하는 화술이다. 비즈니스의 경쟁에서 이런 확대경식 궤변이 큰 역할을 할 때가 종종 있다.

미국의 어느 회사에서 비서를 구한다는 신문 광고를 보고 한 젊은이가 면접을 받게 되었다. 그러나 광고의 내용과는 달리 사장이 퉁명스럽게 말한다.

"사실 나는 비서가 필요치 않소. 건강도 좋고 혼자 일할 수 있단 말이오. 다만 아내가 비서를 두라고 해서 비서를 구할 뿐이고, 난 하루에 열일곱 시간씩 일해도 끄떡없단 말이오. 당신도 그렇게 해낼 수 있겠소?"

그러자 면접을 신청한 젊은이는 조심스럽게 대꾸했다.

"사장님의 말씀을 듣고 보니, 어느 의사가 한 말이 생각나는군요."

"의사가 한 말이라니, 그게 무슨 말이오?"

"미국의 전체 재산 중 60% 이상을 과부들이 차지하고 있다는 사실을 아십니까? 사장님은 누구를 위해 밤낮 죽도록 일만 하십니까?"

이 한마디에 사장의 생각은 변하고 말았다.

'지금, 내가 누구를 위해서 일하고 있지? 일만 하다 지쳐 죽은 뒤 마누라만 좋으라고? 아니지, 살아있는 동안 좀더 즐길 수 있는 시간을 가져야겠군. 그러자면 비서가 필요하겠지?'

재산의 60%가 과부들 손에 들어 있다는 확대경식 궤변은 사장의 자기 보호본능을 자극했던 것이다. 이렇게 해서 그는 무난히 취직시험에 합격을 하였다.

상대의 허점을 강타하여 고정관념을 깨뜨리는 확대경식 궤변에, 상대는 감정의 리듬을 잃고 두 손을 들고 말았던 것이다.

♣ 시간차공격식 궤변술

텔레비전 토론회에서 사회자가 초대손님에게 묻는다.

"선생님은 이 문제에 대해서 어떻게 생각하십니까?"

이에 어떤 참석자는 이렇게 서두를 꺼낸다.

"네, 저는 그 문제에 대해서 크게 세 가지로 나누어 생각하고 싶습니다."

그 문제에 대해서 세 가지 포인트가 있건 없건 단정적으로 그렇게 말한다. 그런데 텔레비전을 보는 시청자들은 세 가지라는 말에 순간 귀를 기울이게 된다.

"제법 구체적인 논리를 가지고 있는 사람이군."

시청자들은 조금 시시한 말이 나오더라도 어딘지 설득력이 있는 것처럼 듣고 신뢰감마저 느끼게 된다. 스피드하게 문제에 반응하게 되고, 상대를 자기가 의도하는 방향으로 끌고 가려는 화법은 가만히 생각해 보면 대단히 궤변적이다.

"첫째는 이렇습니다. 가령….."

이렇게 제일 먼저 떠오르는 장점 하나를 얘기하면서 속으로는 다음의 두 가지를 서서히 준비하면 되는 것이다. 이 테크닉은 세일즈맨이 고객을 상대로 말할 때도 아주 효과적이다.

"그럼, 이 상품이 다른 것과 틀린 점이 뭡니까?"

이렇게 묻는 고객에게 즉각 대응하는 것이다.

"네, 많은 장점이 있지만 크게 세 가지로 말씀드리자면….."

이렇게 설명을 시작하면 고객은 어김없이 신뢰감을 느끼게 된다. 이처럼 스피드 있게 타이밍을 맞춰 공격하면 상대는 결코 이쪽의 허점을 눈치 채지 못하고 페이스에 말려들고 만다.

♣ 조건반사식 궤변술

이것은 상대의 말이 떨어지자마자 반사적으로 즉각 응수하는 궤변화술이다. 우리는 궤변에 대한 인식이 아직 부족해서 그런지, 궤변을 '속임수의 말장난' 이라고 잘못 인식하고 있는 사람들이 많다.

이것은 대화에 의한 인간관계보다 마음에 의한 인간관계를 소중히 해왔던 습성 탓이라고 볼 수 있다. 언어의 효과를 기대하지 않기 때문에 무언(無言)의 행동이 앞서고, 따라서 궤변 같은 것에는 염두도 두지 않았던 것이다.

동남아 상권뿐만 아니라 세계의 경제를 주름잡는 중국인들의 처세술 뒤에는 궤변화술이 크게 작용하고 있음을 볼 수가 있다. 위기에 처했을 때, 조용하게 말하여 그 위기를 무마하는 화술이 그들의 궤변철학이었던 것이다.

중국인들의 임기응변적 궤변은 유명하다. 흔히 '만만디' 라고 하여, 매사에 여유만만한 풍모도 유명하지만 어떤 위기가 닥쳐도 여유만만하게 허허 웃으며 궤변을 늘어놓는 그들의 패러독스도 꽤 인상적이다.

어느 호텔의 중국음식점에 새로 중국인 주방장이 채용되었다. 일류 요리사라는 타이틀과는 달리 음식이 맛도 없는 것 같고 손님마저 점점 줄어들자 사장이 요리사를 불러 따졌다.

그러자 그 중국인은 이렇게 이야기를 했다고 한다.

"컴퓨터를 들여왔다고 해서 갑자기 경영의 능률화가 이룩되지는 않습니다. 롤렉스시계를 샀다고 시계 찬 주인이 갑자기 시간을 잘 지키던가요?"

비즈니스 활동에서 임기응변과 궤변은 사업의 성공을 위해 꼭 필요하다. 계속되는 예상치 못한 위기에 지혜롭게 대처하는 임기응변, 그리고 그 임기응변의 묘수로 표출되는 궤변은 위기를 전화위복의 기회로 만드는 것이다.

백화점의 넥타이 코너에 가 보면 곧잘 궤변이 생겨난다는 사실을 알 수 있다.

손님 중 젊은 남자가 화려한 넥타이를 골라잡으면, 점원은 보통 이렇게 말할 것이다.

"젊은 분에게는 역시 그 정도로 화려한 무늬가 어울리죠."

반대로 수수한 넥타이를 마음에 들어하는 것 같으면, 이번에는 이렇게 말할 것이다.

"젊은 분에게는 역시 세련된 무늬가 안정감 있어 보입니다."

그런데 중년 손님이 똑같은 화려한 넥타이를 고르면, 뭐라고 말할 것인가?

"요란하다니요? 손님 같으신 중년신사라면 호화롭고 고급스럽게 보일 넥타이입니다."

그러나 반대로 나이에 맞게 수수한 무늬의 넥타이를 고르면 이번에는 또 이렇게 말한다.

"손님의 연세에 딱 맞습니다. 너무 화려한 무늬는 품위가 없어 보이니까요."

이런 궤변이라면 아무리 까다로운 손님이라도 물건을 사 가지고 돌아갈 수밖에 없을 것이다.

신출내기 화가 한 사람이 그림의 대가를 찾아와 자기의 괴로움을 호소했다.

"선생님, 어떻게 하면 저도 화가로 성공할 수 있을까요?"

"자네 고민이 뭔데?"

"저는 2, 3일 동안에 그림을 한 장씩 그리죠. 하지만 2, 3년이 지나도 그림이 한 장도 안 팔려요."

그러자 대가는 젊은 화가의 어깨를 툭툭 치며 격려했다.

"여보게! 조금도 걱정하지 말게. 앞으로는 그림 한 장을 2, 3년 걸려서 그려 보게나. 그러면 틀림없이 2, 3일 안에 자네 그림이 팔릴 테니까."

이런 궤변에 깊이 반성하지 않을 사람은 없을 것이다. 궤변은 이처럼 궤변 자체로만 끝나는 게 아니라 자기 자신을 돌아보게 만드는 날카로움도 갖고 있다. 이 날카로움이 상대의 허점을 파고들어 때로는 감동을 주게 되고, 때로는 비즈니스 사회에서 기대 이상의 성과를 올리게 만들 수도 있는 것이다.

흔히 우리나라에는 궤변의 전통이 없다고 한다. 그만큼 궤변 화술에 대한 관심이 부족한 탓도 있겠지만, 궤변하면 속임수의 언어라고 잘못 생각한 까닭도 있다.

그러나 궤변은 마술적 언어, 묘한 변설(辯舌)을 내포하고 있는 테크닉인 것만은 사실이다. 비즈니스에서는 정식의 화술만이 지름길은 아니다. 때로는 상대의 의표를 찌르는 궤변화술이 놀라운 결과를 가져온다. 반사적으로 튀어나온 궤변에 상대는 페이스를 잃고 말 것이기 때문이다.

3. 궤변화술의 7가지 테크닉

♣ 논리보다는 구체적 실증을 들어라

언어의 마술인 궤변화술을 잘 활용하여, 비즈니스와 인간관계에서 유리한 고지를 선점(先占)할 수 있다면, 궤변의 기술에 대하여 알아보자.

중국 초나라 때 불로장생의 영약을 왕에게 바친 사람이 있다. 그런데 이 사람이 그 영약을 정중하게 받들고 궁중에 들어서려 하는데, 대궐문을 지키고 있던 포졸 하나가 그 약을 빼앗아 마셔 버렸다는 것이다.

왕이 가만히 있을 리가 없다. 왕이 포졸을 잡아 참수를 시키려고 하자, 포졸은 이렇게 변명했다고 한다.

"나는 약을 갖고 온 자에게 '그 약을 먹어도 되는 것이오?' 하고 물었습니다. 그자는 '먹어도 되는 것이오'라고 쾌히 응답을 했습니다. 그래서 먹었습니다. 때문에 저에게는 죄가 없고 먹어도 좋다고 대답한 그자에게 죄가 있는 게 아닐까요?

또한 불로장생의 영약을 먹은 제가 참수를 당한다면 제가 먹은 약은 불로장생의 약이 아니라 죽음의 약이 됩니다. 그렇다면 영약을 바친 사람이 왕을 놀린 것이니, 그것 또한 죄가 됩니다. 이렇듯 무죄인 저를 죽이고, 죄가 있는 사람은 옹호한다면 공평한 법집행이 아니라고 생각됩니다."

이 말을 듣고 초왕은 결국 포졸을 용서하고 말았다고 한다.

"먹어도 되느냐?"

이 말에는 '먹어도 좋으냐'는 뜻도 있지만, '먹을 수 있는 것이냐'는 두 개의 의미가 있다. 그 포졸에게는 궤변의 능력이 있었던지, 그는 두 개의 뜻을 가진 말의 의미와 '불로장생의 영약을 먹었는데, 참수를 당해 죽다니!' 하는 모순을 잘 포착하여 궤변의 논리를 펼쳐 나갔던 것이다. 참으로 구체적이고도 핵심을 찌르는 그 포졸의 패러독스야말로 궤변화술의 극치가 아닌가.

"왜 크산티페 같은 여자를 아내로 삼았습니까?"

이렇게 묻는 제자들한테 소크라테스는 태연하게 대답했다.

"말을 능숙하게 다루려는 자는 얌전한 말보다는 오히려 거친 종마를 택해서 길을 들이지. 거친 말을 잘 다룰 수 있다면 다른 어떤 말이라도 고분고분하게 다룰 수 있지 않겠나? 나도 사람들과 능숙하게 교제하고 싶었기 때문에 크산티페와 같은 여인을 아내로 삼은 것이야!"

이쯤되면 소크라테스의 궤변은 자기변호에 가까운 역설이다. 이처럼 논리성을 피하고, 실제적인 증명으로 대응할 수 있는 궤변이라면 상대는 이쪽의 궤변 페이스에 말려들고 만다.

♣ 변명보다는 강변으로 일관하라

어떤 부인이 산부인과 병원에서 중절수술을 받았다. 괜찮겠거니 했는데 어찌된 일인지 아무래도 몸이 이상했다. 그래서 다시 한번 진찰을 받았더니, 태내에 아직 태아가 그대로 있지 않는가.

"아니, 어쩜 이럴 수가 있어요? 비싼 수술비를 다 줬는데 어떻게 된 것입니까?"

부인의 다그침에도 의사는 조금도 당황하지 않고 말했다.

"이것 참 드문 일이군요. 쌍둥이였던 모양이에요!"

강짜도 이 정도면 유머가 된다. 이렇듯이 자신의 입장을 변호하기 위해 유머로 발뺌을 한다거나, 보편적인 대의명분을 앞세워 우긴다거나, 일반적 사실을 내세운다거나 하는 강변(强辯)이 의외로 효과를 거둘 때가 있다.

화술은 단순히 입놀림의 운동이 아니라 두뇌의 운동이기 때문에 '머리를 써서 말하라!' 하는 이야기가 된다. 이리저리 말꼬리를 돌리고 핵심을 회피하는 궤변은 쉽게 꼬리를 잡힐 우려가 있다는 것이다.

♣ 되받아넘기는 양도논법을 사용하라

대답하기 곤란한 문제, 색다른 질문을 되받아넘기는 데는 양도논법(兩刀論法)이 효과적이다. 양도논법을 능숙하게 사용할 수 있다면 상대의 집요한 공세를 교묘히 피할 수 있을 뿐만 아니라 역습의 기회까지도 잡을 수 있는 것이다. 한 마디에 두세 가지의 의미를 담고 응수하는 것이 양도논법이다.

어떤 사람이 링컨 대통령의 비서로 한 사람을 추천했다. 그런데 그를 만나 본 링컨은 그를 채용하려고 하지 않았다.

"그 사람이 마음에 들지 않으십니까?"

"네, 그는 인상이 나쁩니다."

"그러나 인상이 나쁜 게 본인의 책임은 아니지 않습니까?"

"아니지요. 40세가 넘은 사람은 자기의 얼굴에 스스로 책임을 져야만 합니다."

링컨의 이 말은 꽤 유명하다. '사람은 40세가 되면 자기 얼굴에 책임을 져야 한다!'는 말이다. 확실히 인간은 40세를 넘길 때쯤이면 누구나 자기의 반생에 무엇을 생각했고 무엇을 해왔는가, 저절로 그 역사가 얼굴에서 배어나오며, 인상을 보면 그의 인격을 곧 알게 될 때도 있다.

그러나 이 말이 과학적으로 타당한가 하면 반드시 그렇지는 않다. 범죄형의 얼굴을 한 사람 중에도 얼마든지 선인(善人)을 찾아볼 수 있고, 선한 얼굴을 한 사람 중에도 살인자가 있는 것이 요즈음의 경향인데, 인상만을 가지고 인격을 판단하는 것은 위험천만한 일이다. 그러나 링컨의 말은 꽤나 설득력있게 들리지 않는가?

♣ 독자적인 가치관을 설정하라

중국의 유명한 도둑인 '도석'의 궤변은 유명하다. 중국 역사상 가장 위대한 도둑이라는 궤변적인 평을 받는 도석에게 그의 부하가 물었다.

"도둑한테도 도덕이 있습니까?"

"암 있고말고! 도덕이 없는 사회는 이 세상 어디에도 없다. 우리 도둑의 사회로 말한다면, 부자의 재물을 눈여겨 보는 것이 '성(聖)'이며, 목표 장소에 솔선하여 뛰어드는 것이 '용(勇)'이고, 뒤에서 끌어올리는 것이 '의(義)'이며, 훔쳐도 좋은지 아닌지를 분별하는 '지(知)'다. 그리고, 훔친 물건을 공평하게 나누는 것이 '인(仁)'이다. 성·용·의·지·인, 이 다섯 개의 도덕을 갖추지 않고서는 대도적이 될 수 없다!"

도둑놈도 이쯤 되면 철학이 있다. 독자적인 가치관을 가지고 있어야 상대와의 대화에서 이길 수 있다. 상대를 제압하려면 독단과 편견이라고까지 해도 좋을 독자적인 가치관과 상대의 논리를 격파할 수 있는 궤변의 테크닉이 필요하다.

나름대로의 가치관도 없이 억지로 대화를 이끌려고 한다거나 상대의 주장에 무조건 동조하여 예스를 연발하는 예스맨이 된다면 자기도 모르게 실패자의 굴레를 쓰게 된다. 적어도 '대화'는 힘으로 하는 것이 아니기 때문이다.

콜럼버스하면 아메리카 대륙을 발견한 탐험가로 역사에 기록되어 있다. 그런데 이 역사적인 진리를 강력히 부정하는 사람들이 있다. 그 사람들은 바로 아메리카 인디언들이다.

그런데 이 사람들 이야기가 아주 설득력이 있으니 웬일인가?

"뭐라고? 콜럼버스란 작자가 이 대륙을 발견했다고? 별꼴이군. 뭐가 발견이란 말이야? 여기는 우리의 할아버지 또 그 할아버지 때부터 쭉 살아 왔는데…."

맞는 말이다. 콜럼버스의 '아메리카 발견'이란 말은 철저한 백인 중심의 견해이며 하나의 궤변에 불과하다. 독자적인 가치관인 것이다. 이 백인들의 가치관 때문에 아메리카 인디언들의 반론은 설득력을 잃고 만 것이다.

고대 그리스의 궤변에 대해서 얘기하자면 '제논(zenon)'이란 사람을 빼놓을 수가 없다. 변증법의 창시자로 불리는 제논의 패러독스 중에 유명한 것이 있다.

"어떠한 물건도 그것이 자기 자신과 동일한 장소를 차지하고 있을 때는 항상 정지해 있다. 운동체는 아무리 빠른 속도로 진행되고 있다고 해도 바로 지금 이 순간에는 정지한 채 존재하고 있는 것이다. 그러므로 날고 있는 화살은 부동(不動)이다!"

무슨 얘기인지 이해가 가는가? '날고 있는 화살의 운동을 세분하여 잘라서 생각하면 화살은 정지한 것이 되며, 정지의 상태를 아무리 모아놓아도 운동은 되지 않는다. 그러니까 날고 있는 화살은 정지해 있는 것이다' 라는 의미이다. 물리학적으로 어떻게 해석이 되고 있는지 잘은 몰라도 제논의 궤변만을 듣고 있노라면 설득력이 없는 것은 아니다.

같은 시대 궤변가인 아리스팁포스(Aristippos)의 궤변적 행동을 한토막 더 소개한다.

소크라테스의 제자인 아리스팁포스가 부유한 어느 대신의 집에 초대를 받아 호화스런 잔치에 참석하게 되었다. 한참 흥에 겨운 잔치가 진행되는 판인데, 아리스팁포스가 대신의 얼굴에 침을 탁 뱉으면서 개구일성(開口一聲),

"너무 호화찬란한 방이라서 침 뱉을 마땅한 곳이 없구려!"

그 시대에도 부정축재에 대한 일반인의 인식은 고약했던 모양이다.

♣ 자신의 실패담을 곁들여서 설득하라

최고 경영자들이 털어 놓는 얘기 중에, '주위 사람들에게 눈가림을 당하기 쉽기 때문에 종종 중요한 일에 실패한다' 는 고백이 있다. 경영인으로서 맹인이 되고 싶지 않다면 항상 미래를 내다보는 안목과 통찰력이 필요하다.

물론 칭찬하는 데 싫어할 사람은 없다. 그러나 칭찬을 받는 것만 좋아하다 보면 자아를 잃기 쉽고 자만하기 십상이다. 그러므로 어떠한 비판이나 비방에도 기쁘게 귀를 기울일 수 있는 사람만이 눈을 뜬 사람이 될 수 있다.

여기서 얻어지는 교훈으로, 상대를 설득하려면 좋은 말, 칭찬의 말보다는 실패담, 비판 등의 궤변으로 설득하면 그에게도 도움이 될 수 있을 뿐더러, 인간관계를 더욱 긴밀하게 유지하는 지름길이 되는 것이다.

중국 제(齊)나라 때 '추기'라는 재상이 있었다. 그가 어느 날 자기 아내에게 물었다.

"나하고 이 나라 제일의 미남인 서공하고 누가 더 나은가?"

"그야 당신이 훨씬 낫지요. 서공하고 비길 수야 있나요?"

추기는 이 말을 믿을 수가 없어서 다시 첩에게 물었다. 첩 또한 서공보다 추기가 낫다고 대답했다. 그래도 못미더워 다시 부하 한 사람에게 물었는데, 역시 똑같은 대답이 나왔다.

어느 날 서공이 마침 추기를 찾아왔는데, 아무리 살펴보아도 자기보다 용모도 수려하고 기품도 있어, 자기로서는 도저히 서공을 따라갈 수 없음을 알았다. 추기는 곰곰이 생각하다가 비로소 깨달았다.

"아내가 나를 서공보다 낫다고 하는 것은 고마움에서, 첩은 두려움에서, 부하는 성의에서 그렇게 말한 것이구나."

추기는 여기서 제왕을 배알하고 충언을 한다.

"제나라의 궁녀, 측근 중에 왕에게 고마움을 느끼지 않는 사람이 없고, 군신 중에 두려워하지 않는 자가 없으며, 이 나라 안에서 왕에게 성의를 갖지 않는 자 또한 없습니다. 그렇다면 왕께서는 혹시 눈가림을 당하고 있는 것이 아닐까요?"

제왕은 추기의 멋진 궤변에 머리를 끄덕이며 깨달은 바가 있었다. 그후 충언을 환영하고 칭찬이나 아부를 멀리하니, 일약 천하를 호령하는 명군(名君)이 되었다는 고사가 있다.

"좋은 약은 입에 쓰나 병에는 이롭고, 충언은 귀에 거슬리나 행동에는 이롭다."

공자의 이 말은 오늘날의 정치가 경영인 관리자들이 꼭 명심해야 될 말이라고 생각한다.

♣ 창과 방패를 분리해서 사용하라

아무리 모순투성이의 말이라고 해도 듣는 사람을 현혹시켜 옴짝달싹 못하게 만드는 일이 가끔 있다.

옛날, 중국의 진(秦)나라와 조(趙)나라가 조약을 맺었다.

"오늘 이후, 진나라가 하고자 하는 일은 조나라가 돕고, 조나라가 하고자 하는 일은 진나라가 돕기로 한다."

그런데 얼마 후 진나라가 군사를 일으켜 위나라를 공격했는데, 조나라는 위나라를 구하려고 했다. 당연히 진나라의 왕이 들고 일어섰다.

"조약에 어긋나는 일이니, 위나라를 구하려는 조치를 당장 중단하라!"

그러나 조나라 왕의 대꾸는 달랐다.

"우리가 위나라를 도우려고 하는데, 진나라가 우리를 도우려고 하지 않는 것은 명백한 맹약위반이 아닌가?"

서로 상대가 위약했다고 문책하는 것이다. 문제는 어느 쪽이 먼저 위약했는가 하는 것인데, 진이 위를 공격한 것이 먼저이니 조나라가 먼저 약속을 어긴 것이다.

그러나 조나라 왕의 논법은 조나라가 위나라를 구하려는 것과 진나라가 위나라를 공격한 일을 동시진행의 행위로서 취급하고 있다. 말하자면 창과 방패를 적절하게 나누어 사용한 논법인 것이다.

상대와의 논쟁에서 이기기 위해서는 이처럼 '모순의 논리'를 모순없이 쓸 수 있는 화술이 필요하다. 이때 모순의 화술은 스피드 있게 튀어나와야 하며, 역시 설득력이 있는 궤변이어야 한다. 억지 논리는 생명력이 길지 않기 때문이다.

♣ 오십보와 백보는 다르다

'오십보 백보'라는 말이 있다. 이 말은 맹자의 고사에서 비롯됐다고 하는데, 재미있는 일화에서 생긴 말이다.

중국 양나라의 혜왕 때의 이야기다.

"이곳에서는 물가가 올라 도저히 살 수가 없으니, 다른 나라로 가서 살자!"

그때는 각 나라를 이동하며 사는 사람이 많았던 모양인데, 선정을 베풀면 인구가 증가하고 인구가 증가하면 선정을 베푼 증거가 되었다고 한다.

그런데 혜왕은 자기가 상당히 좋은 정치를 하고 있다고 생각하는 데도 나라의 인구가 늘지 않자, 정치 고문인 맹자를 불러 까닭을 물었다. 그러자 맹자가 다음과 같이 말했다.

"전쟁터에서 싸움이 시작되었는데, 한 병졸은 오십보를 도망

가서 섰고, 또 다른 병졸은 백보를 도망가서 멈춰 섰습니다. 이때 오십보 도망간 자가 백보 도망간 자에게 '너는 겁쟁이다!' 하고 비웃었는데, 대왕께서는 이것을 어떻게 생각하십니까?"

"오십보나 백보나 도망갔음에는 다름이 없지!"

"그렇습니다. 마찬가지로 이웃나라와 비교해서 왕께서도 그렇게 좋은 정치를 하지 못하니 비슷한 것이지요."

이때서야 혜왕은 고개를 끄덕이며 더 열심히 정치할 것을 다짐했다고 한다.

그러나 맹자의 '오십보 백보' 이론은 궤변이 아닐 수가 없다. 전쟁의 체험이 있는 사람들 얘기를 들어 보면 전쟁에서 오십보 도망간 것과 백보 도망간 것과는 용기의 정도가 다르다는 것이다.

'오십보 백보' 이론 뒤에는 만점이 아니면 영점이라는 흑백 논리가 들어 있다. 'All or Nothing'인 것이다. 그러나 'All'과 'Nothing' 사이에는 무한대의 단계적 레벨이 존재하는 케이스가 더욱 많다.

그런데도 맹자는 이것을 무시하고 궤변을 활용하여 혜왕에게 더 선한 정치를 하라고 독촉하고 있는 것이다. 매우 강력한 패러독스인 셈이다.

'건전한 정신은 건전한 육체에 깃든다'라는 말이 있다. 이 말은 고대 로마의 시인 유베날리스의 시(詩) 한 구절, '건전한 신체와 건전한 정신이면 인간으로서 만족할 만한 상태'라는 말에서 비롯된 것이다.

아무리 훑어봐도 몸만 건강하면 마음도 건강해진다는 주장은 없는데도, 우리는 이 말의 진실한 의미를 잘못 사용하고 있는 셈이다.

원기왕성하고 식성 좋은 뚱뚱보에게 비뚤어진 마음이 있을 수도 있고, 반대로 신체가 허약하나 정신은 건전한 사람도 드물지 않다.

그러므로 이 말처럼 신체만 건강하다면 정신도 자동적으로 건강해진다고 하는 생각을 품게 하는 것은 실로 궤변 중의 궤변이 아닐 수 없다.

지금까지 중국이나 고대 그리스의 여러 일화를 예화로 들며 궤변화술의 응용에 대해 알아 봤다. 궤변이란 한마디로 말해서 '속이는 화술'이다. 물론 사람을 속여서 좋은 일이 될 리 없지만, 이제까지 살펴본 대로 선(善)에 목적이 있다면 궤변이 반드시 나쁜 화술만은 아니라는 사실을 알았다. 결국 궤변은 '언어의 마술'인 것이다.

우리들이 타인을 설득시키려고 할 때 거기에는 반드시 궤변적인 요소가 개입이 된다. 궤변이 비즈니스에서 빼놓을 수 없는 화술이라면, 적당한 궤변으로 상대를 설복시키고 그러한 설득과 대화를 통해 인간관계를 개선해 나간다면 더없이 좋은 일이 될 것이다.

고대 그리스의 소피스트나 중국의 제자백가들은 화술로 성공할 수 있었고, 그러한 스페셜리스트가 대우를 받는 시대에 살았었다.

그렇다면 요즈음은 어떠한가? 현대사회도 어떤 의미로는 고대 그리스의 소피스트보다 더한 궤변, 중국의 제자백가보다 더한 변설이 필요한 시대이고, 또 그러한 스페셜리스트가 정상을 차지할 수 있는 시대인 것이다.

인간관계의 요체(要諦)는 대화에서 시작하여 대화로 끝나고, 능숙한 화술을 가진 사람은 남보다 훨씬 빠르게 자기의 목적을 달성할 수 있는 시대이기 때문이다.

궤변화술을 제 때에 효과적으로 활용하도록 노력하자. 그리고 궤변화술을 적절히 활용할 수 있도록 만반의 준비를 갖추고 대화에 나서자. 아무리 까다로운 비즈니스의 상대라도 반드시 설복시킬 수 있을 것이다.

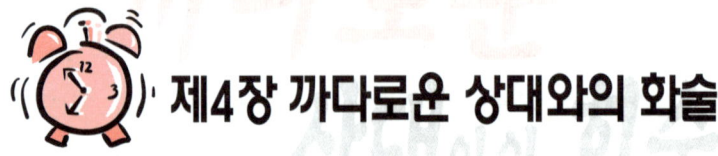

제4장 까다로운 상대와의 화술

까다로운 상대는 어디에나 있다. 사회생활을 하면서, 특히 직장생활에서는 항상 마음에 맞는 사람만을 상대할 수는 없다. 상대하기 어려운 사람을 잘 컨트롤할 수 있는 사람이야말로 진정한 프로이며, 비즈니스맨이 아닐까? 세상만사는 마음먹기에 달려 있다. 까다로운 상대도 얼마든지 자기의 협력자로 만들 수 있다. 이 장에서는 까다로운 상대의 정체와 그 심리적 대응책, 그리고 설득술에 대해서 살펴보겠다.

1. 까다로운 상대란

♣ 명지휘자 카라얀이 휘말린 사건

'지휘의 제왕'이라고 불리우는 베를린 필하모닉의 명지휘자 카라얀(Karajan)이, 이름모를 한 소녀의 청으로 일개 대학의 오케스트라를 지휘한 대사건이 발생했다.

"우리들의 오케스트라를 지휘해 주십시오!"

당돌하게도 카라얀에게 직접 신청한 소녀는 쿠마베라고 하는 여대생이었다.

카라얀이라고 하면 클래식 음악 팬에게는 우선 존경과 두려움의 마음을 금치 못하는 법인데, 쿠마베양은, '카라얀도 나와 같은 인간이다'라고 생각했다.

그래서 자기의 용돈을 쪼개어 독일에서는 진귀한 일본귤을 한 봉지 사들고 카라얀이 일본에 와서 묵고 있다는 호텔로 찾아갔다. 운 좋게도 로비에서 우연히 카라얀을 만난 쿠메바는 이렇게 말문을 열었다.

"우리 일본에서는 당신을 신(神)처럼 생각하며 존경하고 있습니다. 물론 저도 그런 사람 중의 한 사람입니다만, 그보다도 솔직하게 저의 인상을 말씀드리면 카라얀씨는 매우 인정이 많은 분으로 보입니다."

빙긋이 웃으며 카라얀이 대답했다.

"내가 어디로 가면 되겠습니까?"

꿈과 같은 이야기는 이렇게 실현된 것이다. 이 이야기는 엉터리 같은 거짓말이 아닌, 쿠마베의 아름답고 상냥한 마음씨와 순수하게 진실을 호소하고 있는 눈동자, 그리고 소박한 귤로부터 배어나와 지휘의 제왕 카라얀의 마음을 흔들었던 것이다.

♣ 까다로운 상대의 두 가지 유형

사람의 성격은 십인십색, 천차만별이다. 생김새가 다 다르듯이 성격도 모두 다를 수밖에 없다. 직장생활을 하다보면 성격이 유난스럽게 까다로워 대하기가 어려운 사람이 있는가 하면, 성격이 소탈해서 금방 백년지기나 되는 것처럼 가까워지는 사람도 있다.

까다로운 사람을 움직이는 방법을 터득하고 잘 활용한다면 비즈니스나 직장생활은 퍽 수월해질 게 틀림없다.

우리가 흔히 상대하기 어렵다고 말하는 사람은, 첫째 상대가 사회적으로 높은 지위에 있거나 나보다 한 단계 위에 있는 사람을 대할 경우, 둘째 상대가 말하기 싫어하는 심리적인 상태를 보이는 경우 등으로 크게 나누어 볼 수가 있다.

먼저, 상대가 사회적으로 나보다 높은 지위에 있거나 훌륭한 위치에 있는 사람일 경우 우리는 상대하기 어려운 느낌을 갖게 된다. 사실 그런 사람들 앞에서 자연스럽게 내가 가지고 있는 생각을 말로 표현한다는 것은 그리 쉽지가 않다. 긴장과 불안이 앞서기 때문이다.

"저는 평범한 사람들 같으면 별로 어려움을 느끼지 않고 술술 얘기를 잘 하는 편인데, 높은 사람들 앞에만 서면 말문이 콱 막혀서 여간 고민스럽지가 않습니다."

이렇게 호소하는 사람들이 의외로 많다.

내가 아는 한 영화배우는 자타가 공인하는 일류배우지만 '호랑이 감독'이라고 알려진 김(金)씨 앞에서만은 딱딱하게 굳어지는 것을 어쩔 수 없다고 털어놓는다. 일류배우가 이 정도니 보통 사람들이야 오죽하겠는가?

지체높은 사람들에게 무슨 부탁을 하러 가거나 유명한 사람과 대화를 나눌 기회가 우리에겐 의외로 자주 생기는 법이다.

♣ 포커페이스도 또 하나의 표정이다

또한 말하기 싫어하는 사람, 특히 무표정으로 대하기 때문에 상대하기 까다로운 사람이 있다.

초대면부터 무표정한 얼굴로 대하는 사람을 보면 몹시 기분이 상한다.

"뭐, 이런 사람이 다 있어?"

무슨 말을 해도 상대는 반응이 둔하고 희로애락의 감정을 표면에 나타내지 않는다. 처음 만나는 사이니까 사교상으로라도 좀 웃는 얼굴로 인사 정도는 나눌 법한데 흥미가 있는지 없는지, 이쪽의 일을 귀찮게 생각하는 건 아닌지, 도무지 알 수가 없으니 답답하기만 하다.

그렇다고 이런 사람을 무조건 멀리하거나 다루기 힘든 상대라고 포기해서는 안 된다. 왜냐하면 그 사람의 무표정 자체가 하나의 표정이기 때문이다.

인간은 마음속에 어떤 갈등이 있게 되면 그것을 감추려고 '무표정'을 연출하는 경우가 있다. 다시 말하면 무표정이란 표현할 것이 없어서가 아니라, 표현하기를 싫어하는 감정 때문에 일어나는 또 하나의 표정인 것이다.

한때 웨스턴이라고 하여 오락용 서부영화가 유행하던 시절, 단골 주인공으로 클린트 이스트우드라는 배우가 자주 등장했다. 그의 표정은 어떠했는가? 도무지 아무런 감정도 없는 그야말로 한결같이 무표정이다. 그러나 그의 무표정속에는 숱한 갈등과 고통의 표정이 숨어있었던 것이다. 그는 무표정으로 말을 하는 셈이었다.

이처럼 포커페이스(poker face), 즉 무표정속에 숨어있는 진실한 표정을 발견하여 대화를 나누게 되면 까다롭게만 여겨지던 상대와도 실마리를 풀어나갈 수가 있는 것이다.

♣ 까다롭다고 생각하는 마음이 문제

대인관계에 있어서 까다로운 상대는 확실히 문제이다. 그러나 그 원인이 꼭 상대에게만 있다고는 볼 수 없다. 왜냐하면 그들도 상대에 따라서는 친절하고 호감가는 대화를 나누기 때문이다.

「손자병법」에도 '적은 내 마음 속에 있다'고 적혀 있지 않은가? 미국의 심리학자 윌리엄 제임스 박사 또한 다음과 같이 말하고 있다.

"대화가 거북하게 진행되는 이유는 서로가 너무 긴장을 하고 있기 때문이다."

여기서 긴장한다는 것의 요인은 무엇일까?

"반드시 멋있게 말해야지."

"말을 잘못해서 놀림감이 되지나 않을까?"

이런 강박관념이나 불안심리 때문이다. 즉, 자기 스스로 함정에 빠진다는 것이다. 조심이 지나쳐 말이 잘 안 되는 것을 공연히 상대만 까다롭다고 느끼는 경우도 많다.

언젠가 구미에 있는 L전자에 강의를 갔는데, 공장장이 강사를 소개하는 장면에서 벌어졌던 해프닝이다.

"여러분이 잘 아시는 이동춘 선생님을 모시고(웃음), 강의를 갖게 된 것을 기쁘게 생각합니다. 여기는 지역적으로 멀리 떨어져 있기 때문에 훌륭한 선생님을 모시기가 어려워요. 그런데 오늘 유명하신 이동춘 선생님을 모시게….”

이렇게 말하자 사원들은 참지 못하고 웃음을 터뜨렸다. 조동춘을 이동춘으로 소개했으니 웃을 수밖에 없었던 것이다.

“그러니까… 에, 에, 이동춘 선생님께서 앞으로 얘기하실 것도 그렇게 교양없이 웃지 말라는 걸 얘기하실 겁니다.”

자기가 긴장을 해서 발음이 헛 나온 건 모르고, 한 술 더 떠서 강조를 하는 것이다. 그러자 웃고 있던 사원들 모두가, “어머머머…”할 수밖에. 그래서 나는 연단에 올라가 다음과 같이 말하였다.

“듣는 이의 실수는 말하는 이의 실수죠?”

그랬더니 장내는 폭소가 터졌다. 나중에 들은 이야기지만 공장장은 ‘조동춘’이라고 소개한다고 올라갔는데 그만 긴장을 해서, 본인의 성인 ‘이’씨를 붙여 ‘이동춘’이라고 말해 버렸다는 것이다.

우리들 대부분은 자기가 말을 잘못해서 상대방으로부터 예상 밖의 반응이 오면 상대가 까다롭다고 생각하지 자기에게 문제점이 있다는 것을 잘 모르는 모양이다.

결국 까다로운 상대도 내가 능숙하게 응대를 하면 얼마든지 움직일 수 있다.

“까다로운 상대를 움직이려면 자신부터 움직여라!”

이런 말의 뜻을 음미하고 자기점검을 해야 한다.

2. 긴장과 불안심리의 제거법

♣ 그도 사람이고, 나도 사람이다

까다로운 상대도 설득하기에 따라 얼마든지 친근한 상대, 이해와 사랑을 나눌 상대가 될 수 있다. 그들을 설득하기 위해서는 먼저 긴장과 불안심리를 없애야 한다.

그 방법의 첫 번째가 '그도 사람, 나도 사람, 똑같은 사람' 이라는 마음가짐을 갖는 것이다.

"목욕탕에 들어가면 너나 나나 모두 똑같은 사람이다."

이런 말이 있듯이 상대와 나를 같은 레벨에 올려놓고 동일시해 버리면 문제는 한결 쉬워진다. 동일한 사람끼리 떨리고 뭐고 할게 있느냐 하는 배짱을 가지라는 것이다.

상대와 나를 동일시하는 기분이 되게 하는 방법의 하나로 상대방이 지니고 있는 것과 내가 지니고 있는 것의 공통점을 발견하는 일이다. 아무리 지체높고 훌륭한 사람이라도 그 사람과 내가 갖고 있는 공통점이 있게 마련이다. 그 공통점만 발견하게 되면 '그도 사람, 나도 사람' 이라는 기분이 들게 되어, 대화도 한결 쉽게 풀려나간다.

언젠가 비즈니스 관계로 유명한 정치인을 만난 적이 있다. 그 사람은 신문지상이나 TV 등에 자주 얼굴을 비치는 실력자이다. 외형적으로 풍기는 그 사람의 이미지는 너무도 근엄하고 냉정할 뿐 아니라, 소문에도 상대하기가 무척 까다로운 사람이라는 평이었다.

그래서 긴장된 마음으로 대화를 나누는데, 그 사람이 신고 있는 구두가 우연히도 필자가 신고 있는 구두와 똑같다는 것을 발견했다. 그러자 은연중에 '그도 사람, 나도 사람'이라는 배짱이 생기며 대화가 순조롭게 풀렸다.

그런가 하면 이 방법을 정반대로 역이용한 예도 많다.

현직 국회의원인 이(李)씨는 선거철만 되면 운동화에 점퍼 차림으로 선거구민 속에 뛰어든다. 특히 막걸리 한 사발을 벌컥벌컥 마시고는 오징어다리 하나를 물어뜯는 소박한 그 폼이 여간 서민적이지 않다.

무언중에 유권자와 자기가 동일한 레벨에 있다는 것을 보여줌으로써 친근감을 갖도록 하려는 것이다. 이 작전 탓인지는 몰라도 그 사람은 한 번도 낙선의 고배를 마시지 않고 호감받는 정치인으로서 활동하고 있다.

♣ 이것만은 내가 더 강하다

그러나 이렇게 상대방과 나와의 공통점을 찾는 방법에도 한계가 있다. 그렇다면 또 어떤 방법이 있을까?

아무리 훌륭한 인물과 상대하더라도 자기의 전문분야, 즉 '이 일만은 내가 더 강하다!' 하는 자부심을 갖는 것이다.

막상 지위나 명성이 높은 상대를 앞에 놓고 말하려고 하면 심리적 열등감에 사로잡히는 것은 어쩔 수 없는 일이다. 그러나 그 것을 극복하느냐 못하느냐가 문제이다.

"나도 당신보다 강한 데가 있다!"

이런 자세만 갖는다면 열등감이 어느 정도 해소될 뿐 아니라 자신감마저 생긴다.

예를 들어 보험 세일즈맨이라면 보험에 관한 지식만은 어떤 손님보다 소상히 알고 있을 것이고, 학교 선생님이라면 학부모가 어떤 사람이든 교육에 관한 문제를 자신 있게 피력할 수 있다. 반대로 영어에 정통한 영문학자라도 전기기구에 관해서는 기능공보다 모를 것이며, 판검사라고해도 요리법에 대해서는 오히려 여고생만 못할 것은 뻔한 일이다.

이렇듯 누구나 우월한 면이 있는가 하면 열등한 면도 있는 것이다. 따라서 상대의 우월한 면과 자기의 열등한 면을 비교하지 말고, 자기의 우월한 면과 상대의 열등한 면을 비교한다면 자부심과 함께 여유있는 행동이 나오게 마련이다.

국가의 정책을 좌지우지하는 거물급 국회의원을 만날 때는, 이렇게 생각해 보라.

"응, 이 사람은 바로 내가 투표하여 의사당에 들어간 사람이지. 난 유권자란 말이야."

유명한 재벌기업의 사장을 만날 경우에도 마찬가지다.

"당신의 기업에서 생산되는 제품은 내가 소비해 주고 있소. 소비자는 왕이니 내 의견에 귀 기울이시오!"

이런 자부심을 잃지 말아야 한다. 이렇게 되면 겁을 먹는다든지, 긴장되는 일은 일어나지 않을 것이다.

그러나 한 가지, 아무리 자기의 분야에 실력자라고 할지라도 지나친 자부심으로 안하무인식의 기분에 사로잡히면 무례하게 보일 염려가 있으니 주의해야 한다.

♣ 내가 상대방을 평가한다

인간관계는 심리작전에 따라 결과가 달라지게 된다.

'상대가 나를 어떻게 평가할까?'

이런 생각을 하면 수세에 몰리고 만다. 따라서 선수필승이라는 말처럼, 내가 먼저 상대를 관찰하여 평가한다는 자세로 대면하면 심리적 우위에 서게 된다.

평가받는다는 수동적 입장에서가 아닌 내편에서 평가한다는 능동적이며 주체적 입장이 되면 압박감이나 불안감이 사라지고 여유있게 설득할 수 있게 되는 것이다.

상대의 와이셔츠, 넥타이, 손수건 등을 살펴보면 반드시 어딘가에 소홀한 점을 발견할 수 있다. 이렇게 되면 일종의 여유나 우월감이 생겨 어느새 대등한 관계라는 심리상태를 가질 수 있게 된다.

세일즈맨 세계에선 내로라하는 사람인 박(朴)씨의 경험담을 들어보면 이런 방법이 퍽 효과적임을 알 수 있다.

유명한 사람들 앞에 가면 왠지 모르게 주눅이 드는 게 보통인데, 박씨만큼은 결코 그런 일이 없다고 한다. 동료들이 그 비결을 묻자 그는 이렇게 대답하였다.

"저명인사 한 분을 만나러 갔었지. 참으로 어렵게 만나게는 되었는데 도무지 긴장이 돼서 말이 나와야지. 우물쭈물하다가 약속 시간이 거의 다 됐는데, 문득 그의 양복 단추 하나가 떨어져 나간 걸 발견하게 됐네. 그때 이런 생각이 들더군. '아하, 이 사람도 별 것 아니구나! 쩨쩨하게 단추 떨어진 양복을 입고 있어?'

그렇게 되니까 말이 술술 나오는 거야. 그때 묘수를 알았다고!"

아무리 훌륭하고 유명한 사람이라도 당신이 먼저 평가하는 입장에 서보라. 이것이 심리적으로 우위에 서는 방법이다.

♣ 될 수 있는 한 빨리 만난다

그 다음에 까다롭다고 생각되는 상대일수록 만날 시기를 앞당기는 것이 좋다.

옛 속담에 '매도 먼저 맞는 게 상책'이라는 말도 있지 않은가? 사회적 지위가 높은 사람이라든가 다루기 힘든 사람과 처음 만날 때, 아무래도 긴장이 되고 주눅이 드는 것은 누구나 똑같다. 이때는, 만나는 시기를 앞당겨버리면 보다 안정된 기분으로 상대할 수 있게 된다. 만나기 전에 겪어야 할 불안감을 최대한 줄일 수 있게 되기 때문이다.

까다로운 상대를 만나기 전에는 상대에 대한 일을 이리저리 상상하기 마련이다. 만날 때까지의 시간이 길면 길수록 이런 상상은 자기 멋대로 어떤 고정된 이미지로 형성되어 그런 이미지에 따른 마음의 준비밖에 갖추지 못하게 된다.

이렇게 되면 비록 상대의 실제 이미지가 상상과 다르더라도 순순히 받아들이지 못하게 된다. 자꾸 자기가 생각했던 이미지대로만 상대를 평가하게 되니 상대가 더욱 까다롭고 이상하게 보인다.

그렇기 때문에 만날 시기를 앞당기면 나의 주체성과 적극성을 과시하는 수단이 된다.

"나 스스로 주체성을 갖고 상대와 만난다."

이런 기분이 들어 주눅이 들지 않고 충분히 대화할 수 있는 것이다.

의사들의 얘기를 들어보면 환자에게,

"몇 날 몇 시에 오시오!"

이렇게 지시하면, 환자는 수동적인 자세에 빠져 자기 의지로 나오려는 마음이 약해진다고 한다. 그러나,

"몇 날 몇 시에 시간을 비워두겠습니다!"

이렇게 말하면 환자가 자기 의지에 따라 의사를 찾아오며, 의사 쪽은 오히려 환자의 요청에 응한다는 방식이 되어 놀랄 만큼 빠르게 치유된다고 한다.

수동적인 자세가 아니라 능동적인 자세를 취하라는 얘기다.

그리고 한 가지 중요한 것은 내가 먼저 앞당겨 만나되, 만나러 갈 때의 발걸음이 중요하다. 가볍게 걸어가면 까다로운 상대를 대하는 마음도 가벼워진다.

한때, 라디오에서 아침마다 이런 내용의 건전가요가 온 거리에 넘쳐흐르곤 했다.

"상쾌한 아침이다. 걸어서 가자. 너도 걷고 나도 걷고, 걸어서 가자…."

사실 아침마다 활발하게 걷게 되면 기분도 상쾌해지고 왠지 모르게 일이 잘 될 것 같은 예감이 든다.

어느 심리학자는 이렇게 말한다.

"슬프기 때문에 우는 것이 아니라, 울기 때문에 슬픈 것이다."

불쾌한 기분에 지배될 때라도 즐거운 감정이 수반되는 신체적 변화가 일어날 만한 행동을 하게 되면 자연스럽게 마음이 밝아

지는 경우는 아주 흔하다.

이러한 심리적 매커니즘을 알면 까다로운 상대를 만나더라도 결코 발걸음을 무겁게 해서는 안 된다는 결론에 도달하게 된다. 불안과 긴장을 해소하기 위해선 우선 발걸음을 가볍게 할 일이다. 휘파람이라도 불면 더욱 효과적이다.

♣ 눈높이를 대등하게 한다

까다로운 상대와 마주앉을 때는 눈의 위치를 대등하게 하면 인간관계도 대등하게 된다.

눈높이의 차이가 인간관계의 균형과 조화에 미묘한 작용을 한다. 상대가 내려다보는 듯한 자세로 마주앉게 되면 압박감을 받게 되고, 왠지 모르게 말문이 막히게 되는 것을 누구나 경험했을 것이다. 상대방에게 압도되는 것이다.

부모자식 간에도 이런 관계는 벌어진다. 아이가 아직 어렸을 때는, 부모 쪽이 절대적인 우위에 서서 아이를 이끌게 된다. 아이는 부모가 마치 슈퍼맨이나 되는 것처럼 여긴다. 그러나 아이가 자라서 부모보다 커지면, 다시 말해 눈높이가 변화되면 부모의 절대적 우위성은 흔들리게 되는 것이다.

이처럼 물리적인 눈높이의 차이는 심리적인 조건에 많은 영향을 주게 된다. 높이의 차이가 크면 클수록 인간적인 거리는 더욱 벌어진다.

그러므로 다른 조건, 즉 사회적 지위나 신분, 연령 등의 차이는 어쩔 수 없더라도 눈높이의 차이에서 오는 우월의 차이는 대등하게, 또는 높게 만들어야 할 필요가 있다.

그러기 위해서는 가능한 한 의자에 앉아 이야기를 나누도록 하자. 앉으면 누구나 신장의 차이를 별로 느끼지 않아도 되고 눈의 높이를 적당히 조절할 수 있다.

키가 큰 사람은 큰 사람대로, 작은 사람은 작은 대로 눈높이의 차이에서 오는 부작용을 없애기 위해서 이 점을 잘 활용하기 바란다.

시선의 활용법 가운데 또 하나 중요한 것은 까다로운 상대와 말할 때는 코를 보면서 말을 해야만 한다.

1대 1의 대화를 할 때 상대의 얼굴을 주시해야 한다는 것은 상식이다. 그러나 왠지 상대방의 눈을 똑바로 쳐다보기는커녕, 도리어 상대의 예리한 눈빛에 위축감을 느껴 자신이 없어 할 말도 피하게 되는 경우가 있을 것이다.

이런 때는 서슴지 않고 상대의 코를 보며 이야기하라. 코와 눈은 도착지점에서 한 치밖에 안 되기 때문에 코를 보아도 상대방은 자기의 눈을 보며 이야기하는 줄 알게 된다. 그리고 이쪽은 눈을 안 보니 예리한 눈빛을 피할 수 있다.

게다가 살아있는 인간의 코는 누구를 막론하고 불완전한 것이다. 따라서 지위가 높은 상대, 까다로운 상대를 앞에 놓고, 그 코의 미완성 부분을 발견한다는 것은 흥미 있는 일이며, 여유마저 생기니 일석삼조의 효과라고나 할까?

♣ 낙서를 하거나 다른 것을 생각한다

상대에게 압도될 것 같은 느낌이 들 때는 낙서로 여유를 찾는 것도 좋은 방법이다.

제2차 세계대전의 양대 산맥인 스탈린과 드골이 1944년 12월에 모스크바에서 처음으로 만났다. 그런데 이 자리에서 스탈린은 줄곧 눈을 내리깔고 연필로 낙서를 하더라는 것이다.

역사적인 회담의 자리에서 스탈린이 낙서를 한 진의야 알 수 없지만, 그때까지의 상황이 드골 측에 유리하게 돌아갔다니까 아마 스탈린으로서는 드골의 페이스에 말려들지 않으려는 심리 작전이 아니었을까 하는 생각이 든다.

맞선을 보는 자리에서 손톱을 쥐어뜯는 사람이 있다. 이것은 몸을 움직임으로써 긴장된 심리상태를 해소하려고 하는 무의식적인 동작이다.

낙서도 마찬가지다. 긴장된 심리상태를 낙서라는 행위로 어느 정도 해소할 수 있다. 이것은 또한 상대의 심리까지 교란시키는 방법이 된다. 상대는 신중하게 들어주지 않는 데 대해 갈등을 느끼게 될 것이다.

그리고 또 첫 대면에서 실언을 했으면 얼른 전혀 다른 일을 생각하는 것도 좋은 방법이다.

실언이나 실수는 누구나 저지르는 잘못이다. 그런데 처음 만난 사람과 이야기할 때, 긴장한 나머지 실언을 하게 되면 그것이 상대와의 관계를 단절시키는 직접적인 원인이 되기도 한다. 그런데 문제는 실언자체에 있는 게 아니다.

실언한 순간, '아차 큰일 났구나!' 하는 생각으로 더욱 큰 긴장과 불안이 생긴다는 데에 문제가 있다. 실언 그 자체에 의식이 집중되어, 냉정할 때라면 별 문제가 아닌 것에도 실수가 연발되는 것이다.

이럴 때는 실수를 잊으려고 애쓰기보다는 전혀 다른 일을 생각하는 것이 좋다. 잊으려고 발버둥치는 것 자체가 그것에 집착한다는 얘기가 아닌가?

바둑계의 세계적인 존재로 일본의 본인방 명인 타이틀을 갖고 있는 조치훈 9단은 승부 도중에 실수를 하게 되면, 즉시 바둑과는 상관없는 전혀 다른 일을 머리 속에 떠올린다고 한다.

"비록, 극히 짧은 시간이나마 전혀 상관없는 세계로 눈을 돌리는 동안 기분이 가라앉고 차츰 안정이 회복된다."

조치훈 9단은 이렇게 말하고 있다.

3. 까다로운 상대의 설득법

♣ 먼저 상대의 입장을 공감하라

지금까지 까다로운 상대를 맞이하여 긴장과 불안을 없애는 방법에 대해 살펴보았다. 다음은 까다로운 상대의 마음을 활짝 열게 하는 심리작전에 대해 알아보겠다.

상대의 공감을 얻으려면 내가 먼저 상대의 말에 공감을 해야 한다. 까다로운 상대가 이야기하도록 하려면 아무튼 상대를 기분 좋게 만들 필요가 있다.

텔레비전이나 라디오의 사회자들을 보면 한눈에도 화술의 명수처럼 보인다. 그러나 이들은 화술 이전에 상대를 기분 좋게 만드는 심리작전에 능하다는 사실을 잊어서는 안 된다.

사회자는 초대 손님의 얘기에 끊임없이 감탄사를 연발하고 맞장구를 쳐준다. 비위에 거슬리는 말은 한 마디도 하지 않는다. 이렇게 되면, 말하는 사람 자신이 은연중에 '혹시 상대가 감탄할 만큼 내가 훌륭하게 얘기하고 있는 것이 아닐까?' 하는 착각에 빠지게 된다. 이 정도로 맞장구를 쳐주는 데도 상대의 질문에 성의를 갖고 답변하지 않는 사람은 오히려 성격적인 결함을 갖고 있는 사람일 것이다.

사회자는 상대의 말에 감동하는 척 하면서 상대로 하여금 말문이 터져 나오도록 유도하는 것이다. 이처럼 내가 먼저 공감하지 않고서는 상대가 내게 공감해 줄 리가 없다.

"아, 그랬습니까?"

"놀라운 일이군요."

"저런!"

"정말 큰일 날 뻔 하셨군요?"

"과연!"

이런 맞장구가 까다로운 상대를 움직이는 묘수이다.

메아리가 없는 산에는 오를 맛이 안 난다고 하지 않는가?

♣ 적당한 비평이 친밀감을 만든다

까다로운 상대에게는 약간의 핀잔을 주면 의외로 친밀감이 생긴다. 우리가 흔히 '쫑코'를 준다고 얘기하지만, 매사에 자신감이 넘쳐서 상대하기 곤란한 사람을 대할 때, 약간의 핀잔이 효과를 발휘하는 경우가 있다.

처음 만나는 사람에 대해서는 칭찬을 할지언정 비판을 하지 말라는 말이 원칙으로 여겨지고 있다. 그러나 이와 반대로 약간의 비판이나 핀잔을 주면 마치 음식에 조미료를 넣는 것과 같은 효과를 낸다.

30여년 동안 무사고 운전을 했다는 기사에게 물었다.

"기사님은 정말 운전을 잘 하시나요?"

기사한테는 상식에 어긋난 질문이다. 그러나 기사는 화도 내지 않고 오히려 웃으면서 대답한다.

"글쎄요…."

물론 묻는 사람의 억양이나 개성에 따라 방향이 달라질 얘기지만, 어떤 사람이든 무언가 자신이 있는 분야에 대해서는 설령 쫑코를 먹어도 이를 웃음으로 흘려보낼 여유를 가지고 있다. 항상 칭찬과 아부 같은 얘기만 듣던 그들로서는 오히려 강한 인상을 받는 것이다. 응석 정도로 받아들여질 테니까 말이다.

♣ 상대의 관심사를 이야기한다

자기에 관한 이야기보다는 상대에 대한 얘기부터 시작하는 것이 까다로운 상대의 마음을 여는 지름길이다.

정치인들에게 신문기자는 퍽 까다로운 상대가 아닐 수 없다. 기자와의 인간관계가 좋으냐 나쁘냐에 따라 자신의 정치생명이 달려있다고 해도 좋을 만큼, 정치인들은 기자들에게 융숭한 대접을 한다.

그런데, 정치인이 기자를 대할 때 불문율로 여기고 있는 법칙이 있다.

"내 생각으로는…."

"우리 당은…."

이런 식으로는 절대 말문을 열지 않는다고 한다.

먼저 기자의 고충을 위로해주고, 취재 활동의 형편 등을 묻고 나서, 최대한의 협조를 약속하는 데서부터 이야기의 실마리를 풀어 나간다는 것이다.

누구나 어떤 경우이든 타인을 만나는 이상, 자기가 달성해야 할 목적이 있는 법이다. 그러나 처음부터 자기주장이나 형편에만 급급하면, 상대는 무시된다는 느낌이 들어 마음의 빗장을 열지 않게 된다. 일단 마음의 벽이 쌓이면 아무리 달콤한 말로 유혹을 해도 상대는 먼 산만 바라보게 될 것이다.

'고양이는 평소에 발톱을 감춘다'는 말도 있듯이, 우선 나를 감추고 상대를 내세우는 심리작전이야말로 까다로운 상대를 움직이게 하는 효과적인 화술이 아닌가 한다.

♣ 직책이 아닌 이름을 부른다

까다로운 상대는 그의 직책으로 부르지 말고 직접 이름을 부르는 것이 효과적이다.

사회생활을 하는 이상 우리에겐 그에 따른 지위나 역할을 갖게 된다. 집에서는 천사처럼 온화한 표정의 아버지가 직장에 나가면 성난 호랑이처럼 변해있더라는 얘기도 있지만, 아버지는 아버지의 지위에 맞는 얼굴을 가지고 있기 때문이다.

까다로운 상대를 처음 만날 때는, 이렇게 철갑으로 무장된 얼굴 속에 감춰진 그의 본성에 호소해야 효과적이다. 하나의 개인으로 상대해야 한다는 것이다.

그러기 위해서는 '김사장님', '박원장님' 하는 것보다 그의 이름을 직접 부르는 것이다. 이것은 내가 지금 상대하고 있는 것은 사장으로서의 당신이 아니라, 당신이라는 개인임을 일깨워주는 작전이다.

"김철수 선생님!"

"박성철씨!"

이렇게 부르면 그들은 사장이 아닌 본래의 자기로 돌아와 허심탄회하게 말을 털어놓게 될 것이다.

아랫사람과의 관계에서도 이것은 마찬가지다.

"미스 김!"

이렇게 부르는 것보다는 이름을 부르라는 것이다.

"김미옥 씨!"

이름을 부르면, 왠지 친밀감이 더 하다고 말하는 여사원들이 많은 것만 봐도 이 효과는 충분히 알 수 있다.

♣ 오후에 만나되 옆으로 앉는다

까다로운 상대는 되도록 오후에 만나는 것이 좋다.

오전의 시간은 '이성(理性)의 시간대'이다. 그래서 중요한 정책이나 업무상의 대화를 나누는 데 적당하다.

반면에 오후의 시간은 '감정의 시간대'이다. 이때는 비교적 기분이 풀려 머리보다 마음으로 이야기하는 시간이 된다. 까다로운 상대가 이성적으로 무장이 되어있는 오전의 시간에는 설득이나 대화가 자기 쪽으로 유리하게 전개될 리가 없다.

그러나 감정이 풍부해지고 비교적 여유가 있는 시간을 택하면, 느슨해진 상대의 감정 사이를 비집고 들어갈 수 있다.

또한, 까다로운 상대와 이야기할 때는 정면이 아닌 옆으로 나란히 앉는 것이 좋다.

외국의 원수나 외교사절이 우리나라를 방문하여 만찬회를 하는 것을 보면, 양국의 대표가 항상 옆으로 나란히 앉아 샴페인을 터뜨리기도 하고 담소를 나누기도 한다. 여기엔 심리학적인 계산이 다분히 들어가 있는 것이다.

인간은 협력하는 사이라고 생각하면 옆으로 어깨를 나란히 하고 앉게 된다. 그러나 서로 경계심이 있는 사이면 마주보고 앉게 되는 것이다.

판문점의 남북 군사회담에서는 항상 마주앉아 대화를 나누지 않는가? 면접시험에서나 형사의 취조 심문도 본심을 알아내고 자백시키는 것이 목적이므로, 상대방과 우호적 관계를 고려할 필요가 없다. 그러니까 마주보는 형식이 이루어진다.

이것은 연인들의 관계에서도 알 수 있다. 청춘남녀가 처음 만나면 커피숍에 가도 마주보고 앉는다. 그러나 시간이 흐르고 정이 들수록 점점 옆으로 나란히 앉게 되지 않는가?

마찬가지로 까다로운 상대일수록 친밀한 듯한 제스처를 보내야 할 필요가 있다. 나란히 앉음으로써 시선에 신경을 쓰지 않아도 될뿐더러 자연스럽게 친근감이 생기는 것이다.

이런 관점에서, 맞선을 볼 때 남녀가 정면으로 마주보고 앉는 것도 별로 바람직하지 못하다. 옆으로 비스듬히 얼굴을 대하도록 앉는 편이 긴장감을 풀어주고, 어색한 분위기를 없애서, 서로 얘기하기 쉬운 보다 친밀한 분위기를 만들어준다.

초등학교 때 나란히 앉았던 짝꿍의 얼굴은 어렴풋이 기억해도 뒷자리에 앉았던 친구는 누군지 전혀 알 수 없지 않은가?

♣ 때로는 측면공격을 한다

우리 사무실에는 하루에도 수십 명의 세일즈맨들이 다녀간다. 그들이 문을 열고 들어와서 맨 처음 하는 말도 참으로 가지각색이다.

"월부책 좀 구입하시라고 들렀습니다."

"자동차 한 대 구입하시죠?"

그들은 이렇게 한결같이 대화의 결론을 먼저 말한다. 마치 선언하듯이 말이다. 그러나 하루에도 수십 명씩 찾아와서 하는 말이기 때문에 웬만큼 좋은 상품이 아니고서는 귀를 기울이려 하지도 않게 된다.

하지만 이렇게 된 책임은 귀를 기울이려고 하지 않는 쪽보다 판매원에게 있다. 왜냐하면 손님의 관심을 불러일으킬 만한 수식어 하나 제대로 준비하지 않은 '화술 부족'의 책임이 그들에게 있기 때문이다.

이럴 때는 '측면공격'이 효과적이다. 결론이 아닌 동떨어진 화제를 던짐으로써 우선 호기심을 자극해야 한다.

흔히 면접시험에서는 굳어질 대로 굳어진 수험생들의 입을 열기 위해 시험관들은 이 '측면공격'을 이용한다.

"취미가 테니스라구요? 언제부터 치기 시작하셨나요?"

"유도를 하셨다구요? 그래서 그렇게 당당하게 보이는 모양이지요?"

이렇게 상대의 입을 열게 할 계기를 마련해야 한다. 까다로운 상대를 맞아 그의 입을 열게 하려면 우선 '대답이 나올 수 있는 질문'을 던져야 한다.

대답도 단답형이면 안 된다. '예', '아니오' 식의 대답이 나올 질문은 그 질문 하나로 잠시 동안이지만 대화를 단절시켜 버리게 되므로 곧바로 대화가 이어질 수 있는 질문이어야 하는 것이다.

"결혼하시면, 신혼여성에게 꼭 필요한 요리 전집을 가지고 왔는데, 한 번 훑어보기만 하세요!"

이렇게 되면 한 번 훑어보기만 해도 이득이 되리라는 심리가 발동하게 된다. 대화뿐만 아니라 행동이 곧바로 이어지게 되니 일석이조가 아닌가?

"건전지 하나 넣고 일주일 동안 쓸 수 있는 워크맨입니다. 한 번 사용해보세요!"

"뭐? 건전지 하나로 일주일이나?"

호기심이 생길 수밖에 없다.

측면공격의 애기가 나왔으니 말이지만, 별로 까다롭지 않은 사람이라도 판에 박힌 듯한 대화가 계속 반복될 때 싫증을 느끼게 된다.

미스코리아 출신인 김(金)양은 이런 이야기를 한다. 미스코리아에 뽑히자 사람들은 열이면 열이 다 한결같은 질문을 던진다고 한다.

"미인이 된 비결이 무엇입니까?"

"미스코리아에 뽑힌 소감이 어떻습니까?"

이런 질문을 하도 많이 받다보니까 나중엔 사람들 만나기가 싫어지더라는 것이다. 그러니 미스코리아하면 떠오르는 그 잔잔한 미소가 도무지 지어지지 않더라고 한다.

그런데 어느 날 한 방송국에서 기자와 인터뷰를 하게 됐는데, 사회자가 이제까지와는 전혀 다른 질문을 했다.

"자신의 용모가 제일 불만족스러울 때는 언제입니까?"

"독서를 좋아하신다지요? 그렇다면 김양은 어느 소설의 주인공이 자신과 닮았다고 생각하세요?"

전혀 생각지 못한 의외의 질문을 받고서 김양은 그제서야 진지하게 대답을 할 수 있었고, 미스코리아의 미소도 되찾을 수 있었다고 한다. 이렇게 측면에서 말문을 열게 하는 것도 까다로운 상대를 움직이는 좋은 방법이 된다.

♣ 위압적인 말로 입을 열게 한다

그러나, 이런 전술도 전혀 통하지 않는 사람이 있다. 접근하기조차 어려운 사람이 있는가 하면, 접근을 해서 겨우 대화를 시작했다고 해도 서로 얼굴만 빤히 쳐다보게 되는 사람도 있다. 이때는 보다 강력한 방법을 동원해야 한다. 좀더 위압적인 말로 상대의 대답을 이끌어내는 것이다.

유명 신문기자 박(朴)씨의 경험이다. 어떤 사건에 휘말려 세상의 지탄을 받고 있던 모 인사를 인터뷰하게 되었는데, 우여곡절 끝에 마주했지만 도무지 입을 열 기미가 보이지 않더라는 것이다.

그 사람은 그 사람대로 할 말이 있을 것이라는 계산으로 겨우 겨우 만나게 된 것인데, 까다로운 상대인 그는 한 일(一)자로 입을 다문 채, 눈만 껌벅일 뿐이었다.

여기서 박기자는 비장의 무기를 꺼냈다.

"세상에서는 선생님을 나쁜 사람이라고 욕하고 있어요. 이런 저런 일로 축재하여 호화저택을 짓고 산다고요. 그런데 실상 와보니 그렇지도 않군요. 이 정도 주택을 가지고 세상사람들의 욕을 먹는다니, 도무지 이해가 안 갑니다."

박기자의 작전은 곧바로 효과가 나타났다. 그때까지 무뚝뚝하게 앉아있던 그 사람은 갑자기 마음이 변해서 입을 열기 시작했다.

"사실은 그게 이렇습니다…."

이렇게 된 이유가 무엇일까? 예상외로 상대가 강력하게 나왔기 때문이다. 거기에 이해가 안 간다며 머리를 갸우뚱한 박기자의 쇼맨십이 동정과 위안이라는 심리적 벨트로 변한 것이다.

♣ 화를 돋우어 움직이게 한다

더 강력한 방법도 있다. 좀 지나치기는 하지만 상대를 화나게 하는 작전이다.

언젠가 텔레비전에 이런 코미디극이 나왔다.

한 세일즈맨이 고객을 상대로 전기제품을 팔고 있는데, 그의 말이 걸작이다.

"이렇게 좋은 전기면도기 보신 적 있으십니까?"

"아마 못 보셨을 겁니다. 값이요? 좀 비쌉니다. 사실 이런 초라한 사무실에서 근무하시는 분께서 구입하시긴 좀 벅찰지도 모르겠군요. 그냥 기념으로 구경만 하세요. 값은 한 20만원 하는 데…."

대충 이런 이야기인데, 듣는 사람 입장에서는 자존심이 몹시 상하는 말이 아닐 수 없다.

"당신같이 형편없는 사람은 엄두도 못 낼 물건이다. 20만원을 내면 팔겠다."

이런 이야기가 된다. 그 코미디에선 회사원이 화를 벌컥 내면서 비상금을 털어 그 물건을 사는 걸로 되어있지만, 상대가 거만하거나 저만 잘난 척하는 사람일 때 이 작전을 쓰면 의외로 좋은 효과를 거둘 수가 있다. 안하무인격으로 이쪽의 말에 대꾸조차 없는 사람일수록 이런 유도심문에 잘 넘어간다.

그러나 여기서 한 가지 주의해야 할 점은 상대를 화나게 만든다고 해도 한계는 분명히 긋고 처신해야지 잘못했다가는 대화는 커녕 무례한 사람으로 낙인이 찍힐 우려가 있다.

♣ 관성의 법칙을 활용하라

까다로운 상대가 나의 요청에 '예스' 하도록 만드는 방법이 있다. 상대로 하여금 '예스' 하도록 만들려면 '예스'라고 답하기 쉬운 화제부터 말해 나가면 된다. 다시 말하면 '예스'의 환경을 연출하는 것이다.

유명한 일화가 하나 있다.

예전에 미국의 한 외교관이 소련의 대사와 만나 얘기하는 자리에서 대화의 실마리를 풀어나갈 양으로 겉치레 말을 했다.

"날씨가 매우 덥군요!"

"여름이라서 그렇지!"

그러자 소련대사는 마치 나무토막이 맞부딪치는 듯한 답을 하였다.

"정말 덥군요. 무척 더워요, 오늘은!"

이렇게 맞장구를 쳤다가는 자기방어의 자세가 흩어져, 다음 질문에도 '예스' 하고 답하기 쉬운 마음자세가 생길지도 모른다는 계산이 아니었나 생각된다.

바로 여기서 얻을 수 있는 교훈으로 상대의 강건한 경계태세를 부수고 들어가 '예스' 라는 대답을 얻으려면, 상대가 '예스' 로 답하지 않으면 안 될 화제부터 말해 나가는 편이 상책이다.

물리학에 '관성의 법칙' 이라는 것이 있다. 어떤 물체가 운동할 때, 다른 힘이 작용하지 않는 한 계속해서 한 방향으로 운동을 계속하는 것을 말한다. 우리가 보통 미련이 남았다고 말할 때, 이것도 심리적인 관성이라고 볼 수 있다.

마찬가지로 '예스' 는 또 다른 '예스' 를 부르고, '노' 는 또 다른 '노' 를 부른다.

"식사하셨습니까?"

"네."

"그 동안 별고 없으셨지요?"

"네."

"요즈음 사업은 잘 되신다면서요?"

"네."

"저번에 부탁드린 것은 고려해 보셨는지요?"

"네."

이런 식으로 '예스'의 환경을 연출하다 보면 상대는 '예스'라는 스스로 만들어 놓은 환경에 묻히고, '노'라고 해야 할 것에도 '예스'해버리기 십상이다.

지금까지 까다로운 상대를 움직이는 설득의 방법에 대해 살펴보았다. 까다로운 상대를 움직이기 위해서는 내쪽에서 능동적이되어야 하는 적극적인 자세가 필요하다. 까다롭다고 해서 스스로 포기해 버리면 상대를 영원히 설득할 수 없고, 자신도 인간관계의 모든 면에서 남에게 뒤지게 되는 것이다.

까다로운 상대를 만드는 것은 까다로운 상대에게 있는 것이 아니라, 바로 그렇게 느끼는 나 자신에게 있다는 사실을 알아야 한다. 까다로운 상대도 내가 처신하기에 따라서 얼마든지 친근한 상대, 이해와 사랑을 나눌 수 있는 친구가 될 수도 있는 것이다.

미리 주눅이 들어서는 안 된다. 자신있게 밀고 나가자. 그도 사람, 나도 사람이다. 세상에 까다로운 상대는 없다. 까다롭다고 느끼는 사람이 있을 뿐이다.

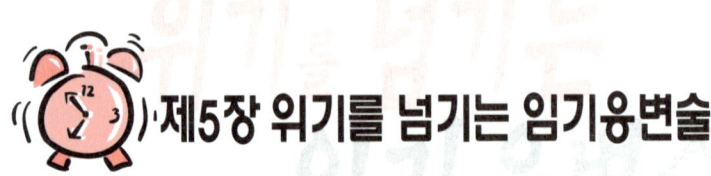

제5장 위기를 넘기는 임기응변술

비즈니스란 변화무쌍한 난제이다. 주도면밀한 계획을 세워놓고 전력투구를 해도 오차와 실수는 있게 마련이다. 뜻밖의 상황으로 비즈니스가 위기에 처했을 때는 어떻게 대처해야 할까? 능력있는 비즈니스맨은 위기의 순간에 재치있는 임기응변술로 사태를 수습한다. 임기응변술이야말로 전화위복을 연출하는 비즈니스맨의 무기이다. 이 장에서는 임기응변의 지혜와 기술을 살펴보겠다.

I. 임기응변이 필요한 상황

♣ 실수연발의 며느리와 그 시어머니

며느리와 시어머니, 이는 듣기만 해도 쥐와 고양이를 생각할 만큼 편편치 못한 사이라고 일컬어지고 있다.

그런데 갓 시집을 온 며느리가 실수의 연속이다.

어느 비 오는 날 생선가게 앞에서 미끄러진 며느리가 그만 콘

택트렌즈 한 쪽을 떨어뜨렸다. 콘택트렌즈는 생선비늘과 섞여서 도저히 찾을 수가 없었다. 쩔쩔매면서 찾는 며느리에게 시어머니는 이렇게 말하는 것이다.

"애, 아가. 그래도 자동차에 넘어져 진짜 눈을 떨어뜨린 게 아니니까 다행이다. 그냥 가자꾸나."

그런데 다음 날 두부찌개를 만들었다. 적당히 잘 끓인 뒤에 마지막 조미료를 넣을 단계에 이르러, 며느리는 잘못해서 백반가루를 넣고 말았다.

그러나 그때도 시어머니는 이렇게 말하는 것이다.

"백반을 넣었다면 그 찌개는 써서 먹을 수가 없을테니 버리려무나. 요리공부를 했다고 생각하면 아깝지 않을꺼다. 두부찌개는 내일 다시 만들어 먹자꾸나."

이 소리를 전해 듣고 며느리의 친정어머니가 너무 고맙기도 하고 우습기도 해서 눈물을 흘렸다고 한다.

실수한 며느리를 대범한 마음으로 감싸주는 후덕함과 재치있는 임기응변이야말로 현대판 시어머니상이 아닐까?

임기응변이란 약자가 강자로부터 위기를 벗어나는 탈출언어만은 아니다. 자칫 난처해지기 쉬운 인간관계를 살리는 지혜로운 말이기도 하다.

♣ 임기응변이 일의 성패를 좌우한다

세상사는 변화무쌍하다. 직장생활을 하다보면 생각지도 못했던 위기가 자주 발생한다. 특히 비즈니스 세계는 위기의 연속이라고 해도 과언이 아니다.

"큰일났구나. 이 위기를 어떻게 대처해야 할까?"

이 위기관리의 기술이 곧 사업의 성패를 좌우하기도 한다.

우연히 거북스러운 상대와 마주쳤을 때, 또는 생각지도 못했던 상황이 벌어졌을 때, 우리는 어떻게 대처하는가?

한 마디의 임기응변을 못해서 손해를 보고 안타까워한 적은 없을까? 임기응변이란 주어진 상황 속에서 탈출구를 찾는 재치의 화술이다.

프랑스 황제 루이 14세에게 새로운 애인이 생겼는데, 당시의 유명한 점쟁이가 그녀의 불운을 예언했다.

"모월 모일, 그 애인은 죽으리라!"

그런데 공교롭게도 점쟁이가 예언한 날 그 애인이 사망하였다. 화가 난 루이 14세는 점쟁이를 불러다 놓고 호통을 쳤다.

"네 이놈! 네가 그렇게 점을 잘 친다면서? 그렇다면 너는 언제 죽으리라고 보느냐? 만약 네가 죽는 날을 맞추지 못하면 당장 죽음을 면치 못하리라!"

사태가 이쯤 되자 점쟁이는 덜컥 겁이 났다. 당장 죽게 되었으니 무리도 아니다. 그러나 점쟁이는 곧 임기응변의 재치있는 꾀를 내었다.

"폐하! 저는 폐하가 돌아가시기 3일 전에 죽는 것으로 점괘가 나왔습니다."

재치있는 말 한마디로 점쟁이는 무사히 풀려나왔다.

어느 고급 공무원 한 사람이 박정희 대통령에게 그의 전문분야의 업무현황을 브리핑하고 있었다. 실로 오랫동안 연구 검토하여 계획한 중대한 일로서, 이제 대통령의 마지막 승낙만 떨어지면 일사천리로 밀고나갈 단계이다.

그런데 대통령이 갑자기 뚱딴지같은 발언을 하면서 승낙을 거부했다. 그 발언에 휘말렸다가는 그토록 노력한 일이 낭패가 될 위기의 순간이었다.

그때 그 공무원은 겸손하면서도 힘 있는 어조로, 대통령의 눈을 보면서 분명하게 말했다.

"각하! 이 분야만큼은 제가 전문가입니다."

이 한 마디가 일의 낭패를 막았을 뿐만 아니라, 소신있는 사람으로 평가되어 장관으로 발탁되는 영광까지 누렸다.

실로 임기응변이란 생명을 건질 수 있는 힘이 있고, 자기를 최대한으로 나타낼 수도 있는 기회를 부여하는 순간적인 재치이다.

그러나 이런 임기응변의 지혜는 누구에게나 있는 것은 아니다. 임기응변이란 순간적으로 튀어나오는 재치인데, 이 재치를 필요한 때 필요한 만큼 구사하려면 평소에 많은 준비와 훈련을 해둬야만 한다.

어려운 질문이나 난처한 상황에 봉착했을 때도 임기응변의 지혜가 필요하다. 그럼 어려운 질문에 효과적으로 대응하는 방법을 알아보자.

♣ 어려운 질문에 대응하는 3가지 방법

첫째는 금방 대답하지 말고 시간을 끌면서 대책을 강구하는 방법이 있다.

시간을 끄는 한 가지 예로, 담배를 피워 문다든지 물을 청해 마시는 등 보조수단을 먼저 사용하여 시간을 번 후 그 동안 침착

한 태도로 어떻게 대답할 것인가를 생각하는 것이다.

그러나 이때 급히 물을 마신다든지 긴장한 나머지 필터에 불을 붙이는 등 마음이 들떠 있는 듯한 인상을 주는 것은 금물이다. 어디까지나 여유를 보이는 쇼맨십이 필요하다.

시간을 끄는 또 다른 방법으로 상대방의 질문을 물고 늘어지는, 질문에 대한 질문공세 작전이 있다.

"잠깐, 질문이 잘 이해가 되지 않는데, 좀더 자세히 물어주실 수는 없을까요?"

"요점만 추려서 다시 한 번 질문해 주시면 감사하겠습니다."

이렇게 해서 다시 한 번 상대가 질문하는 동안에 대답할 말을 준비하거나 임기응변의 묘책을 마련하는 것이다.

둘째는 질문자를 칭찬해서 기분좋게 만들어놓고 답변의 핵심을 흐려버리는 방법도 있다.

학교수업을 하다보면, 영웅심리에 강한 학생이 엉뚱한 질문을 하는 경우가 있다. 이럴 때는 면박보다는 칭찬을 해야 한다.

"매우 좋은 질문이군! 그 방면에 퍽 많은 연구를 했나 보지? 질문한 그 문제에 대해선 내가 직접 대답하기보다, 우리 모두 함께 연구해 보는 것이 좋겠어! 어떨까?"

이렇게 대답한다면 더 이상 질문할 수 없게 되지 않겠는가? 이런 대답이 나오면 비록 만족스러운 결과가 나오지 않더라도 질문한 사람은 기분이 좋아져서 더 이상 물어보는 것을 포기하게 된다.

영국의 하원에서 한 야당의원이 윌슨 수상에게 질문을 했다.

"요즘 전화소통이 잘 안 된다고 하오. 이 문제에 대해서 수상께서는 어떻게 생각하는지 답변해 보시오!"

"그래요? 나는 전화를 할 때마다 잘 걸리던데요. 도대체 언제 전화를 걸기에 그처럼 전화가 잘 안 된단 말입니까?"

"아무 때나 겁니다."

그러자 윌슨은 빙그레 웃으며 여유있게 대답했다.

"역시 바쁜 의원님이라 그러실 만도 합니다. 하지만 저는 텔레비전의 인기 프로가 방송될 때 주로 전화를 걸죠!"

윌슨의 대답 한 마디는 전화증설을 요구하려는 야당의원의 질문을 회피하기에 충분했다.

셋째, 질문의 내용에는 아랑곳없이 자기주장만을 자신만만하게 논리적으로 펼쳐 나가는 방법이 있다.

어떤 학회의 학술세미나에 가보면 노련한 선생님들 중에는 갑작스런 질문을 받았을 경우, 질문과는 직접 관계가 없는 문제를 연관시켜 답변의 핵심을 벗어나는 경우를 볼 수 있다.

그렇다고 아주 관계없는 답변도 아닌 것 같으면서 뭐가 뭔지 알 수 없고, 답변자의 설명하는 모습이 진지하고 자신만만해 더 이상 질문을 못하고 마는 그런 경우이다.

어느 세미나에서 있었던 일이다.

"김박사님! 소음공해 문제에 대한 말씀을 잘 들었습니다. 그런데 소음공해를 해결하기 위해 도심지 차량을 제한한다는 것은 문제가 있지 않을까요?"

이 질문에 김박사는 도심지 차량제한 문제와는 별로 관계도 없는 환경오염 문제를 제기하며 해박한 지식을 동원하여 장광설을 늘어놓는 것이 아닌가? 동문서답이었지만 질문자는 김박사의 답변이 너무 자신만만해 더 이상 질문을 못하고 말았다.

그런 식의 답변은 상대에게 오히려 반감을 주지 않겠느냐고 말할 사람도 있을지 모른다.

그러나, 임기응변이 필요한 비즈니스 사회에서 어려운 질문을 받았을 때, '나 몰라라' 하며 가만히 있기보다는 무엇인가 나름대로의 소견을 발표하는 자세가 필요한 것이다.

왜냐하면, 대답을 못하고 우물쭈물하는 모습은 상대에게 그 이상의 나쁜 인상을 주기 때문이다. 용기없고 박력없는 사람으로 보이는 것만큼 비즈니스에 큰 손해도 없다. 대답의 핵심이 좀 빗나갔다고 하더라도 자신만만하게 말을 하면 대답한다는 그 자체만으로도 벌써 뭔가 있는 사람, 나름대로 생각이 깊은 사람으로 보이게 된다.

2. 즉석 스피치와 임기응변

♣ 갑자기 스피치를 지명받았을 때

오늘날은 스피치 대중화의 시대로, 어느 모임에 가든지 갑자기 지명을 받아 한 말씀을 해야 할 때가 있다.

갑자기 지명을 받았으므로 준비한 말은 없고, 그렇다고 "저는 아무 것도 할 말이 없습니다" 하자니 망신이고, 여간 당황되는 일이 아니다.

더구나 비즈니스 관계로 마련된 중요한 모임에서 꼭 한 마디 해야 될 사람이, 갑자기 지명을 받았다고 해서 당황하고 말문이 막혀 쩔쩔맨다면 그야말로 스타일 구기는 일이 아닐 수 없다.

이렇게 갑자기 지명을 받았을 때, 효과적으로 대처하기 위한 방법을 알아보자.

우선 그 자리에서 일어난 사실이나 앞 사람이 한 말을 인용하여 말하는 방법이 있다. 즉, 자기의 생각에다 앞서 말한 사람의 말을 받아서 자기 나름대로의 감상을 말하는 방법이다. 그런가 하면 그때그때의 상황에 맞춰 보고 느낀 감정을 그대로 전달하는 것도 좋다.

어느 결혼식 피로연에 초대되어 갔는데 한 마디 부탁을 받았다고 하자. 이때는 당황하지 말고 이렇게 말하는 것이다.

"방금 전에 박선생님께서는 신랑신부에게 훌륭한 가정을 이끌어 나가도록 간곡히 부탁을 하셨습니다만, 오늘 두 사람의 새로운 출발을 맞이하여, 제가 드릴 말씀은 더욱 힘을 합쳐 이 세상의 험한 파도를 지혜롭게 헤쳐 나가야 된다는 것을 말씀드리고 싶습니다. 아무쪼록 두 분의 앞날에 행복이 있기를 축원합니다."

이런 식으로 앞서 말한 사람의 스피치에 살을 붙이면 훌륭한 축사가 되는 것이다.

또 하나의 예를 들어보자.

"제가 말씀드리고 싶었던 것을 앞서 말씀하신 최선생님께서 다 하신 것 같습니다. 사실 '입사 첫 날의 결심을 변함없이 하라'는 최선생님의 당부대로 회사 근무 몇 해만 지나가면 처음의 결심이 퇴색되어 가는 것을 우리는 경험으로 알고 있습니다. 모쪼록 신입사원 여러분께서는 이러한 정신자세에서 벗어나 모범적인 직장인이 되어주길 바랍니다."

이렇게 남의 말에 덧붙이면 쉽게 스피치를 이어나갈 수 있을 뿐만 아니라, 좋은 말을 더 강조하게 되어 효과가 있다. 그러므로 스피치가 있는 어느 자리에 나가서건 좋은 말들은 기억해 두었다가 적당한 때, 유효적절하게 활용하는 것도 상당히 좋은 방법이 될 것이다.

♣ '화제의 18번'을 준비한다

다음은 언제 지명을 받아도 자신있게 말을 할 수 있는 '화제의 18번'을 항상 준비하고 있어야 한다. 앞서 말한 남의 말을 인용하고 살을 붙인다는 것도 한 번 생각해 볼 문제이다. 뒷북을 치는 것도 한계가 있다.

그러므로 임기응변을 위한 사전 준비가 필요하다. 언제 어디서든 말할 수 있는 화제를 머리에 지니고 있으면 두 말할 나위 없이 임기응변의 명수가 되어 용기있는 사람, 능력있는 비즈니스맨으로 평가를 받게 될 것이다.

그렇다면 화제의 18번이란 무엇일까? 술좌석에 가면 으레 자기의 애창곡이 있듯이, 남의 관심을 끌 만한 이야기 거리를 가지라는 것이다.

"내 별명은 코끼리입니다. 왜 이런 별명이 붙었냐 하면…."

이렇게 자기의 별명을 얘기한다거나, 고향의 자랑·장래의 희망·취미·유명인의 에피소드 등 쉽게 말할 수 있는 화제의 18

번을 갖고 있으면 언제, 어디서 지명을 받아도 막히지 않고 자신 있게 말할 수가 있다.

그 다음은 임기응변의 재치를 익혀두는 것이다. 갑자기 지명을 받거나 실언을 했을 경우, 임기응변의 재치는 전화위복의 기회를 준다.

국내 무역업계의 최대 라이벌인 A기업과 B산업 사이에 일어났던 일이다. A기업의 본부장이 자기 회사의 임직원이 모두 모인 자리에서, 더욱 분투노력하여 B산업의 기세를 꺾자고 외친 것 까지는 좋았는데, 끝에 가서 너무 열이 오른 나머지 중대한 실수를 하고 말았다.

"우리 기업의 발전을 위해, 한국 경제의 더 큰 성장을 위해 제가 만세를 삼창을 선창하겠습니다. 모두 따라해 주시기 바랍니다."

"대한민국 만세!"

"만세!"

"한국경제 만세!"

"만세!"

"B산업 만세!"

"만세!"

아뿔사! 큰일이었다. 타도를 외치던 'B산업' 이 입에 올라, A기업의 만세를 부른다는 것이 그만 B산업 만세를 외쳤으니 문제는 심각해졌다.

그 자리엔 그룹의 총수까지도 와있었으니, 만세를 선창한 사람이나 멋도 모르고 따라서 만세를 외친 임직원들이 안절부절하고 분위기가 몹시 어색해진 것이다.

이때였다. 웅성거리는 사람들을 향해서, 그 본부장은 조용히 입을 열었다.

"여러분! 제가 지금까지 목이 터져라 'B산업 타도'를 외쳤습니다. 그리고 여러분의 정신무장 상태가 어떤가를 알아보려고, A기업 만세를 부르지 않고 B산업 만세를 외쳤기로서니, 항의는 못 할망정 따라 하다니요? 아직도 정신무장이 덜 된 것 같군요! 자, 우리 다시 한 번 정신무장을 단단히 하고, 우리 A기업의 만세를 힘차게 외칩시다!"

"A기업 만세!"

그제서야 모든 사람들은 안도의 빛을 띠며 더욱 큰 소리로 만세를 외쳤다고 한다.

그 후 A기업의 모든 임직원들이 더욱 용기를 내어 분투노력했음은 더 이상 설명할 필요가 없다. 이처럼 임기응변의 센스는 급박한 사태를 역전시켜주는 힘이 있다.

♣ 야유에 대처하는 방법

갑작스런 질문이나, 한 마디 해줄 것을 부탁하는 테이블 스피치의 주문 이외에도 임기응변의 스피치가 절대로 필요할 때가 있는데, 야유가 그 중의 하나이다.

아무리 능숙한 화술가라도 스피치 도중에 야유를 받게 되면 굉장한 핀치에 몰리게 된다. 더 이상 스피치를 계속할 용기가 나지 않고 정나미가 뚝 떨어져서 당장 그만두고 싶은 생각뿐이다. 특히 비즈니스란 의견 대립의 연속이고, 개성이 서로 다른 사람

들이 모여 하나의 목표를 향해 나아가는 것이기 때문에 뜻하지
않은 야유나 비평은 필수적이다.

심할 경우는 야유를 위한 야유, 악의에 찬 야유를 받을 경우도
있으니, 이에 당황해서는 안 될 것이며 그때그때 대처할 방법을
생각해 보아야 한다.

야유에 대처하는 방법 두 가지를 소개한다.

첫째, 야유를 상대하지 않고 그때그때 아예 묵살해 버린다. 못
들은 척하고 자기 이야기를 진행하여 제풀에 꺾여지기를 바라는
것이다.

이 경우, 말로는 묵살해 버리면서 얼굴에 화난 표정을 짓는다
면 역효과가 난다. 가볍게 웃으며 여유를 보이면 야유 보낸 사람
이 오히려 쑥스러워진다. 때로는 '용감하군?' 하는 여유있는 표
정을 보이는 것도 효과적이다.

베스트셀러라면 빼놓지 않고 사본다는 한 여대생이 강의시간
중에 교수에게 질문을 했다.

"교수님은 요즘 베스트셀러인 '인간' 이란 소설을 읽으셨는지
요?"

"아니, 아직 읽어보지 못했는데…."

"교수님! 그 책은 벌써 10만 부 이상이나 팔린 베스트셀러라구
요. 책을 읽지 않으시는군요!"

여학생의 야유에 교수는 조용히 웃으며 물었다.

"그럼 학생은 단테의 '신곡' 을 읽어 보았나?"

"아뇨, 아직 읽어보지 못했는데요."

"아니, 학생! 그 책은 5백 년 동안이나 줄곧 베스트셀러인데

아직도 안 읽었다구?"

이런 임기응변이라면 유머도 있고 얼마나 화기애애한 분위기가 연출되겠는가?

둘째, 묵살에서 한 걸음 더 나아가 야유에 적극적으로 대항하는 방법도 있다. 야유를 적절하게 받아넘기라는 것이다. 적극적으로 대항한다고 해서, 화를 내거나 야유에 야유로 맞서는 자세는 좋지 않다. 보다 유들유들하게 화술의 묘를 살려 위기를 넘긴다는 뜻이다.

일본에서 일어났던 일이다. 애꾸눈의 국회의원이 있었다. 국회의 질의연설에 나선 이 사람이 입을 열었다.

"오늘날의 세계정세를 살펴보건대…."

연설을 시작하는 순간, 야유가 터져 나왔다.

"한 눈깔로 보긴 뭘 봐!"

그러자 그는 조금도 당황하지 않고 이렇게 대답했다.

"일목요연(一目瞭然)한 법이야!"

이런 식으로 야유를 봉쇄한다면 섣부르게 야유를 퍼부은 사람은 오히려 쑥스러워져서 몸을 숨겨야 할 지경이 될 것이다.

직장생활이나 비즈니스 사회에서, 임기응변의 스피치 능력이 있느냐 없느냐 하는 문제는 상당히 큰 역할을 한다. 큰 위기에 몰렸을 때, 어떻게 행동하느냐에 따라 그의 성공과 실패의 여부가 달려있다고 해도 과언이 아니다.

성공할 수 있는 사람은 임기응변의 지혜와 힘을 동원하여 그 위기를 무사히 넘긴다. 그러나 그렇지 못한 사람은 그 위기의 무게에 짓눌려 두 손을 들고 만다.

당신은 어떤 쪽을 원하는가? 물론 어떤 어려움이 닥쳐도 늠름히 맞서 위기를 넘기는 임기응변의 명수가 되기를 바랄 것이다. 그렇다면 임기응변의 지혜를 익히자! 임기응변이야말로 비즈니스에 성공하는 설득술이며 난세를 살아가는 직장인의 처세술이다.

3. 비즈니스를 위한 임기응변술

♣ 그녀를 사로잡은 지배인의 비결

인생은 그 자체가 하나의 비즈니스라고 볼 수 있다. 작게는 구멍가게의 장사 솜씨에서, 크게는 인생사업에 이르기까지 비즈니스가 아닌 것이 하나도 없다.

그러나 비즈니스는 결코 쉬운 일이 아니다. 아무리 주도면밀한 계획을 세우고 전력투구를 해도 오차는 생기는 법이다. 때로는 그 오차가 절대적 위기가 되어 비즈니스의 자체마저 흔들리게 하는 경우도 있다. 그리고 그 위기는 아무런 사전예고도 없이 어느 때, 어느 곳에서든 닥쳐올 수 있으며 힘겨운 위기일 수도 있다.

비즈니스에서 성공하기 위해서는 임기응변에 대처하는 기술이 절대적으로 필요하다.

어느 여성용 의류를 파는 옷가게에 마침 10대 소녀처럼 보이는 깜찍한 아가씨가 옷을 사러왔다.

"제가 좀 어려 보이죠? 하지만 스물 한 살이나 먹었답니다."

이렇게 말하고는 여점원에게 옷 한 벌 골라주기를 부탁하는 것이었다. 여점원은 반갑게 대답을 하며 새로 들어온 옷을 모두 보여줬지만, 어떻게 된 일인지 아가씨는 보는 옷마다 고개를 갸우뚱거렸다.

"알고 보니, 아이쇼핑하러 오신 모양이군요?"

점원은 이렇게 투덜거리며 불친절하게 대했다. 그때 지배인이 아가씨에게 다가가면서, 여점원이 제일 먼저 꺼냈던 옷을 내보이며 이렇게 말을 하는 것이었다.

"아가씨, 제가 보기엔 이 옷이 제일 잘 어울리는군요. 이 옷을 입으시면 좀더 나이 들어 보이고 더욱 예뻐 보일 겁니다."

순간 아가씨의 눈이 빛나며 만족스런 미소를 지었다.

"이게 바로 제가 원하던 옷이에요. 이 옷을 사겠어요."

그 아가씨의 심리는 좀더 나이 들어 보이기를 바랐던 것이다. 상점에 들어서자마자 한 말.

"제가 좀 어려 보이죠? 하지만 스물 한 살이나 먹었답니다."

이 말에서 지배인은 그녀의 심리를 알 수가 있었다. 이런 작은 예에서도 볼 수 있듯이 비즈니스의 임기응변은 크건 작건 이익의 기회를 제공한다. 임기응변이 꼭 필요한 자리에서 우물쭈물 하다가 기회를 잃고 만다면, 작은 실패가 보다 큰 실패를 불러올 수 있다.

그렇다면 비즈니스에 꼭 필요한 임기응변의 기술에는 어떤 것이 있을까? 그 비결 여섯 가지를 소개한다.

♣ 먼저 상대를 만족시켜라

상대를 만족시키는 임기응변술이어야 한다.

우리는 흔히 임기응변하면 순간적인 위기를 모면하고, 자기 입장만 살리는 비상책으로 생각하기 쉽다. 그러나 비즈니스맨의 임기응변이란 상대에게 만족을 느끼게 하고 더불어 자기도 이익을 도모할 수 있는 것이어야만 한다.

사람은 누구나 눈앞의 작은 욕구를 충족시켜 주면 일시적으로 만족한 기분이 되어 본래의 목적이나 욕구를 잊어버리기 십상이다. 이런 심리상태를 때맞춰 이용하면 비즈니스에 큰 성공을 얻을 수 있다.

가전업체인 D상사가 경영부실로 부도 직전에 처했을 때 일어난 사건이다.

갑자기 밀어닥친 불황 탓도 있지만 무리한 사업확대로 기업이 무너지기 직전인지라 채권단의 움직임은 심상치가 않았다. 그런데 채권단 중에서도 가장 거세게 항의하며 채권확보를 외치는 사람이 하나 있었다. 다른 사람들은 그의 말 한 마디에 부화뇌동하며, 그가 하는 대로 쫓아다니는 것 같았다.

하루는 이 사람이 채권단 10여 명을 이끌고 회사로 몰려왔다. 아우성을 치며 권리행사를 하겠다고 으름장을 놓는 것이었다. 이때 사장은 조용히 그 사람을 불러 호텔로 데리고 갔다. 그리고 고급 음식을 대접하며 이렇게 설득을 했다.

"당신의 입장은 충분히 이해합니다. 매일 이런 일로 당신도 피곤할 테니, 우선 음식이나 먹으면서 천천히 얘기해 봅시다."

푸짐한 음식을 실컷 먹은 이 사람은 또 다시 채권확보에 대해서 말문을 열었지만, 그 말이 거세게 나올 수 없었다. 일시적인 만족감에 본래의 목적이 흐트러진 것이다.

　D상사는 이 일의 계기로 채권단을 잘 설득하여 오히려 더 많은 재원을 받아서 재기할 수 있었다. 이런 임기응변이야말로 회사를 살리고 인간관계를 더욱 돈독히 하는 훌륭한 임기응변술이라고 할 수 있다.

　상대를 만족시키는 화술이라야 비즈니스에 성공할 수가 있다.

♣ 논리정연하게 설득시켜라

　논리정연한 임기응변술은 어떤 상대도 설득할 수 있다.

　임기응변이라고 해서 되는대로 마구 지껄여서는 안 된다. 자신있게 그리고 논리정연하게 펼치는 임기응변이라야 크나 큰 설득력을 갖는다.

　세계적으로 굴지의 출판사인 일본의 쇼가쿠칸(小學館)과 비즈니스 협약 차 상담을 한 필자의 경험담을 소개한다.

　나의 본업은 우리말의 효과적 표현인 스피치교육이지만 국제무대에서 사용하는 사람들의 공통어인 영어교육에도 관심이 많아서, 1978년에 '오디오 영어학습교재'를 발간하였다.

　그러나 오디오 교재는 역시 한계가 있었다. 오랜 수소문 끝에 일본 쇼가쿠칸의 '비디오 영어학습교재'가 우리 동양인의 실정에도 맞고, 세계에서 우수한 영어교재로 인정받고 있다는 사실을 알아내고, 1984년에 한국판권을 얻기 위해 일본을 방문했다.

　그러나 나의 계획은 처음부터 벽에 부딪혔다. 담당자의 첫 마디가 'NO'였던 것이다. 나는 그만 화가 나기도 했지만 이대로 물러설 수 없다는 결심으로, 쇼가쿠칸의 상무이사 후쿠야마를 만나 논리적으로 설득하기 시작했다.

"당신들이 이 좋은 교재를 만든 목적이 뭐요?

문화사업으로 만들었다면 분명 우리 한국에도 보급을 해야 합니다. 문화인들끼리는 국경이 없지 않습니까? 당신들이 일본에서 문화인이라면, 나도 한국에서는 문화인입니다.

또 영리사업으로 만들었다면 더욱 나를 환영해야 할 것이오. 나는 당신들의 상품을 사러온 고객이오. 고객은 왕이라는데 물건을 팔지 않겠다니, 이것은 상인의 정도가 아니잖소. 일본인답지 않은 처사군요."

나의 논리정연한 설득에 일본측 대표는 고개를 끄덕였지만 쉽게 결정을 내리지 못하였다.

"글쎄, 저희 사장님이 어떻게 생각하실지…."

"사장에게 이 말을 꼭 전하시오!"

나는 더 이상 시간을 끌 수 없어서 최후의 통첩을 냈다.

"우리 한국은 아직 국제저작권협회에 가입이 안 된 나라요. 따라서 당신네가 우리 교재를 무단복제해도 상관없는 것처럼, 우리가 당신네 회사의 교재를 무단복제해도 당신네는 항의할 수 없게 되어 있소. 다만 국제적으로 라이센스를 체결하면 우린 국내법의 보호를 받을 수 있을 뿐이오.

누군가 한 사람에게 당신네의 판권을 인정해주는 것이 한국에서 당신네 상품의 권리를 보호받는 길이지, 누구도 인정을 안 한다는 것은 곧 한국에서 당신네 상품이 해적판으로 판매되는 것을 인정하는 셈이 됩니다.

당신네가 나와 라이센스의 체결을 하든 안 하든, 나는 다음 달부터 국내 생산을 하여 보급하겠소! 계약을 체결하면 돈을 주고 합의적으로 할 것이요, 계약을 거절한다면 그냥 강행할 것이지만 그래도 국제법상은 합법적이오. 어느 것을 선택하든 당신들이 결정할 문제요. 난 가서 기다리겠소."

이 논리적인 임기응변술에 상대는 비상회의를 소집하고, 마침내 한일 최초로 저작권의 라이센스 체결이 성립되었다.

비즈니스는 중대한 위기의 연속이다. 예상치 못한 위기가 닥쳤을 때일수록 논리정연한 임기응변의 화술이 필요하다. 바쁠수록 돌아가라고, 위기가 닥치더라도 당황하지 말고 논리성을 찾아야 한다.

♣ 큰 소리로 선언을 하라

선언적 효과를 살리는 임기응변술도 있다.

비즈니스맨으로 성공하기 위해서 목표를 다른 사람 앞에서 가능한 한 큰소리로 선언하는 것이다. 이것은 무슨 의미냐 하면 자기가 무슨 일을 언제까지 하겠다고 사람들 앞에서 선언해버리면 쉽게 손을 뗄 수가 없을 뿐더러, 최선을 다 하다보니 달성이 되기 때문에, 심리학적으로 꽤 의미가 있다.

사업상 중요한 일을 하게 될 때나 결정하기 힘든 경우가 생기면 사람들은 대부분 임기응변의 묘를 살리지 못하고 우왕좌왕하게 마련이다.

이 경우도 가장 바람직하다고 생각되는 목표를 세워, 되도록 많은 사람들 앞에서 선언해 버리는 것이다. 그러면 한결 마음이 가벼워질 뿐만 아니라, 분명한 목표가 생겼으니 그쪽을 향하도록 스스로 조정을 하게 된다. 또한 주위사람도 호언장담하는 그 말을 믿게 된다.

흔히 담배를 끊느냐 마느냐로 고민 아닌 고민을 하는 사람이 많다. 이 경우도 자기 혼자서 속으로만 '담배를 끊어야지!' 하고 결심을 하는 것만으로는 실효를 거두기가 어렵다. 그러나 금연학교를 다닌다, 아끼던 고급라이터를 친구에게 주면서 만나는 사람 모두에게 큰 소리로 자기의 결심을 선언한다.

"나 담배 끊었어. 담배를 끊었다구!"

이렇게 되면 자기가 한 말에 대한 책임을 져야한다는 심리적 무장과 함께 '저렇게 큰 소리를 치는 걸 보니, 저 사람 정말로 담배를 끊은 모양이야' 하는 주위사람들의 기대와 믿음이 정말로 담배를 끊게 만든다.

사업상 위기에 몰릴 때도 마찬가지다. 이러지도 저러지도 못할 진퇴양난에 빠졌을 때는 선언적 효과를 살려본다.

"그렇다면 좋소. 내가 3일 안으로 이 문제를 멋지게 처리할 테니 두고 보시오!"

이 호언장담의 선언 효과는 의외의 힘을 발휘해 준다.

미국 프로야구 사상 최고의 타자였던 베이브 루드가 바로 이 선언적 효과를 잘 살릴 인물이다. 그는 위기의 상황을 맞으면 타자석에 나와 방망이로 가리키며 소리쳤다.

"나는 저쪽으로 홈런을 칠 것이다!"

이렇게 큰 소리로 선언부터 하고 실제로도 그쪽으로 통쾌한 홈런을 날렸다고 한다.

또 권투선수들이 대전에 앞서 호언장담하는 것 역시 선언적 효과를 노리는 것이다. 그 대표적인 인물이 헤비급 세계 챔피언 무하마드 알리였다.

"난 반드시 4회 안에 KO시키겠다!"

밖으로 나타나는 인간의 행동은 마음속의 지시에 의해서인데, 쐐기를 박듯이 큰 소리로, '나는 이렇게 하겠다!' 하고 외치면 그렇게 행동하게 된다는 것이다.

♣ 군중심리를 자극하라

군중심리를 활용하는 임기응변술도 있다.

한때, '고독한 군중'이란 말이 유행하던 시대도 있었다. 주위 사람들이 모두 자기와 관계가 없으므로 자기를 주목하는 일도 없다는 상태는 고독감을 불러일으키기에 충분한 상태이다.

그러나 인간관계의 스트레스로 괴로움을 겪는 사람이라면 군중심리만큼 해방감을 느끼게 하는 것도 없다. 군중 사이에 공통된 관심과 목적이 있고 일체감이 주어진다면 개개인의 자아의식은 상실되어버린다.

이런 군중심리의 매커니즘을 잘 활용하면 임기응변술의 효과는 물론이고 비즈니스에서도 훌륭한 성공을 거둘 수 있다.

영국이 낳은 세계적인 소설가 서머셋 모옴의 일화이다.

그가 문단에 처음 데뷔했을 당시는 별로 인기가 없는 삼류소설가에 지나지 않았다. 출판업자들도 그의 원고라면 더 이상 선전해도 소용이 없는 것을 알고 모두 외면하기에 이르렀다. 소설가로서 성공을 꿈꾸는 서머셋 모옴에게는 중대한 위기가 아닐 수 없었다.

그러자 그는 한 가지 임기응변의 묘책을 냈다. 바로 군중심리를 이용하여 책을 팔리게 하는 것이었다. 그는 런던의 각 신문에 가명을 써서 다음과 같은 광고를 냈다.

"본인은 스포츠와 음악을 좋아하고 교양 있으며, 또한 온화한 성품의 사치한 기질이 약간 있는 젊은 백만장자입니다. 모든 면에서 서머셋 모옴의 최근작에 등장하는 여주인공과 똑같은 젊고 아름다운 여성과 결혼하기를 희망합니다."

이 광고가 나가자 불과 6일 만에 그의 소설은 완전매진 되었다고 한다. 그때 여성들 사이에서는 서머셋 모옴의 소설을 반드시 읽어야 시대의 흐름에 어울리는 여성이 될 수 있다는 군중심리가 작용했었다는 이야기다. 서머셋 모옴의 기막힌 임기응변술의 광고전략도 흥미롭지만 군중심리를 효과적으로 활용한 재치가 더욱 놀랍지 않은가?

오늘날 정치가나 광고전문가들도 이런 방법을 사용하고 있다.

♣ 권유형으로 설득하라

임기응변의 화술은 강요형이 아니라 권유형이어야 한다.

임기응변이 필요한 때는 정신적으로나 육체적으로 어떤 극한 상황에 몰렸을 때가 대부분이다. 이런 때는 절박한 상황이기 때문에 많은 사람들이 강요형의 화술을 구사하기 쉽다.

강요형 화술이 반드시 나쁘다는 것은 아니지만 강요형이냐 권유형이냐 하는 말의 뉘앙스에 따라 상대의 태도가 달라진다는 사실에 주의해야 한다.

사람은 선택의 여지가 없이 일반적으로 강요하는 설득에 대해서는 그 내용에는 동의하면서도 겉으로는 거절하려는 심리가 강하다. 몇 가지 예를 들어보자.

가정에서 엄마가 자녀에게 말한다.

"애, 텔레비전 그만 보고 숙제해라!"

이렇게 말한다면 강요형이다. 그러나 다음과 같이 말하면 권유형이 된다.

"애, 텔레비전 그만 보고 엄마하고 같이 숙제하자꾸나."

또 남편이 부인에게 하는 말도 마찬가지다.

"이봐! 물 한 컵 떠와!"

이것은 지시·명령 등의 강요형이다. 그러나 이렇게 말한다면 어떨까?

"여보! 물 한 컵만 주겠소."

권유형으로써 부부간의 정도 깊어지고 협조의 관계가 된다. 특히 비즈니스 관계에서는 권유형 화술이 대단히 중요하다.

"사장님! 선후배가 좋다는 게 다 뭐요. 이번 것은 나한테 줘요. 나도 먹고 살아야죠."

이렇게 말하는 후배보다,

"선배님! 이번엔 저에게도 기회를 한 번 주세요. 못난 후배도 좀 키워주셔야 되지 않겠어요?"

이렇게 말하는 후배에게 정이 갈 것은 뻔한 일이다.

설득의 궁극적인 목적은 자기의 생각이나 행동을 상대방이 스스로 받아들여 협력하도록 만드는 것인데, 이런 강요형 화술은 상대의 반감을 사게 될 뿐이다.

임기응변술도 마찬가지다. 내 입장을 상대에게 전달하여 보다 효과적인 결과를 얻자는 것으로 위압적인 화술, 강요형의 화술은 되도록 피해야 한다. 권유형의 화술을 사용하도록 하자.

♣ 상표효과를 사용하라

상표효과를 사용하는 임기응변술도 있다.

몇 년 전 가짜 양주 사건이 있었다. 외제 양주병에다 국산의 저질 양주를 넣어가지고 손님에게 비싼 값으로 팔았던 사건이다. 그런데 손님들은 가짜인지도 모르고 마셨다.

"과연 양주는 맛이 달라."

참으로 웃기는 얘기가 아닐 수 없다. 고급 술집에서 유명 외제 상표라는 이미지가 연출하는 힘이 처음부터 맛좋은 술이라는 생각을 들게 했으리라고 보는데, 임기응변의 기술적 측면에서 본다면 여기서도 큰 교훈을 얻을 수가 있다. 사람은 자의든 타의든 자기에게 붙여진 상표 그대로 따르려는 심리 경향을 가지고 있다.

예를 들어 별로 능력이 많지 않은 사람에게 회사의 중요한 직책을 맡겨 '당신도 능히 할 수 있다'는 레텔을 붙여주면, 그는 어느새 그런 능력의 소유자가 되어 놀랄 만큼 실적을 올리게 된다.

반대로 똑똑한 아이에게,

"넌 다른 공부는 다 잘하는데 산수는 못해. 산수에서만은 정말 멍텅구리야!"

이런 말을 계속한다면 그 어린이는 정말 산수에 흥미를 잃어

버리게 되고 만다.

이러한 상표효과를 비즈니스에 응용하면 어떨까? 자기 스스로 성공할 수 있다는 상표를 붙여놓으면 상당히 효과가 있다. 이런 상표는 결국 위기가 닥쳐와도 '나는 성공할 수밖에 없는 몸'이라는 용기와 자신감이 있기 때문에 조금도 위축되지 않고 목표를 향해 나아갈 수 있게 만든다.

중대한 위기에 몰릴수록 위기를 넘길 수 있다는 자신감 넘치는 상표를 붙여야 한다. 이것은 차원높은 임기응변의 기술이며, 비즈니스뿐만 아니라 인생까지도 성공적으로 이끌 수 있는 방법이라고 생각한다. 그러나 임기응변의 기술이란 하루아침에 생기는 것이 아니다.

보다 많은 노력과 준비, 그리고 훈련이 있어야 한다. 평소에 임기응변의 기술을 익혀 어떤 위기에 처하더라도 당황하지 않는 비즈니스맨, 늠름하게 목표량에 도전할 수 있는 성공하는 직장인이 되자.

성공하는 직장인의
매너와 화법

펴낸이/임일웅/펴낸곳/예문당

지은이/김양호 · 조동춘

기획 · 편집/한국기업홍보원

인쇄/(주)에이스인쇄사/제책/(주)예림제책사

마케팅/정광연 · 김용운

· 초판1쇄발행 / 2002년 8월 10일
· 초판2쇄발행 / 2003년 3월 10일

130-034
서울특별시 동대문구 답십리4동 16-4호
Tel / 2243-4333 · 4334
Fax / 2243-4335
E-mail / lforest@korea.com
등록 / 1978. 1. 3. 제 5-43호

값 10,000원